MEMORANDA

Angela und Karlheinz

Steinmüller

Werke in Einzelausgaben

Essays Band 4

Herausgegeben von

Erik Simon

Angela und Karlheinz

Steinmüller

Rückblick auf das Lichte Morgen

Essays zu SF und Phantastik in der DDR

Angela und Karlheinz Steinmüller: Rückblick auf das Lichte Morgen.
Essays zu SF und Phantastik in der DDR
(Werke in Einzelausgaben. Essays Band 4)
Herausgegeben von Erik Simon

Titelgrafik: Kersti Arnold

Originalausgabe
Erste Auflage 2025

Redaktion: Erik Simon
Korrektur: Steffi Herrmann
Gestaltung: Hardy Kettlitz & s.BENeš [www.benswerk.wordpress.com]
Satz: Hardy Kettlitz
Druck: Schaltungsdienst Lange, Berlin
Gedruckt auf FSC-zertifiziertem Papier aus nachhaltiger Forstwirtschaft

Memoranda Verlag
Hardy Kettlitz
Ilsenhof 12
12053 Berlin
www.memoranda.eu
www.facebook.com/MemorandaVerlag

Kontaktadresse nach EU-Produktsicherheitsverordnung:
verlag@memoranda.eu

ISBN: 978-3-911391-08-5 (Buchausgabe)
ISBN: 978-3-911391-09-2 (E-Book)

Vorbemerkung

Von Karlheinz Steinmüller

Nach dem *Vorgriff auf das Lichte Morgen* wagen wir nun einen Rückblick auf das Lichte Morgen. Dabei sollen die unterschiedlichsten Aspekte der Science Fiction der DDR zur Sprache kommen: Unter welchen Bedingungen entstand sie? Wie wurde damals über die SF nachgedacht? Welche Rolle spielten Zensur und Selbstzensur? Welche Querverbindungen gab es zur phantastischen Literatur und zum Comic? Rezensionen ergänzen unseren Rückblick, denn am einzelnen Werk läßt sich durchbuchstabieren, was für die Autoren wichtig war und wie sie vorgingen. Der Band schließt mit einem nicht ganz ernstgemeinten Experiment: Wie könnte heutzutage eine Anthologie mit einer Auswahl der besten SF-Erzählungen der DDR aussehen?

Neben Texten jüngeren Datums haben wir in diesen Band auch Essays aufgenommen, die in der DDR entstanden sind. Ich habe sie damals aus meinen bisherigen Erfahrungen mit der SF heraus geschrieben, mit ihnen bezog ich Stellung in Diskussionen um die SF: Was kann sie, wozu taugt sie? Wie steht sie zur Wissenschaft? Wo transportiert sie Mythen? Seither ist fast ein halbes Jahrhundert vergangen. Da verschieben sich im Detail die Sichtweisen und die Wertungen, ganz zu schweigen davon, daß ich heute manches anders formulieren würde.

Vor allem den beiden ältesten Essays »Die biologische Zukunft des Menschen« und »Die Positionsbestimmung der Seesternwesen« merkt man ihre Entstehungszeit an. Das drückt sich in der Wortwahl aus, aber unterschwellig auch in den Argumentationsmustern. Zurücknehmen muß ich nichts. Aber wenn ich meine Texte von damals jetzt lese, fällt mir doch auf, daß ich eigentlich stets zwei Gruppen von Lesern oder vielmehr Adressaten im Kopf hatte. Selbstverständlich habe ich die Essays für die Leser in der DDR und speziell für das SF-Publikum geschrieben, für Leute also, die sich begierig auf jedes Buch stürzten, daß als »utopische Literatur«, »wissenschaftlich-phantastische Erzählung« oder »Zukunftsroman« angepriesen wurde. Ein großer Teil der meist jüngeren Leser kannte fast ausschließlich das, was in der DDR erschienen war. In den 1980er Jahren war das gar nicht so wenig, und neben zahlreichen Autoren aus dem sozialistischen Ausland waren auch einige international bekannte Namen und viele Klassiker der SF darunter. Für diese Leser wollte ich mich vorwiegend auf Beispiele aus der einheimischen Produktion beziehen. Natürlich gab es nicht wenige SF-Freunde, die sich (wie wir) Bücher aus dem Westen einschmuggeln ließen oder die Antiquariate nach alter SF durchforsteten. Einmal erhielten wir sogar von einer freundlichen Antiquariatsdame zwei, drei Dutzend englischsprachige SF-Taschenbücher aus dem Hinterzimmer. Was für ein Glücksfall! Danach waren wir erst einmal blank …

Die zweite Menschengruppe, mit der ich zu tun hatte, waren Lektoren in den Verlagen, Redakteure und Rezensenten, also Leute, die sich professionell mit Literatur befaßten und die meist ein Studium in Literatur- oder Gesellschaftswissenschaften oder auch in Physik absolviert hatten. Da konnte ich mitreden. Als Philosoph, der über erkenntnistheoretische Probleme der modernen Biologie gearbeitet hatte, beherrschte ich ihre Sprache. Selbstverständlich kannte ich auch ihre Weise, sich die Dinge im Rahmen der offiziellen Ideologie zurechtzulegen, gegebenenfalls Spielräume auszunutzen oder einzuengen oder sogar Geschmacksurteile zu Grundsatzfragen zu stilisieren. Schlimme Verbiegungen mußte ich in meinen Essays ihretwegen nicht machen, es genügte, daß ich sozusagen im sprachlichen Mainstream mitschwamm.

Manche Lehrmeinung war durchaus nützlich: Insbesondere übernahm ich – in »Positionsbestimmung« – gern das Konzept der Verfremdung, das Bertolt Brecht im Rahmen seines epischen Theaters entwickelt hatte. Von Darko Suvins Anwendung der Brechtschen Theorie auf die SF, von seiner Konzeption des Novums, hatte ich zwar schon gelesen, seine *Poetik der Science Fiction* (deutsche Kompilation 1979) besaß ich, als ich den Essay schrieb, noch nicht. Brecht aber war die perfekte Wahl: Mit der von mir etwas willkürlich umgedeuteten Verfremdungslehre bewegte ich mich im Rahmen der damaligen Literaturdiskussionen und konnte zeigen, daß die SF als erkenntnisorientierte Literaturform durchaus respektabel ist. Sehr viel weiter gekommen ist die SF-Theorie mit ihren Aufhebungsfunktoren ja seither auch nicht.

Heute fällt mir auf, wie locker ich damals mit ideologisch aufgeladenen Begriffen umging, beispielsweise mit dem Wörtchen »bürgerlich«. Das stand in offizieller Lesart als Synonym für »zur kapitalistischen Gesellschaftsordnung gehörend«, »veraltet«, »westlich« und als Gegensatz zu »sozialistisch«, »fortschrittlich«. Ich übernahm solche als selbstverständlich vorausgesetzten Einordnungen und Etiketten. Im Kontext der Diskussionen in der DDR konnte ich mich damit verständlich machen – und merkte bisweilen nicht einmal selbst, daß ich damit die herrschende Ideologie bediente. Heute bin ich mit dergleichen Begriffen sehr viel vorsichtiger, beispielsweise würde ich nicht einfach die SF »entkolonialisieren« wollen.

Bei Rezensionen, die ich damals für Franz Rottensteiners *Quarber Merkur* schrieb, hatte ich ein anderes Publikum und paßte entsprechend meine Beispiele an. Aber ich schrieb in solchen Beiträgen auch von »unserer SF«, wenn ich die der DDR meinte; ich nahm keine gesamtdeutsche Perspektive ein. Es hätte gewiß distanziert, vielleicht hochnäsig geklungen, wenn ich mich sprachlich durch »die ostdeutsche SF« von den Kollegen abgesetzt hätte. Dem Zeitgeist entkommt man nicht, nicht einmal dann, wenn man einer herrschenden Ideologie kritisch gegenübersteht. – »Ideologie« ist auch ein Wort von damals; heute sprechen wir von »Narrativen«. Hilft das zu besseren Analysen?

Eine gewisse Sonderstellung nimmt der Zeitungartikel »Wenn Grenzen und Köpfe sich öffnen« ein, der im März 1990 veröffentlicht wurde. Für mich war es bereits ein leiser Abschied von der DDR-SF, ein erster Rückblick auf das Lichte Morgen, in dem ich festhalten konnte, was mir an der DDR-SF gefiel und was mir an ihr nicht gefiel, und zugleich wagte ich einen leicht hoffnungsvollen Ausblick auf die nächste Zukunft. Daß ich dabei Themen anschnitt, die an anderer Stelle ausführlicher behandelt werden, versteht sich bei einem solchen Text. Mit dem letzten Absatz bin ich allerdings überhaupt nicht mehr zufrieden. Ich behauptete da, daß es im letzten Jahrzehnt der DDR-SF kaum noch verheißungsvolle Debüts gegeben hätte. Welche Tomaten hatte ich dabei auf den Augen? Da der Artikel eine Art Zeitdokument darstellt, verbietet sich eine nachträgliche Korrektur.

Bei den älteren Texten aus DDR-Zeiten haben wir bisweilen Schreibweisen behutsam angeglichen: etwa »Science-fiction« durch »Science Fiction« ersetzt (obwohl die Schreibung mit Bindestrich wohl korrekter ist), außer natürlich in Zitaten. Kurze Einleitungen oder Nachbemerkungen dienen dazu, den jeweiligen Entstehungszusammenhang zu erklären. An wenigen Stellen haben wir die Texte geringfügig redaktionell geglättet. Was wir erst vor wenigen Jahren geschrieben haben, haben wir – wenn nötig – gründlich überarbeitet, gegebenenfalls aktualisiert und ergänzt. Insbesondere hat unser gemeinsamer Essay über Zensur und Selbstzensur eine Vorgeschichte, die bis in die frühen 1990er Jahre zurückreicht. Wir haben ihn immer wieder überarbeitet und durch neues Material erweitert. Bei den älteren Texten war eine Aktualisierung naturgemäß nicht möglich; sie hätte ein völliges Neuschreiben bedeutet. Auch leben diese Texte durchaus von ihrer zeitgeschichtlichen Verhaftetheit. Insofern sind sie auch ein Stück von dem angeblich Lichten Morgen, auf das wir in diesem Band zurückblicken.

Anstelle eines Vorworts: War da nur Dominik?

Von Angela Steinmüller

Schaut man in geschichtliche Darstellungen zur DDR-SF, scheint es so, als hätte es nur eine allmächtige Traditionslinie gegeben, aus der heraus die utopische Literatur der DDR entstand: die Linie von Hans Dominik und von vergleichbaren Autoren technisch-phantastischer Abenteuerromane. Zumindest in meinen Fall kann ich das nicht bestätigen.

Im gewissen Sinne war ich das, was man heute einen Quereinsteiger nennt. Während Karlheinz sozusagen von Kindesbeinen an ausgehend von Jules Verne auf die SF zusteuerte, nahm ich utopische Literatur nur per Zufall in die Hand. Wenn man es ganz vereinfacht ausdrücken will, kam ich durch Karl May zur SF – was ja wohl kein ganz ungewöhnlicher Weg ist.

In meiner Kindheit um 1950 waren Leihbüchereien noch weit verbreitet, fast so sehr wie Kneipen. In jedem dritten oder vierten Häuserblock gab es eine, wenigstens da, wo ich wohnte, in Berlin-Prenzlauer Berg. Ursprünglich hatte auch das Genossenschaftshaus, in dem ich aufwuchs, eine Leihbücherei, aber die war in der Nachkriegszeit geschlossen worden.

Regelmäßig besorgte mein älterer Bruder unsere Lektüre von drei Straßen weiter. In meiner Erinnerung schleppte er bis zu vier Bücher pro Woche an, jedenfalls eine Menge Lesestoff. Als kleine Schwester bekam ich die Schwarten, oft abgewetzte, fleckige Bände, meist noch aus der Vorkriegszeit, erst dann in die Hand, wenn mein Bruder sie ausgelesen hatte: allesamt Abenteuerromane, mit oder ohne Indianer, auf dem Land oder (seltener) zur See – und ab und zu auch einen Roman von Jules

Verne. Viel »Utopisches« kann nicht darunter gewesen sein, denn die Werke von Kurd Laßwitz waren schon unter den Nazis aussortiert worden, und die nicht allzu umfangreiche SF-Produktion im Dritten Reich war großenteils bald nach dem Krieg ausgesondert worden. Jedenfalls erinnere ich mich nicht an einen einzigen Band von Hans Dominik! Aber Zane Greys Western, wohl Lieblingslektüre meines Bruders, stehen mir noch deutlich vor Augen.

So einfach war das mit dem Lesen allerdings nicht. Meine Eltern löschten abends das Licht im gemeinsamen Schlafzimmer der gesamten Familie. Ich kroch, ausgestattet mit dem Buch und meiner kleinen, funzligen Taschenlampe, unter die Bettdecke. – Und dann ritt ich durch Wüsten und über Prärien, deckte Geheimnisse auf, stieß mit Halunken zusammen, wurde in Schießereien verwickelt, das Wasser wurde knapp – und mir wurde unter der Bettdecke ohne verräterisches Loch ins Freie die Luft knapp. Aber ich wollte das Buch unbedingt durchgelesen haben, bevor mein Bruder es zurückgeben mußte!

An Details oder Personen bei Zane Grey erinnere ich mich nur nebelhaft, karge Westmänner in karger Landschaft. Ganz anders bei Karl May! Winnetou, Old Shatterhand, Kara Ben Nemsi und der Hadschi mit dem langen Namen, den ich damals bis zum letzten Vorfahren auswendig kannte, prägten sich mir ein, wohl auch, weil die vertrauten Gestalten in mehreren Bänden immer wieder auftauchten. Inzwischen steht eine vielbändige Ausgabe bei uns im Schrank. – Ich bekomme direkt Lust, wieder zu einem Band zu greifen …

Bei Karl May erlebte ich das, was heute oft hochgestochen *sense of wonder* heißt: Einblicke in fremdartige, in sich faszinierende Kulturen vor dem Panorama exotischer Landschaften – entweder tief in den Weiten des amerikanischen Kontinents oder eben, wenn es durch das wilde Kurdistan ging. In puncto *world building* hat Karl May Maßstäbe gesetzt! Dazu gab es edle, prinzipienfeste Identifikationsfiguren und fiese prinzipienlose Schurken, obendrein eine dramatische, bisweilen melodramatische Handlung.

Außer Karl May schleppte mein Bruder beispielsweise *Dr. Uhlebuhles Abenteuerbuch* von Bruno H. Bürgel an, nicht eben übermäßig aufregend (kein Karl May), aber voller phantastischer Ideen und für mich eine angenehme Lektüre. Noch etwas älter als Bürgels harmlose Abenteuer waren Manfred Kybers Tiergeschichten (*Unter Tieren*, 1912): Da sah ich die Welt einmal nicht aus der Perspektive der Menschen, sondern aus der der fühlenden, leidenden Kreaturen rings um uns.

Einmal kaufte mein Bruder ein dünnes broschürtes Buch: S. Beljajews *Der zehnte Planet*, 1948 im SWA-Verlag erschienen. Ich fand das so spannend, daß ich es dreimal las. Dabei ist der Roman von Sergej Beljajew (nicht zu verwechseln mit Alexander Beljajew) nicht eben ein Höhepunkt der Gattung, im Grunde etwas Astronomie gemischt mit einer brutalen Abrechnung mit den Nazis: Auf besagtem zehnten Planeten, einer Gegen-Erde, werden die irdischen Raumfahrer mit kannibalischen Affenmenschen konfrontiert – zum Glück nur in einem historischen 3-D-Film. Denn diese absolut bösen Wesen sind inzwischen von den fortschrittlichen, humanistischen Gutmenschen ausgerottet worden. Eine heftige Warnung!

Natürlich las ich wie fast alle aus meiner Generation Saint-Exupérys *Der kleine Prinz*; einen noch größeren Eindruck hinterließ bei mir jedoch ein heute nur noch als Kinderbuch (oft in einer durch Kürzungen verharmlosten Fassung) vermarkteter Roman *Die Zauberlaterne* (ursprünglich *Das Märchen vom Rasierzeug oder Die Zauberlaterne*, 1937) von Wolfheinrich von der Mülbe. Das Buch war 1953 vom Verlag der Nation neu herausgebracht worden, und es faszinierte mich in vielerlei Hinsicht: Von der Mülbe vermengt auf lockere, unprätentiöse Weise Modern-Alltägliches mit Motiven aus der Tradition der Rittergeschichten und Märchen, das ganze gewürzt mit Humor und trefflichen Szenen (ein Mathematiker scheitert daran, daß Frauen unberechenbar sind). Von Kapitel zu Kapitel erlebt Held Kunibert immer neue, teils verrückte, fast surreale Abenteuer zu Lande und auf See, im Gebirge und in Lappalien, dem Traumland

der Bürokraten, wo alles seine Genehmigung braucht, es aber monatelanger Wege bedarf, die nötigen Papiere zu erlangen. Kunibert trinkt mit einem Drachen Kakao, wird von Seeräubern gefangen und verkauft, und er begegnet immer wieder neuen Gestalten mit merkwürdigen Eigenschaften und Fähigkeiten und vielen Schrullen oder Ticks, so etwa einem Mann Komma der alle Sätze mit korrekter Komma stets auffälliger Interpunktion spricht Punkt

Heute klassifiziert man *Die Zauberlaterne* gern als frühe Vorwegnahme von Fantasy, und man verbreitet die Suchfahrt nach dem sich nie abnutzenden Rasierzeug als weichgespültes Hörspiel. Ohne die tiefe Ironie, ohne die hier und da aufflammende Bitterkeit, ohne den surrealen Touch. Nun wohl, jedes Zeitalter bekommt die Zauberlaterne, die es verdient.

Vielleicht hat mich der Ritter Kunibert dazu gebracht, daß ich die Grenzfälle von Science Fiction und Fantasy besonders spannend finde. Auf jeden Fall würde es sich lohnen, diese vielgestaltigen und magischen Gefilde näher auszuleuchten. Einen

Anfang dazu hat Karlheinz mit seinem Vortrag zur phantastischen Literatur in der DDR gemacht. Mit den Digedags dagegen habe ich mich im Gegensatz zu ihm nie wirklich angefreundet. Als Hannes Hegen das *Mosaik* startete, war ich aus dem Bildergeschichten-Alter schon heraus und verschlang weiter vorwiegend Abenteuerbücher.

Von Birnen, falschen Männern im Mond und transsolaren Geschenken

Ein Rückblick auf die DDR-SF in den Apollo-Jahren

21. Juli 1969 gegen vier Uhr morgens: Science Fiction als Reality TV. Neil Armstrong tappt auf den Mond und gibt eine gewichtige Sentenz von sich: »Dies ist ein kleiner Schritt für einen Menschen, aber ein großer Sprung für die Menschheit.« – Carlos Rasch hätte es nicht großspuriger ausdrücken können!

Für junge SF-Fans wie mich war der Mondflug eine wundervolle Bestätigung, daß auch verrückte Visionen einmal Wirklichkeit werden können. Was kam als nächstes? Ein Flug zum Mars? Der erste Kontakt mit den Außerirdischen? Und wann würden die Sowjets nachziehen? Wer die erste Weltraumstation errichten? Zugleich spürte ich, daß nach Apollo 11 der nahe Weltraum als Spielfeld für Science Fiction uninteressant geworden war. Was also kam in der utopischen Literatur als nächstes?

Ich, ein frischgebackener Physikstudent, ging durch Chemnitz, das damals Karl-Marx-Stadt hieß, schaute in die Buchläden rechts und links der Straße der Nationen, blieb in der Agricola-Buchhandlung hängen oder im Antiquariat Rosenhof, stattete dem »Internationalen Buch« eine Stippvisite ab oder durchstöberte die Evangelische Buchhandlung Max Müller, immer auf der Suche nach Science Fiction, neu oder alt, deutsch, russisch oder englisch. Neue SF von DDR-Autoren war und blieb Bückware, selbst die Kompaß-Taschenbücher mit oft brutal gekürzten Romanen von Jules Verne, erhältlich an Zeitungskiosken, waren schnell ausverkauft, man mußte Glück haben und zulangen, wenn man ein Bändchen erspähte. Egal was, ich kaufte,

solange es nur irgendwie utopisch, phantastisch oder sonstwie unirdisch anmutete.

Wenn man es recht betrachtet, waren die späten 1960er, frühen 1970er gute Jahre für die DDR-SF, Jahre, in denen sie Abschied vom utopischen Betriebsroman à la Vieweg und del'Antonio nahm. Die Apollo-Missionen selbst hatten gewiß keinen direkten Einfluß, aber Veränderung lag in der Luft. Vor allem meldete sich um 1970 eine neue Autorengeneration mit neuen Themen und neuen Sichtweisen zu Wort, allen voran Günter und Johanna Braun. Gut, ihr Buch *Die Nase des Neandertalers* (1969) enthielt lediglich zwei SF-Erzählungen, die ich zudem schon aus der Zeitschrift *Magazin* kannte,[1] und mit der verhalten ironischen, verhalten satirischen Schreibweise der Brauns mußte ich mich erst anfreunden, aber als ich drei Jahre später den Roman *Der Irrtum des Großen Zauberers* las,

1 Am Rande der SF liegt dort noch »Das Kristall Phyll«; die Erzählung handelt von der Herstellung einer Substanz mit etwas phantastischen Eigenschaften, die aber für die Handlung keinerlei Rolle spielen, unter den Bedingungen und Beschränkungen der volkseigenen Wirtschaft.

staunte ich nicht schlecht: Da hielt ich doch tatsächlich eine Art sanfter Antiutopie made in GDR in der Hand! Der Große Zauberer entpuppt sich als Diktator, das Volk wird durch den Zwangsgenuß einer glücklich und zufrieden machenden Birne verblödet, Maschinen erledigen alle Arbeiten, der junge Held, Adoptivsohn des Diktators, beginnt zu rebellieren. Und nebenbei gab der Roman eine witzige Kybernetik-Satire ab.

Bücher wie die der Brauns waren noch die Ausnahme, und noch kam es mir bei der Lektüre primär auf den *sense of wonder* an, großartige Visionen, völlig neuartige, ungewohnte Ideen, grandiose, möglichst kosmische Perspektiven für die Menschheit. An Stanisław Lem – besonders an seinen Roman *Der Unbesiegbare* (1967) – reichte in dieser Beziehung vorerst keiner der DDR-Autoren heran. Eher subtile, leise Romane, nahe an der Gegenwartsliteratur und aufs Psychologische ausgerichtet – wie etwa *Silvanus kontra Silvanus* (1969) von Klaus Beuchler – konnten mich nicht fesseln. Aber als weitaus langweiliger empfand ich die Nachhut der utopischen Betriebsromane, etwa Wolf D. Brenneckes *Die Straße durch den Urwald* (1971; Kennt den noch jemand? – Gut so.) oder auch Alexander Krögers *Antarktis 2020* (1973). Das hatte ich in ähnlicher Form alles schon einmal gelesen, und *sense of wonder*? – Fehlanzeige.

Rein quantitativ besserte sich die Situation entschieden. Waren in den 1960ern pro Jahr etwa zwei, drei SF-Romane von DDR-Autoren erschienen, so stieg deren Anzahl 1972 auf fünf und 1973 auf sagenhafte sieben Stück! Noch fulminanter war die Entwicklung bei den Erzählungen: Von etwa sechs pro Jahr schoß deren Anzahl gegen Ende der 1960er auf über ein Dutzend und 1973 sogar auf 29 hoch. Nicht, daß dies als Lektüre für ein Jahr genügt hätte, aber es lohnte sich nun schon, jede Woche in einer befreundeten Buchhandlung nachzufragen, ob etwas Utopisches hereingekommen sei. Gleichzeitig mußte ich mich an neue Namen gewöhnen. Karl-Heinz Tuschel und später Klaus Frühauf gaben ihr Debüt. Gerhard Branstner, vor kurzem noch Cheflektor beim Eulenspiegel-Verlag, experimentierte mit

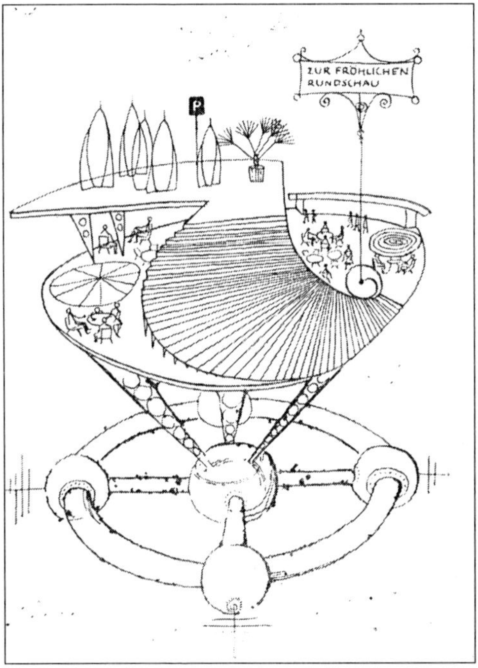

Illustration zu *Besuch auf der Erde* von Gerhard Branstner

humoristischer SF auf sozialistisch-didaktischer Grundlage. Vor einigen Jahren hatte ich seine Erzählung »Kumpelfings im Weltraum« fast als eine persönliche Beleidigung empfunden: Da verhohnepiepelte doch einer meine geliebte Science Fiction! *Die Reise zum Stern Beschwingten* (1968) und *Der falsche Mann im Mond* (1970) gefielen mir da schon besser, obwohl es sich immer noch um den Mißbrauch von Science Fiction zu humoristischen Zwecken handelte.

Aber so viel stand fest: Allein die Heldentaten der kühnen Eroberer des Kosmos in den unendlichen leeren Weiten des Alls reichten in den Apollo-Jahren nicht mehr aus. Auch die Zeiten der interplanetarischen Revolution waren vorbei. Endlich mußten sich die Kosmonauten nicht mehr den Kopf darüber zerbrechen, ob sie den unterdrückten Völkern fremder Gestirne mit ihrer terrestrisch-kommunistischen Supertechnologie im

Klassenkampf gegen die außerirdischen Ausbeuter beispringen sollten. Statt dessen stand die Konfrontation mit fremdartigen Lebensformen, fremdartigen Intelligenzen auf dem Programm. Hubert Horstmann schilderte sie in *Die Rätsel des Silbermonds* (1971), Hans Prüfer in *Planet der Träume* (1973), Richard Funk in *Gerichtstag auf Epsi* (1973). Als Leser hatte ich bisweilen den Eindruck, daß sich die Raumschiffbesatzungen reichlich begriffsstutzig verhielten, einfach so ausstiegen und blind herumtappten! Offensichtlich hatten sie auf der Raumakademie lediglich gelernt, wie man Luftschleusen öffnet. Ich ahnte ja gleich, daß die merkwürdigen Riesenpfifferlinge auf Titan eigentlich intelligente Lebewesen waren.

Wenn ich Glück hatte, gelang es dem Autor wenigstens, eine fremdplanetarische Szenerie eindringlich zu schildern. Überhaupt sahen die Außerirdischen nicht mehr den Menschen so verblüffend ähnlich, verlebt, fies und verkniffen die außerirdischen Ausbeuter, hochwüchsig, schön und physisch fit die Bewohner klassenloser Welten. Nein, jetzt füllten pflanzenhafte Wesen die Buchseiten: Mit ihrer vegetabilen Genügsamkeit waren sie gesellschaftlich in eine Sackgasse geraten. (Veganer waren damals noch kein Thema.) Oder es handelte sich um Gliederfüßer, bei denen man nicht so recht wußte, welcher biologischen Gattung und vor allem welcher sozialen Klasse sie angehörten und ob sie gleich zubeißen würden. Unser Lektor Helmut Fickelscherer erzählte uns später, daß er in einem Jahr gleich zwei oder drei Manuskripte mit Ameisen-Astronauten auf den Tisch bekam. (Können Ameisen Kommunisten sein? – Gewiß doch. Und zwar absolut vorbildliche.)

Wie froh war ich damals, wenn ich einen neuen Lem – etwa *Eden* (1971) – oder einen Strugazki in die Hände bekam. Dagegen beeindruckte mich die ausgewalzte Space Opera *Menschen wie Götter* (1972) von Sergej Snegow nicht. Die glitt mir zu sehr ins Märchenhafte ab. Ein dicker Ziegel von Buch, kräftiges Kolorit, massenhaft Außerirdische und viel, viel Action, meist ohne tieferen Sinn. Snegow war eindeutig seiner Zeit weit voraus.

Jedenfalls wurde das Angebot breiter, und die Verlage veröffentlichten sogar die eine oder andere SF aus dem nichtsozialistischen Ausland, einen Erzählungsband *Die Liebe und die Schwerkraft* (1970) von Pierre Boulle etwa mit der nicht ganz jugendfreien Schilderung von Schwierigkeiten, die sich bei der Kopulation unter Null-g gemäß actio = reactio ergeben. Dann gab Edwin Orthmann, Lektor im Verlag Neues Leben, den ersten von drei Sammelbänden mit »wissenschaftlich-phantastischen Erzählungen aus aller Welt« heraus. Neben Laßwitz und Wells waren in *Der Diamantenmacher* (1972) auch Lem und sogar Robert Sheckley zu finden. Die größte Entdeckung war für mich aber ein vornehm schwarzes Softcover-Bändchen in der literarisch anspruchsvollen Spektrum-Reihe: *Raumschiff ahoi!* Ich hatte das Glück, gleich 1969 ein Exemplar der Erstauflage zu ergattern: utopische Geschichten von amerikanischen Autoren. Clifford Simak, Harry Harrison, Robert Heinlein und andere waren da versammelt. In der zweiten Auflage, ein Jahr später, fehlte Heinleins völlig harmlose Erzählung »Nehmen Sie Platz, meine Herren!«, in der die Astronauten ein Meteoritenloch auf unkonventionelle Weise schließen. – Heinlein hatte sich in der Zwischenzeit als ein reaktionärer Scharfmacher und Militarist entpuppt, der den US-amerikanischen Krieg in Vietnam befürwortete. Aber das traf auf andere im Band vertretene Autoren auch zu. Lag die Verstümmelung vielleicht an der Höhe der in Devisen zu zahlenden Honorare?

An Anregungen und literarischen Vorbildern für die einheimischen Autoren fehlte es also nicht. Und einige konnten einem internationalen Vergleich durchaus standhalten. Heiner Rank zählte zu ihnen, Rank, den ich als Krimiautor ignoriert hatte und der nicht nur mich 1973 mit seinem einzigen SF-Roman *Die Ohnmacht der Allmächtigen* überraschte. Noch ein Jahrzehnt später wurde er immer wieder von Fans wie von Kollegen gefragt, ob er nicht endlich wieder so einen faszinierenden, bunten, vielschichtigen Roman schreiben wolle. Rank hatte eine ideale Konsum- und Freizeitgesellschaft ausgemalt, Luxus und

Illustration zu *Das Gastgeschenk der Transsolaren* von Alfred Leman und Hans Taubert

seichte Vergnügungen – gepaart mit Oberflächlichkeit und Sinnentleerung. Wie bei Huxley waren Ranks Utopia-Bewohner genetisch auf Gewaltlosigkeit programmiert, und der Held kam als ein Außenseiter. Auch fielen mir damals Parallelen zu Čestimír Vejděleks Roman *Heimkehr aus dem Paradies* auf, der in deutscher Übersetzung 1966 bei Artia in Prag erschienen war. Bei Vejdělek steuern im Hintergrund kybernetische Gehirne die scheinbar perfekte Welt. Bei Rank handelt es sich um außerirdische Gehirne. In beiden Romanen entmachtet der Held zum Schluß die geheimen Herrscher, so daß die Menschen wieder für sich selbst sorgen müssen.

Stärker noch als Ranks Roman beeindruckte mich im Jahr 1973 der Erzählungsband *Das Gastgeschenk der Transsolaren* von Alfred Leman und Hans Taubert. Hier fand ich den *sense of wonder* wieder, hier gab es Pointen so intelligent und überraschend wie in der besten internationalen SF, hier wurde dicht und plastisch erzählt. Meist drehten sich die Geschichten um wissenschaftliche Rätsel und ungewöhnliche Begegnungen mit fremdartigen Lebensformen. Dabei verstanden es die Autoren, beide Biologen, faszinierende evolutionäre Spekulationen vorzubringen. – Und schon hatte ich den Band ausgelesen und stand wieder mit hungrigen Augen in einer Buchhandlung oder einem Antiquariat.

Ja, in den späten 1960er, frühen 1970er Jahren mauserte sich die DDR-SF. Auch nach Apollo blieben fremde Planeten die bevorzugte Kulisse, aber alles in allem wuchs die DDR-SF über die Enge kosmischer Abenteuer hinaus, wurde bunter und vielfältiger, erreichte sogar in den besten Büchern das, was man damals »Weltniveau« nannte. Wenn ich heute an die Zeit zurückdenke, dann bedauere ich nur eines: Ich studierte erst in Karl-Marx-Stadt, dann in Berlin und fraß die Bücher in mich hinein, fast ohne mich mit anderen darüber austauschen zu können. Von der Gründung des Stanisław-Lem-Klubs im Jahr 1969, seiner Blütezeit und seiner Zerschlagung bekam ich schon gar nichts mit. Aber so war es nun einmal in der DDR: Zwischen Berlin und Dresden lagen Welten.

Die biologische Zukunft des Menschen im Spiegel der Phantastik

Der Mensch aus der literarischen Retorte

»Unsere Art wird per Knopfdruck produziert. Typengerecht! Fachwissenschaftler zum Denken, Muskelpakete zum Arbeiten, die weiblichsten Weibchen fürs Bettvergnügen. Versandfertig, nach Katalog und mit zwei Jahren Garantie!«

Peter Lorenz in *Homunkuli*

Die wissenschaftliche Phantastik spielt mit Möglichkeiten und Unmöglichkeiten, Verwirklichbarem und Unwirklichem – auch mit künstlichen Menschen. Sie besiedeln im Zukunftsroman ganze Welten. Ein bloßes Spiel mit Biologie und Technik, nötig vielleicht als exotischer, futuristischer Hintergrund für eine bieder-spannende Handlung? Oder zielt die literarische Provokation, Menschen wie Autos oder Stopfgarn herzustellen, auf mehr ab und berührt uns Unproduzierte mehr als die geläufigen Spaziergänge auf fremden Planeten?

Die Erfolge der modernen Biowissenschaften haben Anlaß zum Nachdenken gegeben. Als es James Watson und Francis Crick 1953 gelang, die stereochemische Struktur der Erbsubstanz, des DNS-Moleküls, zu ermitteln, war noch nicht abzusehen, daß knapp drei Jahrzehnte später den Molekularbiologen im besten Sinne Phantastisches möglich sein würde: In Bakterienzellen wird mit Hilfe von Phagen eine neue genetische Information eingebracht. Die informationstragenden DNS-Stücke gelangen in den

Zellkern und werden in die bestehende Erbsubstanz inkorporiert. Bei jeder Zellteilung wird diese »trojanische« Information an die Tochterzellen weitergegeben, die sie entschlüsseln und wie befohlen Insulin produzieren, denn genau diese Information hat ihnen der Mensch untergeschoben. Genetische Manipulation in industrieller Anwendung 1979! Der Millionen-Investitionen und Millionen Ideen erfordernde Weg dahin führte über die Erkenntnis des Mechanismus der Proteinsynthese und des genetischen Codes, über die Erforschung der molekularen Regulationsphänomene, die mühsame chemische Analyse der Nukleotidsequenzen, die durch alle Zeitungen gegangene »Vollsynthese eines Gens« zur zunehmenden Beherrschung der Rekombinationsprozesse, ebenjener Prozesse, mit deren Hilfe man Bakterien überlisten und dazu zwingen kann, Stoffe zu produzieren, die nicht sie, wohl aber die Menschen brauchen.

Viele andere Experimente ließen aufhorchen: Daniel Petruccis mißglückte Versuche, menschliche Embryonen außerhalb des Mutterleibes in künstlichen Uteren aufzuziehen (Ektogenese), künstliche Befruchtung (Reagenzglasbabys) und die Verpflanzung von Embryonen ... Am Modelltier Frosch gelang die mikrochirurgische Übertragung von kompletten Zellkernen. Damit ist eine Voraussetzung für das sogenannte Klonen gegeben, für die Produktion praktisch beliebig großer Serien genetisch identischer Individuen, eineiiger Zwillinge – sogar aus beliebigen Zellen des Körpers.

Wo die Wissenschaft noch schweigt, darf die Phantastik das Wort ergreifen und weit über das Erwiesene hinaus spekulieren. Sie hat seit ihrer Entstehung offene Fragen und ferne Perspektiven der Wissenschaft aufgegriffen, Atomkraft, Computer, Raumfahrt gehören längst in ihr Repertoire. Mit der vielleicht leiseren, aber nicht minder folgenschweren biologischen Revolution wird nun auch diese zum Gegenstand. Die Phantastik tastet wissenschaftliche, technische und soziale Zukunftsmöglichkeiten ab und bewertet sie: Was könnte eine genetische Manipulation des Menschen bewirken? Wem nützt sie?

Illustration zu *Homunkuli* von Peter Lorenz

In der wissenschaftlich-phantastischen Literatur der DDR gibt es bislang nur wenige Werke, die die genetische Manipulation zum Gegenstand haben. Zu ihnen zählt das Erstlingswerk von Peter Lorenz *Homunkuli* (1978), dem das Eingangszitat entnommen ist. In diesem in der nahen Zukunft spielenden Roman werden unter Rückgriff auf die heute modernsten Ergebnisse der Molekulargenetik genormte Typenmenschen wissenschaftlich entworfen und in geheimen Werken des militärisch-industriellen Komplexes massenhaft hergestellt. Die zumindest im ersten Teil angenehm vom Klischee abweichende Handlung schildert den komplizierten Weg einer in den Mißbrauch der

Wissenschaft verstrickten Genetikerin und – mehr auf der Königsebene der Konzernchefs und politischen Gremien – die Produktion der Homunkuli, ihre Vorbereitung auf einen Einsatz nach dem geplanten Kernwaffenkrieg sowie deren Selbstbefreiung.

Unschwer erkennt man tradierte Motive der wissenschaftlichen Phantastik, auf die Lorenz zurückgreift. Die Supermänner unter den Homunkuli heißen »Alphaten« – fast so wie die »Alphas« in Aldous Huxleys klassischer Anti-Utopie *Schöne neue Welt* (1932), und Lorenz produziert »per Knopfdruck«, wo sich Huxley der Fordschen Technologie des Fließbandes bediente.

Die Traditionslinie kann weiter zurückverfolgt werden, vielleicht nicht unbedingt bis Mary Shelleys *Frankenstein* (1818), aber doch mindestens bis zu Karel Čapeks Schauspiel *RUR* (1920), der Geburtsurkunde der Roboter, der nächsten Verwandten der Kunstmenschen, die bei Čapek nicht etwa plumpe, dampfbetriebene oder elektronische Blechgesellen waren, sondern aus Fleisch und Blut, wenn auch aus weniger beseeltem, gefühllosem. Das Aufgreifen derartiger tradierter Motive ist in der wissenschaftlichen Phantastik nicht nur legitim, sondern die Regel. Wer heute in utopischen Romanen Raumschiffe verwendet, läuft kaum Gefahr, des Plagiats von Cyrano de Bergerac bezichtigt zu werden, der 1656 in seiner Schrift *Die Reise zu den Mondstaaten und Sonnenreichen* zum ersten Male das Raketenprinzip benutzte.

Die wissenschaftliche Phantastik besitzt einen bei grober Betrachtungsweise nicht sehr umfassenden Grundkanon an Motiven und Themen, ja sogar an Fabeltypen und literarischen Tricks, auf den praktisch sämtliche Autoren zurückgreifen. Zeitmaschinen gibt es seit Wells, Weltraumstationen seit Laßwitz, Roboter seit Čapek und Fließbandmenschen seit Huxley. Wer letztere verwendet, setzt sich folglich einem Vergleich mit Huxley aus. Grundlegende Neuerungen an technischen Einfällen, Ergänzungen des Grundkanons hat es seit den 1950er

Jahren kaum gegeben. Da die wissenschaftlich-technischen Motive meist altbekannt sind, kommt es heute darauf an, ihnen neue Seiten abzugewinnen, sie in neuer Weise einzusetzen und das Interesse mehr und mehr den entworfenen menschlichen und gesellschaftlichen Beziehungen zuzuwenden. Kernfragen neuerer wissenschaftlicher Phantastik sind insofern Fragen des Menschenbildes, des Lebensstils, Fragen der Anwendung der Wissenschaft und der Gestaltung einer zukünftigen Gesellschaft.

Die Alphas, Betas ... Epsilons Huxleys, die Homunkuli Lorenz' sind Zweckmenschen. Sie werden hergestellt, damit sie bestimmte Funktionen erfüllen: Liftboy auf Lebenszeit oder Ersatzmensch für eine radioaktiv verseuchte Erde. Die Kriterien, nach denen produziert wird, sind klar, es geht nicht um die Erzeugung irgendwie idealer Menschen, sondern um die Herstellung normgerechter, optimal an den künftigen Verwendungszweck angepaßter Arbeitskräfte. Was sich bei Huxley nur aus Nebenbemerkungen und in der Interpretation erschließen läßt, wird bei Lorenz fast zu vordergründig und klar ausgesagt: Der alte Kapitalistentraum von der zweckgerechten und nie aufsässigen, nie ausbeutungsunwilligen Arbeitskraft wird hier verwirklicht. Dabei handelt es sich keineswegs um einen schon bei Čapek zu findenden »gedanklichen Fundamentalfehler«, den Heinz Entner in der Annahme sieht, daß imperialistische Machthaber »individualitäts- und willenlose Kunstmenschen für leichter beherrschbar und daher wünschbarer halten« [S. 157] als den derzeitigen irregulären Menschentyp. Denn Macht verlöre ihren Reiz, wenn auf jeden Befehl nichts als gehorsame Ausführung erfolgte. Jedoch sind die Gesetze des Kapitalismus nicht an individuelle Schrullen wie Lust oder Reizgefühle gebunden, sie setzen sich auch hinter dem Rücken der Ausbeuter durch.

Hier ist Huxley beizupflichten, bei dem das Grundproblem herrschender Klassen die Stabilisierung ihrer Herrschaft – gemäß dem Motto des Weltstaates: Kommunität, Identität,

Stabilität – als gelöst betrachtet wird: »Gelöst durch Standardgammas, unveränderliche Deltas, Einheitsepsilons. Millionen identischer Zwillinge. Das Prinzip der Massenproduktion endlich angewandt auf die Biologie.« [S. 9]

Die für die Science Fiction typische Symbolik, das Transponieren realer gesellschaftlicher Verhältnisse, realer Probleme, Gefahren, Widersprüche in wissenschaftliche, technische Beziehungen, am auffälligsten vielleicht als Ummünzen der Furcht vor einem imperialistischen Krieg in die Furcht vor einer Invasion aus dem All, einem Krieg der Welten, findet auch hier statt. Das Fließband produziert den Menschentyp, der ihm entspricht: bei Huxley im wörtlichen Sinne, biologisch, technisch. Unter den Bedingungen des realen Kapitalismus geschieht dies im übertragenen Sinne. Jahrzehntelange Arbeit am Fließband deformiert den Menschen, beraubt ihn seiner Interessen, Fähigkeiten. Schuld des Fließbandes? Wohl eher die Schuld einer unmenschlichen Arbeitsorganisation. Es wäre zu einfach, hier die Technik als Instrument der Unterjochung des Menschen zu verdammen. Daß sie in der bürgerlichen Science Fiction oft genug so dargestellt wird, liegt auf der Hand: Was man der Gesellschaft nicht anlasten kann oder will, schiebt man auf die Technologie. Die technologische Gleichheit der Arbeitsaufgaben erzwingt die Uniformität der Produzierenden.

»Sechsundneunzig identische Zwillinge bedienen sechsundneunzig identische Maschinen« [S. 9] schreibt Huxley, der sich eines Bokanowskisierung genannten biologischen Verfahrens bedient, um die gewünschte Identität zu erreichen.

Lorenz ist genau um vier Jahrzehnte Biologie weiter. Zellinformationen werden molekulargenetisch entschlüsselt und vervielfältigt, in künstlichen Gebärmüttern wachsen Embryonen zu biologisch identischen Homunkuli heran – in beliebig großen Serien.

Was dabei entsteht, ist der Massenmensch, der Mensch ohne Gesicht, ohne Individualität, ohne unverkennbare Persönlichkeit, der Roboter in Menschengestalt frisch vom Reißbrett, ohne die Schnörkel individueller Schrullen und Besonderheiten, ohne die unnötigen Verzierungen von Interessen, die nicht mit seinem Zweck verbunden sind. Hypnopädische Verfahren tragen bei Huxley und bei Lorenz dazu bei. Doch während Huxley eine totale Manipulierbarkeit der Menschen annimmt, sträuben sich die Homunkuli schon gegen die brutale Abnabelung und vor allem dagegen, zu Superkillern gedrillt zu werden. Aber auch sie sind von der Anlage her austauschbare Unpersonen, und erst in der gemeinsamen unterirdischen Zwangsarbeit und im Kampf um ihre Befreiung gewinnen sie Gesicht und Individualität. Nicht allzuviel freilich. Doch darin ähneln sie vielen Helden der wissenschaftlichen Phantastik. Mitunter besteht deren ganze Aufgabe darin, die zugrundeliegende wissenschaftlich-phantastische Idee möglichst effizient auszuführen. Dabei entsteht der Eindruck, daß Roboter bzw. persönlichkeitslose Typenmenschen den handwerklichen Fähigkeiten mancher Autoren näher kommen als lebenspralle Individuen, die eventuell aus dem vorgegebenen Schema der Handlung auszubrechen versuchen. Wo die Handlung konstruiert ist, sind es auch die Handelnden.

Künstliche Menschen sind außerordentlich gut geeignet, Fragen des Lebensstils, der erstrebenswerten Gesellschaft, ja des Lebenssinns aufzuwerfen. Sie, die ohne Familie aufwachsen: Müssen sie nicht andere gesellschaftliche Bindungen, Einstellungen und Werte entwickeln als wir? Unsere gewohnten Normen und Ziele sind ihnen nicht selbstverständlich – und verlieren damit auch für den Leser die Selbstverständlichkeit. Sie können überprüft, kritisiert, verworfen oder angenommen werden. Indem die wissenschaftliche Phantastik Unwirkliches wahr sein läßt, hinterfragt sie die Realität.

Beispielhaft für das Aufwerfen von Fragen des Lebensstils und Lebenssinns anhand künstlicher Menschen ist Heiner Ranks vielfach aufgelegter Roman *Die Ohnmacht der Allmächtigen* (1973). Auch Johanna und Günter Brauns Roman *Unheimliche Erscheinungsformen auf Omega XI* (1974) muß hier erwähnt werden, und zwar wegen der ähnlichen Problematik, der gleichermaßen gelungenen Durchführung und der Verwendung genetisch manipulierter Menschen.

Ranks Dafotil, die »ohnmächtigen Allmächtigen«, sind so wenig natürlich geboren wie die Geschöpfe Huxleys. Rank ist dem Klassiker der Anti-Utopie soweit verpflichtet, daß er die Einwohner seiner Welt – wie die der Schönen Neuen Welt – Abscheu bekunden läßt beim bloßen Gedanken an Mutterschaft.

> »Ein Leben ohne Eltern, ohne Kinder, ohne ...«
>
> »Unterlaß doch diese widerwärtigen Ausdrücke ...«
>
> »Was ist daran widerwärtig? ... du wurdest doch auch geboren.«
>
> »Natürlich. Aber nicht animalisch. Auf eine vernünftige und menschenwürdige Weise. Wir unterscheiden uns eben vom Tier und seinen instinkthaften Praktiken.« [S. 48]

Wo die Familienbande gekappt wurden, reißen auch die zur Natur. Indem der Mensch seine Erzeugung den Maschinen übergibt, verneint er seine biologische Natur und löst sich von der natürlichen Umwelt. Huxleys Kleinkinder werden mit Stromstößen »konditioniert« (wie es die behavioristische Psychologie feinsinnig umschreibt), wenn sie programmwidrig auf eine Blume zukrabbeln wollen.

So heißt es konsequenterweise auch bei Rank:

> »Der Anblick der nackten Natur ist abstoßend, im höchsten Grade widerlich.«
>
> »Was stört Sie denn daran?«
>
> »Es wuchert, wie es will, regellos. Ohne Eugenik weiß man nicht, woran man ist. Ich finde es abscheulich.« [S. 126]

Die neue wissenschaftliche Phantastik thematisiert häufig das Verhältnis von Mensch und Natur, meist im Zusammenhang mit der Umweltproblematik wie bei den Brauns. Hier jedoch geht es darum, daß der in einer Kunstwelt aus Stahl, Glas, Plast und Beton lebende Mensch, in der auch der letzte Grashalm den Normvorschriften genügen muß, daß der von der Natur entfremdete Mensch selbst nicht mehr natürlich sein kann, menschliche Substanz aufgegeben hat. Seine Gefühlswelt hat sich verengt. Die Spontaneität seiner Empfindungen ist eingeschränkt worden, selbst seine ästhetischen Maßstäbe sind gestutzt. Der Kunstmensch wurde einer weiteren Persönlichkeitskomponente beraubt. Entfremdung von der Natur und Entpersönlichung gehen Hand in Hand.

Während bei Huxley selbst die Alphas noch gezwungen sind zu arbeiten, ist den Dafotil, der herrschenden Menschenrasse Ranks, die Arbeit nicht nur verboten, sondern instinktmäßig unmöglich. Nur die Sermaten, die subhumanen biologischen Dienstleistungsautomaten, arbeiten. Die Dafotil leben in einem Paradies ewiger Freizeit, des hemmungslosen Genusses.

Ganz ähnlich sieht es im Roman der Brauns aus, wo eine wüst konsumierende menschliche Oberschicht, die Lumen, von den Produkten der ebenso wüst und zwanghaft produzierenden Prudenten und Roburen, die genetisch manipulierte Menschen sind, leben.[2] Die angerissene Problematik ist klar: Es geht um den Konsumterror, wie er durch Werbung und Prestigedenken im Kapitalismus ausgelöst wird, und um die spießbürgerliche Konsumsucht, die auch in unserer Gesellschaft häufig anzutreffen ist.

Glück ist das oberste Gebot, das höchste Ziel der antiutopischen Gesellschaftsentwürfe bei Huxley, Rank und den Brauns. Aber das Glück, das in diesen Gesellschaften versprochen wird, ist künstlich, pervertiert wie diese, es besteht aus Sinneskitzel im Fühlkino, Drogentrips, absoluter sexueller Freizügigkeit, die jedes tiefere Gefühl ausschließt, oder »Fleischplatten und

---

2 Tatsächlich sahen die Brauns in den Lumen keine Oberschicht, was ja eine Art von Klassenherrschaft bedeutet hätte, sondern schlicht eine Gruppe, die genauso auf zwanghaften Konsum getrimmt ist wie die Prudenten auf das Produzieren. Mit dem Wort »Oberschicht« interpretierte ich damals den Roman nach dem Schema der interplanetaren Revolution. – Anmerkung bei der Neuveröffentlichung.

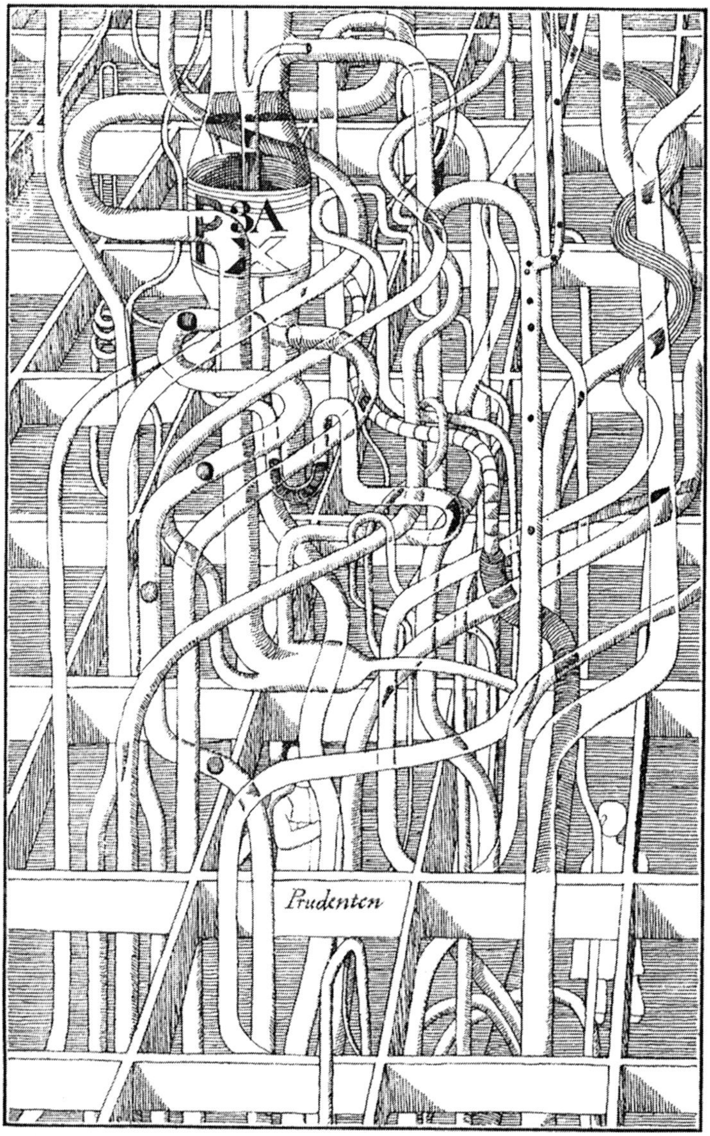

Illustration zu *Unheimliche Erscheinungsformen auf Omega XI*
von Günter und Johanna Braun

Braten in unheimlichen Erscheinungsformen«. Die Bewohner dieser synthetischen Pseudoparadiese sind so zurechtmanipuliert, daß sie genau diese sinnlichen Vergnügen für ihr größtes Glück halten und ihm zwanghaft nachstreben. Sie erinnern an die berühmte Versuchsratte, die mit den Pfoten ausschließlich die Taste drückte, die das Lustzentrum ihres Hirns elektrisch stimulierte – bis sie verhungerte.

Der Epsilon-Minus-Liftboy Huxleys, die Sermaten Ranks, die einzig und allein kellnern können, auch die Braunschen Robure, die grobe physische Arbeit verrichten müssen, um gesund zu bleiben – sie sind genetisch so entworfen, so produziert, daß sie bei ihrer monotonen, unveränderlichen Tätigkeit »Glück« empfinden, alles andere liegt außerhalb ihres Wahrnehmungsbereiches. Die Vergnügen der Alphas, Dafotil oder Lumen sind kaum weniger eintönig, einfallslos und beschränkt zu nennen.

Gerade in der scheinbar zwanglosen Jagd nach Vergnügen triumphiert wieder die Konformität, werden die Rankschen Dafotil austauschbar wie Huxleysche Gammas, verlieren sie die psychische Einzigartigkeit durch eine Einengung ihres Lebenskreises auf Streben nach trivialem Glück, verwandeln sie sich in Roboter ihrer Genußsucht, denen als Konsequenz jeglicher Genuß schal wird.

Die Entpersönlichung der Kunstmenschen hat mehrere Hauptkomponenten. Sie bestehen in der Entfremdung von der grünen Natur und von der eigenen biologischen sowie in der Entfremdung von sinnvoller Tätigkeit, im Schlaraffenleben.

Das Problem ist gestellt, die Zukunftsgesellschaft entworfen – bei Huxley und Rank und den Brauns – und als menschenunwürdig demaskiert. Das in Pillenform verteilbare Konsumglück, die Erhaltung einer gutgeschmierten, die Menschen schon vor ihrer Geburt zurechtstutzenden Gesellschaft sind keine akzeptablen Ideale. Der bis zum Überdruß Shakespeare zitierende Huxleysche Mr. Wilder (ein Nachklang auf den edlen Wilden der Aufklärung), der Mann ohne Vergangenheit Asmo bei Rank, das Heldenpaar der Brauns haben das erkannt. Doch

Huxley kann keine Lösung bieten, sein Anti-Utopia ist zu perfekt, zu stabil (das hat es mit den statischen klassischen Utopien gemein), reproduziert mit der Genauigkeit des Fließbandes sich selbst. Folgerichtig begeht der Held Selbstmord angesichts eines auf der Stelle tretenden Fortschritts, der gesellschaftliche Verhältnisse zementiert hat, denen Huxley hilflos und alternativlos gegenübersteht.

Was zeichnet nun die sozialistische wissenschaftliche Phantastik vor den klassischen Werken der bürgerlich-humanistischen Science Fiction aus? Teilt sie deren Befürchtungen ohne Einschränkungen? Tradiert sie nur bekannte Motive und die fast schon gewohnte Ratlosigkeit? Oder hat sie etwas dagegenzusetzen – wenn schon weniger an literarischer Qualität, so doch an inhaltlicher?

Noch in Čapeks *RUR* zog der Sieg der Roboter über ihre Konstrukteure und Ausbeuter den Untergang der gesamten Menschheit nach sich. Doch wenn Lorenz' Homunkuli revoltieren, vernichten sie den militärisch-industriellen Komplex, der sie hervorgebracht hat, und ihr Repräsentant wird – etwas vordergründig – Bürger der Vereinigten Kommunistischen Staaten Europas. Die Prudenten und Robure der Brauns können sich dank irdischer Hilfe aus der Abhängigkeit von den Lumen lösen und der Überkonsumptionskatastrophe gerade noch rechtzeitig Einhalt gebieten. Tiefer geht der Lösungsvorschlag Ranks. Asmo bringt den Dafotil die Fähigkeit zurück, zu zerstören – und schöpferisch tätig zu sein, zu arbeiten. Die Ohnmacht der Allmächtigen ist überwunden, der Weg steht ihnen offen in ein sinnerfülltes Leben.

Der Schluß dieser Romane macht einige Grundannahmen deutlich, die unsere Autoren in die wissenschaftliche Phantastik einbringen: Der Mensch ist nur begrenzt genetisch und psychologisch manipulierbar, und dementsprechend ist auch die perfekteste den Menschen entwürdigende Gesellschaft überwindbar. Nicht der Mensch muß verbessert, an die Umstände angepaßt werden, gleich ob durch genetische Kunstgriffe oder die Verstümmelung der Persönlichkeit, sondern die Verhältnisse müssen menschlich gestaltet werden.

Damit soll nicht bestritten werden, daß es auch Aufgabe der wissenschaftlichen Phantastik ist, den Menschen der Zukunft darzustellen. Doch kommen diesem die Helden der erwähnten Romane, Asmo oder die irdischen Raumfahrer der Brauns, näher als die Edelmenschen, die von nicht mehr ganz neuen utopischen Romanen in die erhabenen Landschaften der Zukunft gestellt werden. Letztere hinterließen stets einen farblosen Eindruck, sie waren klug, gut, meist groß, natürlich kerngesund und im Schnitt schön – also schlicht langweilig, eben unwirklich, aus der literarischen Retorte. Ihnen entsprach nur zu oft der Entwurf der allseitig perfekten, zukünftigen Idealgesellschaft, der, damit Handlung und Spannung überhaupt zustande kamen, künstliche Probleme aufgepfropft werden mußten. Als ob eine problemlose, konfliktfreie Gesellschaft, damit die statische Gesellschaft der klassischen Utopien, unser Wunsch und unsere Prognose wäre. An Problemen wird es auch unseren Nachfahren nicht mangeln, das Verhältnis Mensch – Natur, Mensch – Technik wird nie widerspruchsfrei sein.

Je tiefer der Mensch in die Geheimnisse der Materie eindringt, desto brisanter werden die ihm zur Verfügung stehenden Techniken. Das hat sich auch in der Molekulargenetik gezeigt, wo 1974 die führenden Laboratorien der Welt einem Moratorium von Paul Berg Folge leisteten und acht Monate lang Experimente mit rekombinanten DNS-Molekülen einstellten, weil sich die mit ihnen verbundenen biologischen Gefahren schlecht abschätzen ließen. Gerade das menschliche Darmbakterium E. Coli zählt zu den günstigsten Versuchsobjekten der Molekulargenetiker – ein unvorsichtiges Experimentieren mit ihm könnte zu einem Verbrechen an der Menschheit werden.

Dies berücksichtigend, wurde auf der Konferenz von Asilomar 1975 ein Katalog von Sicherheitsvorschriften für verschiedene Typen molekulargenetischer Experimente für verbindlich erklärt. Die Risiken der Forschung zählen zu den naturwissenschaftlich-technischen Problemen, sie können daher technologisch beherrscht werden – wenn die entsprechenden gesellchaftlichen Bedingungen gegeben sind. Diese Abhängigkeit kommt auch in Lorenz' *Homunkuli* klar zum Ausdruck, wo ein recht real geschilderter Laborunfall schließlich zu legalem und illegalem Mord und Totschlag führt. Unleugbar existieren Gefahren des Experimentierens, doch liegt das Hauptrisiko der Wissenschaft in der Nutzung ihrer Ergebnisse. Bis zu Kunstmenschen à la Huxley oder Lorenz ist – selbst nach enthusiastischen Prognosen – noch ein weiter Weg, der vielleicht überhaupt nicht und wahrscheinlich nicht so beschritten wird, wie wir es uns heute vorstellen. Und doch haben die Spekulationen der Phantasten ihre Funktion: Sie helfen, den sozialen und moralischen Stellenwert wissenschaftlicher Erkenntnisse und die Position des Menschen in einer technisierten Welt zu bestimmen. Angst oder keine Angst vor der Zukunft – an dieser Frage scheiden sich die Geister.

Hintergrund: Ein Treffen des AUL

Am 28. März 1979 traf sich der Arbeitskreis für utopische Literatur im Schriftstellerverband der DDR (AUL) in den Räumlichkeiten der Akademie der Künste in der Berliner Louisenstraße. Als Thema für die Versammlung der »Utopen« war »genetische Manipulation« angesetzt. Genetik und speziell *genetic engineering* waren in den späten 1970er Jahren in der DDR wie anderswo ein Reizthema; das Wort »Gentechnik« kam erst später auf. Während die einen auf neue Therapien hofften, malten sich andere die Gefahren von neuartigen Biowaffen und einer gentechnischen Veränderung des Menschen aus. Viel wurde daher über Genetik und Ethik spekuliert und gestritten, und ab und zu tauchte in den Debatten noch Lyssenkos unheilvolle Doktrin von der Vererbung erworbener Eigenschaften auf. Als nicht gerade hilfreich hatte sich auch Francis Cricks

Bezeichnung für den Informationsfluß ausschließlich in der Richtung von der DNS über die RNS zu den Proteinen, nicht in umgekehrter Richtung erwiesen: »zentrales Dogma der Molekularbiologie«. Hatte man nicht soeben ein Dogma glücklich überwunden?

Am Vormittag, nach der Eröffnung um 10 Uhr, hielt Prof. Erhard Geißler, seines Zeichens Abteilungsleiter am Zentralinstitut für Molekularbiologie in Berlin-Buch, einen Vortrag »Zu Fragen der Genetik«, in dem er nüchtern und sachlich Grundlagen und Perspektiven erläuterte. Welche Fragen die anwesenden »Utopen« – unter ihnen Rolf Krohn, Peter Lorenz, Heiner Rank und Erik Simon – ihm stellten, habe ich leider nicht notiert.

Der Nachmittag war einem Werkstattgespräch zu Peter Lorenz' Erstling *Homunkuli* gewidmet. Wie üblich bei solchen Treffen sprang das Gespräch zwischen wissenschaftlichen Aspekten und literarischen Gesichtspunkten hin und her. Daß der Roman handwerkliche Schwächen hatte, war offensichtlich. Gravierender aber war, daß er die plumpesten Klischees enthielt: amerikanische Kriegstreiber und proletarische Homunkuli, die gegen ihre Unterdrücker revoltieren. Doch darüber redeten wir meiner Erinnerung nach nicht.

Einige Monate später würde Heinz Entner, ein Germanist, der der SF durchaus sehr gewogen war, den Roman in einer Sammelrezension unter »gut gemeint« einordnen – aber immerhin als eine beachtliche Leistung für ein Debüt beurteilen. Hinnerk Einhorn, Lektor im Verlag Neues Leben, der den Roman betreut hatte, übernahm in der Diskussion die Rolle des »Verteidigers«.

Hinnerk Einhorn war zu dieser Zeit auch mein Lektor. Er kam später auf mich zu: Ob ich nicht etwas zum Thema genetische Manipulation in der SF für die Zeitschrift *Temperamente. Blätter für junge Literatur*, die ebenfalls im Verlag Neues Leben erschien, schreiben könne? – Essays sind, wie der Name sagt, Versuche. Und dies war mein allererster Versuch, mich kritisch mit der SF auseinanderzusetzen.

Im Übrigen benutzte ich selbstverständlich die korrekte deutsche Abkürzung für Desoxyribonukleinsäure: DNS, nicht dieses westdeutsche DNA.

Literatur

Braun, Johanna und Günter: *Unheimliche Erscheinungsformen auf Omega XI. Utopischer Roman.* Berlin: Das Neue Berlin 1974.

Čapek, Karel: »RUR. Rossum's Universal Robots. Kollektivdrama mit einem Vorspiel und drei Akten«, in: K. Čapek: *Dramen.* Berlin und Weimar: Aufbau-Verlag 1976.

Entner, Heinz: »Gut gemeint – gut gemacht? Ein paar Sätze über Debüts in der phantastischen Literatur mit einem Nebensatz zu einem außergewöhnlichen Nicht-Debüt«, in: *Neue Deutsche Literatur* 7/1979, S. 153–158.

Huxley, Aldous: *Schöne neue Welt. Utopischer Roman.* Berlin: Das Neue Berlin 1978.

Lorenz, Peter: *Homunkuli. Wissenschaftlich-phantastischer Roman.* Berlin: Neues Leben 1978. Das als Motto verwendete Zitat steht auf S. 85.

Rank, Heiner: *Die Ohnmacht der Allmächtigen. Utopischer Roman.* Berlin: Das Neue Berlin 1973.

Shelley, Mary: *Frankenstein oder Der neue Prometheus. Roman.* Berlin: Das Neue Berlin 1978.

Die Positionsbestimmung der Seesternwesen

Zu Problemen des Realismus in der Science-Fiction-Literatur

> Als ich, bei einem Gespräch mit jungen Lesern, zum ersten Mal gefragt wurde, ob ich SAIÄNS-FIKTSCHEN schriebe, antwortete ich ohne Zögern mit Nein! – Ich dachte an Science-fiction, wovon ich das nicht sehr viele, das ich kannte, nicht mochte und dessen Fundus ich daher nicht zu erweitern gedachte. Später las ich dann mehr, und hie und da gefiel mir schon etwas, so zum Beispiel die Beschreibung der Denkstruktur von Seesternwesen, die, ihrer radialen Anlage entsprechend, keine Entweder-Oder-Entscheidungen, sondern nur Positionsbestimmungen auf der Skala eines Kontinuums kennen.
>
> Franz Fühmann im Vorwort zur Erzählungssammlung *SAIÄNS-FIKTSCHEN*

Science Fiction läßt nicht kalt. Sie provoziert die konträrsten Reaktionen. Von ihren Anhängern – und manche Jugendliche lesen nichts als SF – wird sie in den Himmel gehoben, von ihren Gegnern in die Hölle des Schunds verdammt. Hat sich die SF mit laserschwingenden Robotern und Hyperraumsprüngen, mit Zeitreisen und gentechnisch erzeugten Monstern tatsächlich so weit von unserer Wirklichkeit entfernt, daß man schon die Gattungsbezeichnung verfremden muß, um die SF literarisch wieder handhabbar zu machen? Verliert sie beim abenteuerlichen Gedankenspiel notwendigerweise jeden Realitätssinn – oder ist sie sogar der Realismus eines von Wissenschaft geprägten Zeitalters? Mit einer pauschalen Proklamation, daß die SF der sozialistischen Länder ein Genre des sozialistischen Realismus sei, ist nicht viel gewonnen. Ohnehin wagt zuviel, wer über eine literarische Gattung als Ganzes ein Verdikt spricht, falle es nun positiv oder negativ aus.

Phantastik und Wirklichkeit

SF ist Literatur wie jede andere Literatur, den gleichen ästhetischen Gesetzen unterworfen, der gleichen Wirklichkeit verpflichtet. Dennoch scheren ihre Werke im Bewußtsein des Lesers wie auch des Autors aus dem allgemeinen Strom der Literatur aus, sei es durch die besondere Art, die Handlung zu konstituieren, sei es durch ihre Requisiten, sei es durch eine spezifische Art, sich der Wirklichkeit zu stellen oder ihr auszuweichen. Rewitsch und Mechtel sprechen sogar von einer besonderen Denkweise, einer besonderen Methode der Phantastik, die näher zu umreißen ihnen freilich schwerfällt. Erkenntnisorientierte Verfremdung durch Herstellen nichtalltäglicher Zusammenhänge mag sie als Schlagwort charakterisieren. Doch ist diese nicht mehr ganz neue Umschreibung zugleich zu weit und zu eng, greift einerseits über die Genregrenzen hinaus und schneidet andererseits eine »reine Unterhaltungs-SF« ab. Überhaupt scheinen mir die ästhetischen und literaturtheoretischen Kategorien eher geeignet, horizontale als vertikale Schnitte zu ziehen; die Genres der »Normal«- und SF-Literatur in vertikale Schubkästen – hie realistisch, hie nicht – zu sortieren, bringt nichts ein als eine saubere Definition, die zwar dem literarischen Archivar nützen kann, nicht aber den Produzenten und

Konsumenten von Literatur. Da bevorzuge ich die These von der horizontalen Stratifikation: Literarische Qualität erzeugt – in der SF wie anderswo – Realismus.

SF-Autoren haben es leichter und schwerer als ihre Kollegen in anderen Genres. Man könnte sagen, sie hätten es leichter, denn sie können in der bequemen Gewißheit schreiben, daß Heerscharen von jugendlichen Lesern bereits vor Buchhandlungen oder Kiosken auf den nächsten einschlägigen Roman lauern, Leser, die in der Regel kaum auf den Bau der Dialoge oder den Einfallsreichtum der Beschreibungen achten; ein Hauch der großen weiten Zukunftswelt, Technik und Abenteuer genügen ihnen. Ungereimtheiten wie Antilicht und nichtenergetische Informationskorpuskel[3], die einen Gegenwartsroman schnell lächerlich machen könnten, bleiben oft unentdeckt, und wenn bei der rasanten Handlung die Figuren ein wenig zu kurz kommen oder sich gar verwechseln lassen, wen stört das schon? Es wird ja gedruckt, es wird ja gekauft, es wird ja verschlungen ... Und die Rezensenten, falls sie überhaupt einen Seitenblick auf die SF erübrigen, beschränken sich – mit Ausnahmen – auf ein Nacherzählen des Inhalts und ein freundschaftlich-aufmunterndes Schulterklopfen.

Andererseits kann sich ein passionierter SF-Autor Bürden aufladen, die sonst nur ein Verfasser historischer Romane kennt. Er weiß ja von der Zukunft oder von fremden Sternsystemen sowenig wie sein Leser. Wenn seine Helden auf unwirtlichen Planeten notlanden, darf er zwar seiner Phantasie viel mehr Freiraum geben als jemand, dessen Hauptfigur ein Praktikum in einem Chemiegroßbetrieb antritt, doch die größere Freiheit hat ihre Tücken. Wer glaubt, es genüge, ein wenig Planetographie und Zoologie aus dem Ärmel zu schütteln und ansonsten fleißig an den Schnüren zu ziehen, der irrt: Nicht nur von Stimmung und Kolorit her müssen sich Welt- und Handlungsdetails schlüssig

3 So Paul Ehrhardt in seinem Roman *Boten der Unendlichkeit* (1984), S. 11, S. 226.

ineinander verzahnen. Der Gegenwartsautor kann sich einen Einblick in seinen Chemiegroßbetrieb durch einen Besuch vor Ort verschaffen, er fängt die Atmosphäre ein, notiert Jargon und Gesten; der Autor historischer Romane kann immerhin überlieferte Dokumente oder, besser noch, die belletristischen Zeugen der Vergangenheit studieren, dem SF-Autor ist die Dienstreise ins Jahr 3000 oder zum Alpha Centauri verwehrt, und auch die ausgefeiltesten Prognosen sprechen nicht vom Lebensgefühl in einer so andersartigen Umwelt.

Nimmt der SF-Autor die vermeintlich wenig bedeutsame Kulisse auf die leichte Schulter, mag er dank der ebenso großen Unkenntnis des Lesers ungeschoren davonkommen. Zielt er freilich auf ein stimmiges Gesamtbild des Entworfenen, muß jedes Detail am rechten Platz sein, ohne Brüche und Anachronismen. Die Welt, die er vor dem Leser ausbreitet, soll, will sie nicht die Qualität eines (vielleicht einprägsamen) Traumes besitzen, eine innere Logik haben – selbst Satire und Parodie kennen eine solche –, desgleichen die Handlung; die Personen wollen Kinder ihrer fiktiven Welt sein, sich nicht wie der Leser darüber wundern, daß man schon seit fünfzig Jahren Privatraketen benutzt, und sie sollten sich nicht ständig Dinge erzählen, die sie alle wissen.

Damit nicht genug: Geschichten erfinden um des Geschichtenerfindens willen, das hat seine Berechtigung – ein Ökonom könnte auf die Reproduktion der Hauptproduktivkraft verweisen –, aber immer mehr Autoren geben sich nicht mit einer spannenden Handlung zufrieden, sie wollen einige der vielen Probleme unserer Zeit aufgreifen. Manchmal geschieht das mehr am Rande und steuert Kolorit bei wie in Rainer Fuhrmanns Roman *Die Untersuchung* (1984), dessen Anfang sich als treffende Satire auf Gehaltsfetischismus und Dienstgradvergötterung liest. Andere Autoren wiederum thematisieren Nutzen und Gefahren wissenschaftlicher Neuerungen, je nach Fähigkeiten mehr oder weniger überzeugend.

Die literarische Verfremdung durch die speziellen Mittel der

SF funktioniert hier ganz im Sinne Brechts[4] als Vehikel für neue Einsichten. Dabei ähneln die in der SF gebräuchlichen V-Effekte, die Arten der Verfremdung, weitestgehend denen anderer Genres. Mit der Historisierung von Stoffen eint die typischen Zukunftsromane das Herausgehen aus unserer Zeit: Die Handlung wird in eine fremde Epoche, auf ein fremdes Gestirn verlegt. Der Parabel gleichen viele SF-Erzählungen dann, wenn sie eine vereinfachte Welt mit vereinfachten Konflikten (bisweilen auch banalisierten) vorgeben, die besser durchschaubar sind.

Verfremdung zieht jedoch zwei Realitätsschichten nach sich: widergespiegelte Gegenwart und entworfene Phantasiewelt. Die Probleme unserer Gegenwart haben ihre eigene Logik, dazu kommen die Lösungsmöglichkeiten, die der Autor anvisiert. Die Handlung aber, die er in der insularen Modellgesellschaft eines Raumschiffs (wie beispielsweise Werner Steinberg in seinem Roman *Zwischen Sarg und Ararat*, 1978) oder sonst irgendwo in Raum oder Zeit ansiedelt, ist Zwängen und Beschränkungen unterworfen, die insbesondere bei reichhaltigen, lebensprallen und interessanten Welt-Gedankenspielen von der Logik der imaginierten Prämissen herrühren. Ein Konflikt zwischen beiden Logiken, zwischen beiden Lesarten ist denkbar. So leidet die brandaktuelle »unwirkliche Erzählung« *Eiszeit* (1983) von Eberhard Panitz in manchen Szenen unter der Kollision zweier möglicher Lesarten: zum einen der vordergründigen, in der die Helden nach einem Atomwaffenunfall jenseits der Grenze in einem abgeschnittenen Hotel um ihr Überleben – um vernünftiges Handeln! – kämpfen; zum anderen der tieferliegenden, in der die zufällige Gesellschaft im Hotel als Modell für unser Land stehen mag. Liest sich etwa in Variante zwei die verfremdete Informationspolitik als beziehungs- und sinnvoll, so wirkt sie in Variante eins bisweilen deplaciert.

4 Brecht hat die Theorie der Verfremdung im Zusammenhang mit seiner Konzeption vom epischen Theater entwickelt. Der V-Effekt dient dazu, dem Betrachter vertraute Dinge in neuem Licht erscheinen zu lassen. Vgl. etwa »Kleines Organon für das Theater«; in: *Schriften zum Theater VII*.

Verbalien und Realien

In der Magie gewinnt der Mensch Macht über die Dinge, sobald er sie bei ihrem wahren Namen nennt; der Gott des Johannesevangeliums ruft mit seinem Wort, logos, die Welt in Existenz. Diesen Wort-Zauber hat die Literatur von der Magie geerbt, und folglich beginnt der Realismus beim Sprachgebrauch, denn durch die Wörter und durch die Phantasiearbeit des Lesers werden in einem Text Personen und Dinge erschaffen, die Sprache erzeugt die fiktive Welt des Werks.

Was für Literatur im allgemeinen zutrifft, gilt für die SF in besonderem Maße. Wo in einem Gegenwartsroman ein Wort, das dem Leser aus seinem Alltag oder als Bildungsgut vertraut ist, genügt, um in ihm die entsprechende Idee in einem ganzen Assoziationsgefüge zum Leben zu erwecken, muß der SF-Autor – wie bereits angedeutet – die Dinglichkeit und Begrifflichkeit seiner Phantasiewelt Wort um Wort aufbauen. Schlagwörter wie »Kyborg« oder »1000 Lichtjahre von der Erde« mögen (oft bereits im Titel) als nützliche Wegweiser dienen; der Leser kennt sie aus anderen SF-Romanen und verbindet vage Vorstellungen und weniger vage Aktionserwartungen mit ihnen. Doch können gerade diese Wegweiser auf die ausgetretenen Straßen des Klischees locken. Neue Bezeichnungen, obzwar auf den ersten Blick irritierend, mögen (als doppelte Verfremdung) diese belebten Straßen vermeiden helfen – vorausgesetzt, es sind nicht nur neue Namen für abgegriffene Requisiten.

Der Autor muß – irgendwann während der Arbeit am Text, nicht unbedingt vor der ersten Zeile – mit sich selbst ins reine kommen, welche Welt seinen Zwecken am besten dient: welche Welt mit welchen Gebrauchsgegenständen und welchen Beziehungen zwischen den Menschen sowie zwischen den Menschen und ihrer Umwelt, ihrer Technik, mit welchen Ideen und mit welcher Geisteskultur. Er muß seinen Helden und ihren Gegenspielern Namen geben, an Lebewesen und Gerätschaften einprägsame Etiketten heften, und er muß – möglichst zugleich – den Hüllen seiner Personen, auch den Dingen, Leben einblasen. Er ist kein Gott, er schöpft nicht aus dem Nichts, er hat den Reichtum unserer Muttersprache und das Arsenal der wissenschaftlichen Terminologie zur Hand – und doch verfehlt sein Zauberspruch oft die Wirkung, beschwört lediglich Schatten und Schattenwelten. Warum? Mangelnde Sorgfalt, zumal bei literarischen Großproduzenten, ist gewiß nur der offensichtlichste Grund. Ein tieferer vielleicht liegt in der Gewichtung, in der Einstellung. Gewiß ist richtig, daß Geschichten erzählt werden sollen von Menschen und von ihren – also unseren – Problemen und daß die Welt dazu nur Beiwerk, Kulisse ist. Wer auf der Bühne genügend bietet, die Zuschauer zu fesseln versteht, kann sich auf das Allernotwendigste an Sperrholz und Farbe beschränken. Dennoch sollten die Akteure durch eine Tür abgehen und nicht durch einen Baum. Zudem verlangen manche Themen, vorzugsweise in breit angelegten Romanen, nach einer filigran gearbeiteten Dekoration, nach einer Vielfalt von Kreuzbezügen und Assoziationen, die erst das Geflecht der Lebensähnlichkeit bilden. Auch hier sollte aber der alte Leitspruch »Multum non multi« gelten: Gib vieles, aber nicht vielerlei. Wird er verletzt, gerät Phantasie wie in Hans Bachs Roman *Sternendroge Tyrsoleen* (1983) nur zu einem verwirrenden Feuerwerk zusammenhangloser Ideen.

»Alle vier hatten sich Sternnamen zugelegt«, schreibt Karl-Heinz Tuschel auf der ersten Seite seines Romans *Leitstrahl für Aldebaran* (1983). Der Leser ist gespannt: Weshalb wollten die Helden einen Strich unter ihre Vergangenheit ziehen? Er wird aber auf den folgenden 185 Seiten nichts darüber erfahren. Die Ökonomie der Namensgebung hat die Figuren ihrer Biographie beraubt, sie haben keine Heimat, keinen kulturellen Hintergrund, und sie müssen verzweifelt kämpfen, um überhaupt lebendig zu werden. Um wieviel näher stehen uns da die Gestalten aus Tuschels *Rätsel Sigma* (1974). Freilich, das spielt auch in greifbar naher Zukunft auf dem Boden unseres Landes und thematisiert Aktuelles: Reststoffe in Nahrungsmitteln.

Häufig bevölkern Bens und Darts, Monas und Ginas die Zukunft. Der Taufakt wird hier schreibfaul auf das Minimale reduziert: eine Silbe, in einem Konsonanten endend, für Knaben; zwei Silben, Auslaut a, für Mädchen. Abwegig? Ja und nein. Ein gebräuchlicher Typ von Kinderrufnamen, und gar nicht so gegenwartsfern mit dem angloromanischen Anklang, hat sich hier durchgesetzt. Das mag bei einem vertraulichen Ton des Autors zu seinen Gestalten und dieser untereinander funktionieren. Das kann für technokratische Gesellschaften mit einfältig-sprachformarmen Individuen zutreffen (wie in manchen Erzählungen H. W. Frankes) oder parabelhafte Kulturneutralität signalisieren. Selbst ein/eine Z37 mag dann als Person auftreten; wir ahnen sofort, daß in seiner/ihrer Welt wenig Wert auf zwischenmenschliche Beziehungen gelegt wird, der Mensch sich als Bauelement in die Maschinerie der Gesellschaft zu fügen hat. Mit der Namenswahl hat der Autor, will er sein Werk nicht in einer entrückten Zukunft ansiedeln, die Chance, kulturelle Bezüge aufschimmern zu lassen; eine Chance, die er allerdings auch wie Klaus Klauß in *Duell unter fremder Sonne* (1985) durch allzu klischeehaft gezeichnete Nationaltypen (wie etwa den bäuerlich-draufgängerischen Indio im Weltraum) verspielen kann.

Titel, Berufsbezeichnungen wären wie die Nomenklatur der Institutionen ein eigenes Essay wert. Noch immer werden Raumschiffsbesatzungen nach den Prinzipien der christlichen Seefahrt zusammengestellt (dazu die obligaten Forscher), mit Kapitänen, Kommandanten oder Commandern – je nach Geschmack und Heimathafen des Raumschiffs – an der Spitze. Einzig Michael Szameit hat erfindungsfreudig ein halbes Dutzend von Diensträngen aus dem Ärmel geschüttelt, vom Proximer bis zum Galaxor (*Das Geheimnis der Sonnensteine*, 1985). Solange man sie nicht überstrapaziert, lesen sich dergleichen Titel als lockere Satire auf das Eigenleben der Hierarchien. Gerade mit solchen eher peripheren Kleinigkeiten läßt sich Realität einfangen.

Vor einer Aufgabe sind bislang all unsere SF-Autoren zurückgescheut: eine »Zukunftssprache« zu erfinden. Natürlich wäre es nicht sinnvoll, dem Leser unverständliche Dialoge zu servieren – doch sollte sich erahnen lassen, daß sich Sprache entwickelt, und es sollte mit der Sprache das Milieu, der Hintergrund der Personen adäquat eingefangen werden: dies würde nicht zuletzt das intellektuelle Vergnügen am Text erhöhen. So hat der englische Autor John Brunner in seinem Roman *Stand on Zanzibar* (1968, deutsch *Morgenwelt*), der in vielem an Dos Passos' U.S.A.-Trilogie erinnert, einen Jargon entworfen, der überzeugt: Sprachverkümmerung durch Werbungskauderwelsch, modische mediengerechte Banalitäten, emotionsgeladen-derber Umgangston – der Geisteszustand einer technisch hochentwickelten, aber ansonsten regressiven Gesellschaft kommt in ihren Sprachformen zum Ausdruck.

Bereits Anrede- und Grußfloskeln verraten viel über die Personen, die sie gebrauchen, und über ihre Gesellschaft. In Wendungen und Sprichwörtern, sogar in Flüchen und Ausrufen lebt der Reichtum sprachlicher Überlieferungen und geistiger Traditionen auf – oder eben nicht. Welche Mühe bereitet es doch, etwa ein schlichtes »Vergelt's Gott« oder »Fahr zum Teufel!« in ein »Deutsch des dreißigsten Jahrhunderts« zu übersetzen, das nicht mehr von religiösen Bildern zehrt. Ohne Phantasiearbeit an künftiger Kulturgeschichte ist dies nicht möglich. Wie läppisch nimmt sich ein Ausruf in der Art »Daß dich das Schwarze Loch verschlinge!« aus; ihm fehlt die affektive Tiefe, weil er weder in der Vergangenheit noch in der Gegenwart verankert ist. Die Gefahr ist groß, sich zu Kalauern verlocken zu lassen; mögen sie noch so witzig und gegenwartsbezüglich sein, laufen sie doch der Figurenpsychologie zuwider und verpuffen rasch. Bei Fühmann allerdings fügen sich kalauerhafte Ausrufe wie »Allmächtige Materie!« sinngerecht in die Erzählung »Der Haufen«; eine zur Religion verkommene Philosophie wird hierbei vorausgesetzt.

Auch »Zukunftssprichwörter« mißraten gern zu aufgeblasenen Banalitäten (»Groß ist der Kosmos und voller Wunder.«)

oder zu technischen Kalauern (»Ein Roboter kommt selten allein.«).

Ohnehin ist der Fundus der SF auf diesem Gebiet mehr als kärglich. Begreiflicherweise, denn in Sprichwörtern kristallisieren sich bildhaft alte Volkserfahrungen. Der SF-Autor mag sie strukturell imitieren, Patina erhalten sie nur durch einen über Jahrhunderte eingeschliffenen Gebrauch, den nichts zu ersetzen vermag, genauso wenig, wie ein Laser im Raumschiff die Axt im Hause als Bild ersetzen kann. Gesucht wären für einen nach lebendiger Sprachauthentizität strebenden Zukunftsroman griffige Wendungen, die keine Kalauer sind, vorstellbare Anreden, Grußformeln, Ausrufe, beziehungsvolle Bezeichnungen des uns Fremden und nicht zuletzt eine personentypische Diktion frei von Anachronismen. Doch meist mangelt es an Elementarem: In den trivialeren Werken unterhalten sich hochkarätige Wissenschaftler – abgesehen von hochtrabenden Fachbegriffen – wie Halbwüchsige über die Anfangsgründe ihres Metiers. Selbst anspruchsvollere Autoren unterziehen sich nur selten der Mühe, ihre Helden durch Eigentümlichkeiten der Rede zu differenzieren. Auch ist der bequeme (und bisweilen oberflächliche) Ausweg, auf Dialekte oder fremdsprachliche Anklänge zurückzugreifen, oft durch die konturlose Einheitskultur der imaginierten Zukunftswelten verbaut, die ihrerseits in der Regel einer notwendigerweise hinter der realen Buntheit der menschlichen Kulturen zurückbleibenden Phantasiearbeit entspringt. Niemand jedoch verwehrt es den SF-Autoren, Figurensprache auf Unterschiede in der Diktion, in Satzrhythmus und -aufbau, in Sprachebene, Bildungsgrad usw. zu gründen.

Sicherlich befinden sich die Autoren, hantieren sie mit futuristischer Technik, ebenfalls in einer Zwickmühle. Sie können in die Requisitenkiste der SF greifen und einen Roboter oder Handlaser hervorzaubern, jeder einschlägige Leser weiß dann, was gemeint ist. Unglücklicherweise haftet diesem Standardrüstzeug der Mottenpulvergeruch des Klischees an. Oder sie warten mit einer Beschreibung auf; sei diese auch kurz, sie bremst, ad hoc eingebaut, die Handlung. Oder man speist den Leser mit einem Neologismus eigener Schöpfung ab; möge er sich selbst ausmalen, was er unter Tachyonenantrieb oder Biotron verstehen soll. Diese Haltung hat sogar eine gewisse Berechtigung. Mehr zu tun, als Assoziationen zu wecken, die etwa das »Bil« dem Auto gleichstellen,[5] wäre womöglich schon des Guten zuviel, denn wehe, die Beschreibungen verselbständigen sich.

Die Wunderdinge, die der gebeugte Held über die Seiten des Romans schleppt oder an sein Bil montiert, sind geradezu zum Fluch der SF geworfen, denn sie bestimmen die Atmosphäre einiger Texte, ziehen die Aufmerksamkeit auf sich, lenken von eventuell vorhandenem Wesentlichen ab. Manche Erzählungen, zum Beispiel in der Reihe »Das neue Abenteuer«, drehen sich nur um erfundene Störfälle einer erfundenen Technik, die mit erfundenen Tricks beseitigt werden. »Bewährung in Extremsituationen« und angebliche moralische Konflikte dienen dann als notdürftiges Alibi.

In unbedingt klassisch zu nennender Ausprägung findet man dieses Technosyndrom, den krankhaften Befall eines Texts mit Pseudo-Fachterminologie, bei Paul Ehrhardt. »Erreichen wir Geschwindigkeiten in der Nähe der Lichtgeschwindigkeit«, plaudert in seinem dritten Roman *Boten der Unendlichkeit* (1984) ein »Philastrat«, »dann wirkt die bis dahin frei austretende kosmische Strahlung auf ein Amphotronenplasma, und wir verlassen die dreidimensionale Welt mit Hilfe der dabei entstehenden überlichtschnellen Tscherenkow-Strahlen. Ihr seht, die Begriffe eurer Physik sind uns nicht ungeläufig! Nach dem Verlassen der dreidimensionalen Welt wird unser Raumschiff zum Gradienten im Wirkungsbereich der Feldlinien einer sogenannten Weltgravitation.« [S. 229] Desgleichen wäre noch zu ertragen, beschränkte sich das Technosyndrom auf eine ab und an eingestreute verwegen-pseudowissenschaftliche Pseudoerklärung, manche Leser lieben ja dergleichen. Typischerweise aber befällt

5 So Hans Bach in *Sternendroge Tyrsoleen*, 1983, S. 57, 70.

diese Krankheit das gesamte Korpus eines Textes, jagt den Puls im Technik-Fieber in die Höhe, zehrt Handlung, Szenen, Personen aus, bis leer tönende Hüllen zurückbleiben.

Die Welt nach unserem Bilde

Die moderne Physik und die moderne Astronomie haben unser Heimatgestirn zu einem winzigen Staubkorn in der Unendlichkeit schrumpfen lassen. Wie kann der einzelne die wahrhaft unmenschlichen Dimensionen des Universums intellektuell und emotional verarbeiten, sich aneignen? Die SF hat eine eigene Weise, sich den neuen Kosmos einzuverleiben: Die Welt muß erfahren, daß All bereist werden. Mikrokosmos, Makrokosmos, dämmerige Vorzeit, kein Bereich bleibt ihren Protagonisten verschlossen. Das frischforsche Hinfliegen und Anschauen hat Nachteile. Inge von Wangenheim hat sie in ihrem Essay *Genosse Jemand und die Klassik* (1981) den SF-Autoren vorgehalten. Ihre Vorwürfe richten sich gegen manch typisches Motiv der SF: interstellare Flüge, »Korrektur der Vergangenheit«, menschenähnliche Außerirdische und ganz allgemein gegen den Drang der SF zu den Sternen, weg von der Erde. Ein falsches Weltbild werde so verbreitet, das zwar gegen alle naturwissenschaftlichen Erkenntnisse das Universum zum Vorort der Erde mache und seine hypothetischen Bewohner vermenschliche, darüber aber die Probleme unserer Planetenkugel vergesse. Eskapismus also, der die gesamte Welt nach seinem Fluchtbild male.

Die Kritik ist vernichtend, aber trifft sie auch? Daß unter den buntesten Doppelsternen zunehmend unsere irdischen Konflikte ausgefochten werden, ist bereits von Werner Förster konstatiert worden, ich möchte mir an dieser Stelle das Auflisten von Belegen ersparen. Und sollte der SF nicht recht sein, was dem Krimi billig ist? Niemand bestreitet heute mehr, daß zum genüßlichen Kriminalroman neben dem scharfsinnigen Detektiv ein rätselhaftes, hinreichend schwerwiegendes Verbrechen, also in der Regel ein Mord, gehört. Niemand wird die Kriminalautoren deshalb bezichtigen, sie verbreiteten in der Gesamtheit ihrer Bücher ein Weltbild, in dem der Mensch des Menschen Wolf sei. Freilich, in der SF liegen die Dinge ein wenig anders. Der eine Mörder kann durch eine Vielzahl anderer Personen moralisch ausbalanciert werden, und das Fazit lautet in jedem Falle »crime doesn't pay«. Die Weltraumabenteuer fern hinterm Sirius werden jedoch kaum durch realistische Schilderungen der unermeßlichen Leeren des Alls aufgewogen – die auszumalen wäre wohl ebenso unermeßlich langweilig und deprimierend.

Gerade der jugendliche Leser berauscht sich gern an Überlichtgeschwindigkeit, Raumsprüngen und all dem, was das Technosyndrom an pseudowissenschaftlichem Verbaliengeratter anzubieten hat. In Lesungen merkt es der Autor, denn da wird nach Tachyonen gefragt und Gravitationsantrieben, wenn nicht gar nach UFOs, die in grauer Vorzeit unsere Erde besucht haben könnten. Motive der SF haben sich verselbständigt, sind in das Bewußtsein einer nicht genügend kritischen Leserschicht gedrungen. Ich will die positiven Aspekte nicht übersehen: Manch einer der Leser möchte dann mehr und genaueres erfahren, als er den Romanen zu entnehmen vermag, manch einen hat die SF für die Naturwissenschaften begeistert, vielleicht gar seinen Studienwunsch mitbestimmt und gewiß ein optimistisches Bild vom Erkenntnisfortschritt erzeugt.

Mitunter wird genau das gelobt, was Inge von Wangenheim der SF ankreidet. So spricht T. Tschernyschowa sehr wohlwollend von einer »Mythologisierung des wissenschaftlichen Wissens« in der SF.[6] Jahrhundertelange Raumflüge mit Zeitdilatation etwa sind ihrer Ansicht nach Mythologisierungen der Relativitätstheorie.

---

6 »Folglich kann der moderne gnoseologische Mythos in der Wissenschaft selbst und um sie herum entstehen als eine Form der Aneignung bestimmter fundamentaler Sätze der modernen Wissenschaft durch das Massenbewußtsein; in diesen Prozessen gebührt der wissenschaftlichen Phantastik keine geringe Rolle.« (Tschernyschowa S. 297, meine Übersetzung – K.S.)

Tatsächlich hat die SF wesentlich dazu beigetragen, daß fundamentale Erkenntnisse über den Aufbau unserer Welt oder die Möglichkeiten angewandter Naturwissenschaft aus der Enge der Fachdisziplinen in das Bewußtsein breiter Schichten hineingetragen wurden und sich in kulturell wirksames Gemeingut verwandelten. Nun läßt sich jedoch darüber streiten, ob die SF überhaupt Wissenschaft popularisieren will (daß sie es bisweilen tut, steht außer Frage). Der Gehalt an modernen wissenschaftlich-technischen Ideen, die vom Leser auch als solche aufgenommen werden, ist – abgesehen von wenigen grundlegenden Motiven – für die meisten Werke eher gering zu veranschlagen und geht meines Erachtens im Hintergrundrauschen des Technosyndroms unter. Der Effekt liegt wohl mehr im allgemeinen, im Einschleifen der ständig – und oft klischeehaft – wiederholten Weltbild-Elemente, die Tschernyschowa nicht zu Unrecht als Mythen bezeichnet.

Allerdings segelt recht Disparates unter der bunten Flagge des Mythos, angefangen von den klassischen Mythen um Weltschöpfung und Göttertaten bis hin zu bewußt ausgesätem falschem Bewußtsein (Blut-und-Boden-Mythos). Claude Levi-Strauss betrachtet Mythen als kollektives Unbewußtes, das in den Menschen ohne deren Wissen denkt.[7] Für unsere Zwecke genügt es, die Mythen als anthropomorphe Bilder der Natur und Ausdruck für menschliche Grundbefindlichkeiten zu betrachten und sie dem nicht wissenschaftlich gestützten Teil des gesellschaftlichen Bewußtseins zuzuordnen. Eine Abwertung als falsches Bewußtsein ist damit nicht automatisch verbunden. Mythen können sowohl Vorformen eines aufgeklärten Bewußtseins von Natur und Gesellschaft sein als auch dessen Niedergang und Trivialisierung anzeigen.

Aber ist die SF überhaupt in der Lage, Mythen in unserem Sinne, wenn schon nicht zu erschaffen, so doch zu transportieren

---

7 Vgl. die Rezension zu den sowjetischen Ausgaben von Levi-Strauss' *Traurige Tropen* und *Strukturale Anthropologie*; in: *Природа* 6/85, S. 123–127.

und zu verbreiten? Ich glaube schon, und ich möchte im Anschluß an Tschernyschowa drei Mythen hervorheben:

- Roboter als anthropomorphisierte Technik: Sie drücken häufig die Furcht aus, daß der Mensch zum Anhängsel der Maschinen degradiert werden könnte (klassisches Beispiel: Karel Čapek: *R.U.R. Rossum's Universal Robots*, 1920).
- Frankenstein und sein Monster als Sinnbild für eine Wissenschaft, die ihre Produkte nicht mehr beherrscht (Mary Shelley: *Frankenstein or The Modern Prometheus*, 1818).
- Außerirdische, die in der Rolle kosmischer Invasoren nicht nur den jeweiligen politischen Gegner verkörpern, sondern generell die Bedrohung menschlichen Lebens symbolisieren (H. G. Wells: *The War of the Worlds*, 1898).

Daß es sich hierbei nicht einfach um belanglose Konfabulationen einiger Autoren handelt, hat die Panik bewiesen, die 1938 in den USA auf eine Hörspielversion von Wells' Roman folgte, auch wenn man ein gut Teil des spektakulären Erfolges dem neuen Medium Rundfunk zubilligen muß. Gerade in Krisenzeiten können Mythen zur materiellen Gewalt werden, wie die amerikanische UFO-Hysterie während des kalten Krieges beweist. Philip Wylie, ein amerikanischer SF-Autor, beklagte vor diesem Hintergrund, daß die SF eine »moderne Mythologie der Wissenschaft« verbreite und durch ihren »regressiven mythologischen Hang« den Glauben an UFOs usw. noch fördere. »Nach unserer üblichen amerikanischen ›Denk‹weise … ist das Universum zu neunzig und mehr Prozent gefährlich und feindlich. Die meisten Raumschiffe stürzen sich durch die klaffende Leere in den Kampf mit superintelligenten Monstern von bodenloser Gemeinheit … Und wo das Universum als gutartig angesehen wird, ist seine Qualität väterlich: Das heißt, irgendein mächtiger Supermann … landet auf der Erde und bringt all das ins rechte Lot, was den Autor quält, erschreckt, sorgt oder erzürnt.« [S. 237 f.] Seine Betrachtung gipfelt in der Frage:

»Stärkt oder unterminiert die SF die menschliche Vernunft in diesem Zeitalter?« [S. 230][8]

Nun könnten wir es uns einfach machen und argumentieren, daß diese Mythen unter anderen gesellschaftlichen Verhältnissen gewachsen sind und uns folglich wenig berühren. Ein Blick auf unsere »einheimischen« Außerirdischen bestätigt im großen und ganzen den geistigen Abstand. Seit Ludwig Tureks Roman *Die goldene Kugel* (1949) galt als unumstößliches Gesetz, daß technisch weit überlegene Wesen in einer klassenlosen Gesellschaft leben und entsprechend friedliebend sein müßten. So helfen Tureks Außerirdische den Menschen, Ausbeutung und Kriegsgefahr zu überwinden (fast in der Art der Wylieschen väterlich-gutartigen Supermänner), später bleibt es bei mehr oder weniger getarnten Besuchen (bisweilen von Götter-Kosmonauten bei unseren Vorfahren) oder bei kosmischen Bruderküssen.

Öfter als höherentwickelte Außerirdische trifft der Leser jedoch solche an, die auf einer niederen Entwicklungsstufe stehen. In der Regel werden dann Klassenkämpfe thematisiert, und die irdischen Raumfahrerhelden müssen entscheiden, ob und wie sie eingreifen sollen (so in K. Klauß' *Duell unter fremder Sonne*, 1985, oder in K. Frühaufs *Mutanten auf Andromeda*, 1974). Mythische Qualitäten haben diese Außerirdischen gewiß nicht mehr. Interessanterweise wird jedoch in den letzten Jahren der Schluß vom technischen auf den gesellschaftlichen Fortschritt problematisiert. Bei Tuschel (*Raumflotte greift nicht an*, 1977) scheint eine Aggression von überlegenen Außerirdischen als denkmöglich; Frühauf (*Stern auf Nullkurs*, 1979) gesteht einen Konflikt materieller Interessen der Menschen mit den heranbrausenden Außerirdischen zu, der nach diversen Opfern im Sinne einer friedlichen Koexistenz gelöst wird. Bei Alexander Kröger steigen in *Die Engel in den grünen Kugeln* (1986) die

8 Man muß allerdings bedenken, daß Wylie zur gleichen Zeit als Berater der US-Regierung ein eifriger Verfechter des Baues von Atomschutzbunkern war. – Alle Zitate Wylies in meiner Übersetzung – K. S.

Außerirdischen als gnadenlose Todesengel herab: Ein Glück, daß die Menschheit vor vielen Jahren einmal Atomwaffen entwickelte, mit denen der Held die »Engel« auf eigene Faust in die Luft sprengen kann!

Realismus oder Wiederaufleben des Invasoren-Mythos? Unglücklicherweise lassen sich die Vorstellungen Krögers seit den US-amerikanischen Sternenkriegsplänen nicht mehr mit der einfachen Formel von der Hand weisen: Wer ins All hinaustritt, hat die Epoche der Aggressionen hinter sich gelassen. Inwiefern mythisierte Außerirdische erneut zum Kristallisationspunkt gesellschaftlicher Bedrohungsängste werden, muß sich erst noch zeigen.

Für eine »entmythologisierte« wissenschaftliche Phantastik

Alte Mythen und »moderne« – die SF bedient sich ersterer und trägt dazu bei, neue im Massenbewußtsein zu schaffen oder zu verbreiten. Allerdings wird der reiche Schatz von antiken Göttergeschichten oder Märchen öfter geplündert als durch sinngemäßen Gebrauch wiederbelebt. Klassische Vorlagen müssen oft Versatzstücke liefern, die die Bücher als funkelnde Bildungssplitter zieren, wie schon an manchem Titel deutlich wird. Die Mythologie der Sternbilder kommt dem häufig noch zugute. Solche Etiketten und Zitate mögen Anklänge erwecken und bisweilen auch poetische Tiefe vortäuschen, wirklich erschlossen und für die Handlung fruchtbar gemacht, wird der Sinngehalt der beschworenen Mythen, Märchen und Legenden nur in seltenen Fällen. Die Flugtechnik des Ikarus interessiert, Sonnennähe gilt wörtlich. Den Anschluß an die Gegenwartsliteratur mit ihrem tieferen Mythenverständnis hat die SF im allgemeinen noch nicht gefunden. Typisch für sie ist noch immer, daß den übermenschlichen Heroen der Mythen und ihren magischen Gerätschaften oder auch der architektonischen Hinterlassenschaft

ZEITMASCHINE *Mod.* Z-t 24-9/03

Fig. 4

Illustration zu *Die ersten Zeitreisen* von Reinhard Heinrich und Erik Simon unserer Vorfahren eine pseudorationale Erklärung durch Außerirdische oder Zeitreisende untergeschoben wird.[9]

Wenn wir den ererbten Mythen als bildgewordene Menschheitserfahrungen aus einer Zeit, in der noch kein wissenschaftliches Weltbild existieren konnte, eine positive Rolle zuerkennen, heißt das dann, daß wir wie Inge von Wangenheim die modernen Mythen der SF als Verfälschung unseres wissenschaftlichen Weltbildes geißeln müssen?

Ich fürchte, mit einem so simplen und schulmeisterlichen Herangehen würden wir dem vielfältigen Genre der SF nicht gerecht. Die Funktion der mythischen Elemente im Text und ihre Wirkung auf den Leser wären zu betrachten; dabei müßte man berücksichtigen, daß in unserer SF, in der vieles nivelliert ist, auch das Pendel des »kollektiven Unbewußten« weniger weit ausschlägt. Wir finden zwar allenthalben das geschrumpfte, gezähmte und anthropomorphisierte Universum, jedoch nur ansatzweise einmal einen Aufstand der Roboter. Dennoch sollten wir einen Aspekt der SF besonders sorgfältig auf Mythen hin abklopfen: den, welches Bild sie von der Wissenschaft und ihren Exponenten entwirft. Denn gleich ob eine spezielle wissenschaftliche Neuerung oder der Forschungsprozeß als solcher im Vordergrund steht, in der SF wird das phantastische Element generell dem Leser durch die Berufung auf den wissenschaftlichen Fortschritt (Computerentwicklung, Gentechnik ...) oder durch wissenschaftliche Erkenntnisse (etwa über Leben auf anderen Gestirnen) plausibel gemacht. Gerade weil sie oft nur implizit zur Wissenschaft Stellung bezieht, vermittelt die SF Haltungen und Wertungen zum wissenschaftlichen Fortschritt. Also sollte, wenn schon nicht für jedes einzelne Werk, so doch für das Genre als ganzes der Realismusgehalt besonders daran gemessen werden, ob die benutzten V-Effekte dazu beitragen, Rolle, Funktionsweise und gesellschaftliche Auswirkungen der Wissenschaft realer zu sehen.

---

9 Reinhard Heinrich und Erik Simon haben mit ihrem Erzählungszyklus *Die ersten Zeitreisen* (1977) diese Art der Geschichtsklitterung köstlich parodiert.

International dominieren zwei Grundtendenzen der Mythisierung der Wissenschaft, die noch im neunzehnten Jahrhundert wurzeln:

- einerseits eine maßlose Überschätzung der Wissenschaft, nach der alle Probleme der Menschheit allein durch den wissenschaftlich-technischen Fortschritt, der linear und ohne Schranken verlaufe, gelöst und alle sozialen Konflikte behoben werden könnten, und
- andererseits eine ebenso maßlose Furcht vor der Wissenschaft, nach der ihr Fortschritt die heutigen Probleme vom »gläsernen Menschen« bis zur Atomkriegsgefahr verursacht hat und die Menschheit in eine (vielleicht tödliche) Sackgasse führt.

Im Moment überwiegen in der bürgerlichen SF dystopische Vorstellungen von einer durch die moderne Technik zerstörten natürlichen und sozialen Umwelt, die nur noch in wenigen Ausnahmefällen eine erkenntnisfördernde Warnfunktion erfüllen.

Auch in unserer, auf einer materialistischen Geschichtsphilosophie beruhenden SF klingen mitunter Wissenschaftsgläubigkeit oder -furcht an. Eberhard del'Antonios berühmter und wirkungsreicher Roman *Gigantum* (1957) etwa hat einen technizistischen Anstrich – nicht deshalb, weil er überwiegend im Technikermilieu spielt, sondern weil er, dem Zug seiner Zeit folgend, die utopische Vision auf ein schlichtes, auch für die neuere SF typisches Weiter-Höher-Schneller verkürzt. In Frank Töppes *Regen auf Tyche* (1978) dagegen werden wissenschaftspessimistische Töne angeschlagen, wenn die irdischen Forscher aus der Borniertheit des Machbaren heraus das Klima eines fremden Planeten »verbessern« – zum Schaden seiner Bewohner. Selbst Stanisław Lem schreibt angesichts der Hochrüstung, daß die Menschheit in die »Technologiefalle«[10] gerannt sei.

10 So im Essay *Waffensysteme des 21. Jahrhunderts*, S. 83. Ähnlich äußert er sich auch im »Lesebuch« *Stark und zerbrechlich*, S. 573 f.

Am klarsten und sinnfälligsten drücken sich jedoch mythische Positionen im literarischen Bild der Wissenschaftler aus. Erfreulicherweise wird in unserer SF nur selten einmal ein Forscher zum heilbringenden Magier verklärt, der die gerade benötigten Geräte oder Erkenntnisse herbeizaubert, oder als gefährlicher *mad scientist* verteufelt, der inhuman experimentiert, als Frankenstein Monster schöpft, die er nicht beherrscht, oder womöglich die Weltherrschaft anstrebt.

Dennoch existieren Themenfelder, in denen der Sog dieser Klischees merklich anwächst. So sind verbrecherische Experimente am Menschen, die ohnehin die Phantasie reizen, durch die Diskussionen um die Gentechnik zusätzlich aktuell geworden. Schon 1978 ließ Peter Lorenz in seinem Roman *Homunkuli* Zweckgeschöpfe nach Huxleyscher Manier am Fließband erzeugen. Frühaufs genetisch »verbesserter« Mensch aus dem

Roman *Genion* (1981) und die Hastoniden aus *Das verhängnisvolle Experiment* (1984) sind ebenfalls Produkte verantwortungsloser Forscher; desgleichen Heiner Hüfners Synthorgs (*Juliane und der Synthorg*, 1983). Der Vorwurf, SF kolportiere hier wissenschaftsfeindliche Mythen, wäre jedoch voreilig; das soziale Bedingungsgefüge der Forschung – und auch des Mißbrauchs – ist zumindest in rudimentärer Form vorhanden: Mit Ausnahme Hüfners siedeln die Autoren die inhumane Manipulation am Menschen im kapitalistischen Ausland an. Die Lokalisation im Sächsischen kommt Hüfners Roman jedoch zugute: Die Atmosphäre gerät lebensechter, weniger konstruiert, außerdem nimmt er das Macho-Gebaren eines Teils des »starken« Geschlechts in der verfremdeten Form von Unbeholfenheiten des Kunstmenschen kräftig aufs Korn.

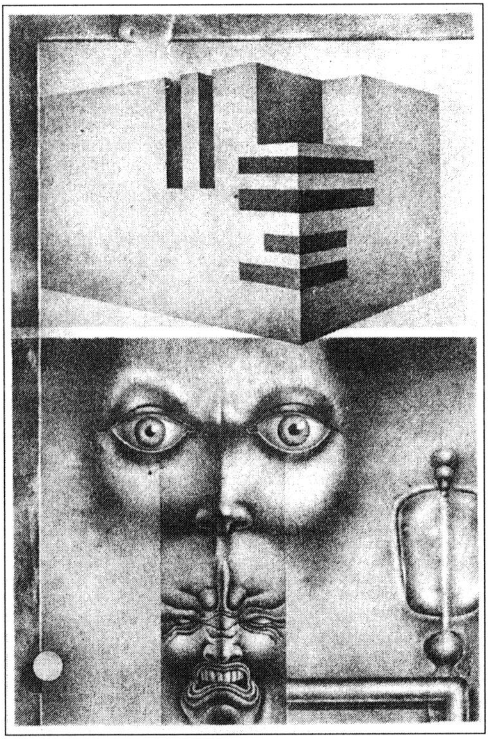

Illustration zu *Genion* von Klaus Frühauf

Eine Klage jedoch, die ab und an aus Wissenschaftlerkreisen zu hören ist, betrachte ich als gerechtfertigt: Noch immer werden in unserer SF Forschungsergebnisse spielend leicht erzielt. Den Institutsalltag, der sich in mühsamen Detailuntersuchungen verliert, zu schildern ist eben nur ausnahmsweise attraktiv. Neben Peter Lorenz, der sich in *Homunkuli* dieser Thematik mit Akribie widmete, hat Rainer Fuhrmann im Roman *Medusa* (1985) recht überzeugende Einblicke in medizinische Forschung vermittelt – wenn auch bei ihm der geniale wissenschaftliche Einzelgänger aus der Epoche vor der Big Science durchschimmert.

In bedenkliche Nähe zum modernen Mythos rücken dagegen all jene Texte, in denen die Wissenschaft der Zukunft die Magie unserer Vorväter ersetzt und eine zukünftige Technologie ohne Aufwand an Energie, Material, Zeit und ohne unerwünschte Nebenwirkungen funktioniert; eben wie Zauberei, in der ein bloßes Wort, eine bloße Geste weitreichende Wünsche erfüllt. Eine derart mythisierte Wissenschaft schlüpft logischerweise in den Zaubermantel des Technosyndroms. Als Exempel mögen die bei vielen SF-Lesern sehr beliebten Romane Sergej Snegows gelten, deren Helden mit x-facher Lichtgeschwindigkeit durchs All preschen, auch rasch einmal Raum in Zeit oder in »Materie« und umgekehrt verwandeln. Paul Ehrhardt verzichtet auf so gewaltiges Wortgeklingel ebensowenig, Anklänge finden sich auch bei Bach und Szameit, und selbst Arne Sjöberg greift in seinem stimmungsvollen Roman *Andromeda* (1983) das abgenutzte Motiv von der Raum-Zeit-Materie-Transformation auf und verrätselt den Erkenntnisprozeß seiner Tantaliden, die unendlich weit fortgeschritten seien, mit einer philosophisch banalen »Abschlußfrage«.

Als Beiwerk oder als ein notwendiges Vehikel, um den Leser ins eigentliche Geschehen zu transportieren, schadet ein derartig mythisches Überschreiten alles naturwissenschaftlich Möglichen wohl kaum. Wird es jedoch in den Mittelpunkt der Handlung gerückt, beraubt es die SF ihrer realistischen Potenzen und vermag beim Leser durchaus falsche Vorstellungen vom wissenschaftlichen Fortschritt zu erwecken. Im Technosyndrom funktioniert der V-Effekt in rückwärtsgewandter Weise; er verschleiert eher, als daß er aufklärt, und dient lediglich dazu, den Leser durch eine Atmosphäre des Exotisch-Abenteuerlichen (also des »Bizarren« nach Brechts Wortgebrauch) anzulocken, die dazu dem Ganzen einen bedeutungsschwer-zukunftsträchtigen Anstrich verleihen soll.

Daß SF auch ohne den Bombast des Technosyndroms und ohne klischeehaft überlieferte moderne Mythen faszinieren kann, haben Autoren unseres Landes vielfach bewiesen. Ich denke hier etwa an Günter und Johanna Braun, die beispielsweise (und beispielhaft) in ihrem Roman *Unheimliche Erscheinungsformen auf Omega XI* (1974) Konsumentenmentalität und Umweltvermüllung gegeißelt haben, oder an Gert Prokop, der utopische Kriminalgeschichten von der Deftigkeit eines Chandler schreibt, oder auch an die Kurzgeschichtenautoren Alfred Leman und Bernd Ulbrich, die Probleme und Haltungen unserer Zeit thematisieren. Gottfried Meinhold hat in seinem Roman *Weltbesteigung* (1984) sogar eine umfassende, in sich geschlossene Welt entworfen, eine *mundus alter et idem*, in der die Verwissenschaftlichung aller Lebensbereiche auf die Spitze getrieben ist. Mit den Protagonisten durchreist der Leser alle Sphären dieser Welt und ist wie sie gehalten, sich selbst über die szientistische Utopie eine Meinung zu bilden. Und vielleicht besteht gerade darin eine Hauptfunktion der SF: den Leser mit Potenzen und Gefahren der modernen Wissenschaftsentwicklung zu konfrontieren und ihn dazu zu veranlassen, seine eigene Urteilsfähigkeit zu gebrauchen. Wie schrieb doch Kurd Laßwitz:

»Gerade je mehr der Forscher und Techniker von allem Gefühlsmäßigen abstrahieren muß, um die Natur als das Gesetzliche kühl und verstandesmäßig vor sich zu haben, um so mehr entsteht dem Publikum das Verlangen und dem Dichter die Aufgabe, die neue objektive Macht wieder im subjektiven Gefühl sich anzueignen.« [S. 440 f.]

Ein Wort zum Kontext

In den 1980er Jahren fand in der DDR eine neuerliche, gelegentlich kontroverse Debatte über die Science Fiction statt. Ein Auslöser dafür war Inge von Wangenheims Essay *Genosse Jemand und die Klassik* (1981). Inge von Wangenheim war Schauspielerin, Regisseurin und Autorin zahlreicher Romane, Essays und Reiseberichte. Sie hatte Exiljahre in Moskau hinter sich und gehörte zur kulturellen SED-Elite. Als Vorstandsmitglied des Schriftstellerverbands der DDR vertrat sie stets die offiziellen Positionen. In ihrem Essay stellte sie der SF, auch der DDR-SF, ein ziemlich schlechtes Zeugnis aus, allerdings sehr pauschal und ohne genauere Kenntnis. So fabulierte sie munter über die »Landung eines Kosmodroms«. Die kurze kritische Passage von Wangenheims verärgerte die SF-Szene. Hartmut Mechtel, Journalist, SF- und Krimiautor, stellte in seiner Replik »Genossin Wangenheim und die Science-fiction« die gröbsten Patzer der Genossin richtig. In dem hier wieder abgedruckten Beitrag bezog ich in dieser Debatte Stellung. Die Existenzberechtigung von SF war längst nicht mehr umstritten; es ging aber immer noch um eine Selbstverständigung über ihren literarischen Wert und ihre gesellschaftliche Relevanz. Daß mein Text überhaupt in einen durchaus hochrangigen Essayband zur DDR-Literatur aufgenommen wurde, sprach für die gewachsene Aufmerksamkeit für die SF.

Der Beitrag nimmt Bezug auf Besonderheiten der DDR-SF, etwa den gesicherten Absatz der Bücher und den engen Kontakt zwischen Autoren und Lesern. Gerade der Verkaufserfolg der SF ermutigte manche Verlage in den 1980er Jahren, auch Werke von sehr zweifelhafter literarischer Qualität – rasch zusammengeschriebenen Schund! – zu veröffentlichen. Insofern stellt das Essay auch eine ansatzweise kritische Bestandsaufnahme von damals aktuellen SF-Werken dar. Interessant sind noch heute vor allem einige Ratschläge zu dem, was aktuell *world building* heißt: Wie entwirft man fremdartige Welten? Wie besiedelt man sie mit plausiblen und prägnanten Charakteren? Wo lauern Fallstricke?

Heute würde ich allerdings nicht mehr – wie in der letzten Zwischenüberschrift – fordern, die SF zu »entmythologisieren«. Ich ereifere mich da gegen klischeehafte, verzerrte, veraltete Vorstellungen von Wissenschaft und Wissenschaftlern; Mythen (auch im Sinne Tschernyschowas) sind das nicht.[11]

Meine Terminologie ist in der Zeit verhaftet; ich benutze die in der DDR-Literaturtheorie und den Literaturdiskussionen verwendeten Begriffe. Die Verfremdungstheorie Brechts gehörte unbedingt dazu. Wer will, kann den V-Effekt als einen immerhin noch verständlichen Vorläufer des Dathschen »Aufhebungsfunktors« betrachten. Ganz selbstverständlich schrieb ich damals von »unserer« SF, also der SF der DDR bzw. der der »Bruderländer«, im Gegensatz zu der »bürgerlichen SF« des Westens. Unterschiede gab es sehr wohl, wie wenig aber ein schnell aufgeklebtes ideologisches Etikett aussagte, wußte ich schon.

Literatur

Brecht, Bertold: *Schriften zum Theater VII.* Berlin: Aufbau-Verlag 1964.

Förster, Werner: »Die großen Reserven. Anmerkungen zur literarischen Phantastik der letzten Jahre«, in: *Neue Deutsche Literatur* Nr. 2/1983, S. 146–150.

Laßwitz, Kurd: »Über Zukunftsträume« (1899), zit. nach K. Laßwitz: *Wirklichkeiten. Beiträge zum Weltverständnis.* Leipzig: Elischer o.J., S. 423–445.

Lektoratskollektiv (Hrsg.): *Stark und zerbrechlich. Ein Lesebuch. 80 Autoren aus 30 Ländern.* Berlin: Volk und Welt 1985.

Lem, Stanisław: *Waffensysteme des 21. Jahrhunderts.* Frankfurt am Main: Suhrkamp 1983.

11 Differenzierter gehe ich im Essay »Phantastische Literatur in der DDR« mit dem Begriff des Mythos um, siehe S. 100 f.

Mechtel, Hartmut: »Die phantastische Methode«, in: Erik Simon (Hrsg.): *Lichtjahr 4. Ein Phantastik-Almanach.* Berlin: Das Neue Berlin 1985, S. 103–112.

Rewitsch, Wsewolod: »Die Phantastik ist kein Thema, sondern eine Denkweise«, in: Erik Simon (Hrsg.): *Lichtjahr 3. Ein Phantastik-Almanach.* Berlin: Das Neue Berlin 1984, S. 157–175.

Tschernyschowa, Tatjana (Татьяна Чернышёва): »Научная фантастика и современное мифотворчество« (Die wissenschaftliche Phantastik und die moderne Mythenschöpfung), in: *Фантастика-72.* Moskau: Molodaja Gwardija 1973, S. 288–301.

von Wangenheim, Inge: *Genosse Jemand und die Klassik.* Halle Leipzig: Mitteldeutscher Verlag 1981.

Wylie, Philip: »Science and Sanity in an Age of Crisis«; in: Reginald Bretnor (Hrsg.): *Modern Science Fiction.* New York: Coward-McCann 1953, S. 265–294.

Die befohlene Zukunft: DDR-Science-Fiction und Zensur

> Und beim Hunde, ohne es gewahr geworden zu sein, sind wir dabei, die Stadt wieder gründlich zu säubern.
>
> Platon in *Der Staat*

Utopie und Zensur

Die Zensur ist eine Einrichtung Utopiens. Sie entspringt dem Wunsch nach Einheitlichkeit und Stabilität, und sie ordnet die Kunst dem Gesamtkunstwerk Staat unter. Ihre Wurzeln gehen bis auf Platon zurück, der in dem Dialog *Der Staat* Zimbelspieler und Märchendichter vor die Mauern seines Staates verweist, denn den Gründern der Stadt obliege es, »das Gepräge zu kennen, das für die Darstellungen der Dichter maßgebend sein muß, wenn sie überhaupt zugelassen sein wollen, selbst aber brauchen sie keine Erzählungen zu dichten«. [Platon, S. 122]

Wie bei Platon diente den Herrschern des »real-utopischen« Staates DDR die Zensur der Sicherung ihrer Macht gegen jegliche Ideen, die die ideologischen Grundlagen des Staates hätten aufweichen und untergraben und damit den Staat als solchen in Frage stellen können. Aufgabe der Zensur war es, jegliche veröffentlichte Meinung im Rahmen des von der Führung Erwünschten zu halten. Sie sollte zur Erziehung des idealen Bürgers beitragen; sie sollte insbesondere alle fremden und daher möglicherweise verderblichen Einflüsse von ihm fernhalten.

Seit Platon ist die Gleichschaltung von Literatur und Kunst in der Tradition der Utopien und Staatsromane verwurzelt. Sie findet sich im totalitären Sonnenstaat Campanellas von 1623 wieder wie in der ersten in die Zukunft verlagerten Utopie, Louis-Sébastien Merciers *Das Jahr 2440* (1772). Nicht zufällig verbrennen die Utopier des Aufklärers Mercier alle »seichten, nutzlosen oder gefährlichen« Schriften [Mercier, S. 113]. Die neue Welt setzt ein reinigendes Feuer voraus. Die Kunst hat sich den höheren Zwecken der Idealgesellschaft unterzuordnen.

Doch wird in Utopia nicht nur von Staats wegen bürokratisch Zensur betrieben, die utopische Zielvorstellung selbst gibt der Kunst eine Richtung vor und übt damit einen im übertragenen Sinne zensierenden Einfluß aus. Dies trifft im besonderen Maße für die orthodoxe »marxistisch-leninistische«, also parteioffizielle Vorstellung vom Kommunismus zu.[12]

Wie wir in unserem Band *Vorgriff auf das Lichte Morgen* (2023) ausgeführt haben, bedeutete dies für die SF-Autoren der frühen DDR, daß die Zukunft als kommunistische Wunschzeit in den Marxismus-Leninismus-Lehrbüchern, den Parteiprogrammen, und – was die nähere Zukunft anbelangte – in den Vier-, Fünf- und Siebenjahrplänen zumindest in groben Zügen festgeschrieben war. Mit kleinen Abstrichen galt dies selbst für nichtmenschliche kosmische Rassen. Die Utopie der einen verbindlichen Menschheitszukunft ließ für individuelle, eigenwillige Zukunftsbilder wenig Platz. Das Prinzip des Perspektivbewußtseins verpflichtete die Autoren auf ein von den Grundideen her einheitliches Zukunftsbild. Wie dieses Zukunftsbild ab Anfang der 1970er Jahre erodierte, haben wir im geschichtlichen Abriß zur DDR-SF in *Vorgriff* dargelegt. Völlig aufgegeben wurde das Bild vom Lichten Morgen bis 1990 jedoch nicht. Freiräume existierten überall dort, wo staatliche, ideologische Vorgaben

12 Karl Marx hatte wohlweislich darauf verzichtet, die höchste Gesellschaftsformation im Detail zu beschreiben, und den Weg zu ihr nur durch allgemeine Bewegungsgesetze der Geschichte (Verhältnis von Produktivkräften und Produktionsverhältnissen …) umrissen.

fehlten (etwa bei Ernährungsgewohnheiten) und im pittoresken, modischen Detail (von der Bekleidung bis zu Grußformeln).

Im konkreten Fall, beim einzelnen Werk, fällt es jedoch ohne die Kenntnis näherer Umstände oft schwer einzuschätzen, wo sich die Autoren freiwillig und wo gezwungenermaßen auf das vorgegebene Zukunftsbild einließen: Wo fließen echte, eigene Meinungen und Überzeugungen der Autoren ein? Wo übernehmen sie mehr oder weniger gedankenlos das, was eben gerade üblich ist?[13] Wo richten sie sich in bewußtem, vorauseilendem Opportunismus an tatsächlichen oder nur mutmaßlichen Vorgaben aus und bringen ihren Text sozusagen auf Linie? Wo reagieren sie notgedrungen – um das Werk überhaupt gedruckt zu sehen – auf Forderungen von Lektoren oder Gutachtern? Allein am fertigen Werk erkennt man möglicherweise vorangegangene Debatten, Auseinandersetzungen und Aushandlungsprozesse nicht. Selbst das, was heute im Rückblick als linientreu erscheint, kann zu seiner Zeit eine Ausweitung von Freiräumen und damit einen kleinen Sieg gegen Zensur und Druck bedeutet haben.

Literaturentwicklungsprozesse

Wie Literatur und Kunst in der DDR insgesamt, war auch die utopische Literatur[14] der staatlichen Kulturpolitik und ihren Instrumenten ausgesetzt: von der Lektorierung in den Verlagen

13 Manche der Gemeinsamkeiten in den Werken der DDR-SF erklären sich daraus, daß ihre Verfasser Erfindungen früherer Autoren, auch sowjetischer, übernahmen (etwa den Weltsowjet/Weltrat) oder einfach auf das Repertoire gerade aktueller Technikvisionen zurückgriffen (etwa die Einschienenbahn).

14 Im Band *Vorgriff auf das Lichte Morgen* haben wir darauf verwiesen, daß die Bezeichnung Science Fiction bis in die 1980er Jahre nur auf die westlichen Produkte des Genres angewandt wurde (S. 10). Die DDR-SF firmierte lange Zeit unter dem Etikett »utopische Literatur«, was, solange ein einheitliches positives Zukunftsbild vorherrschte, eine gewisse Berechtigung hatte. Später übernahm man aus dem Russischen die Bezeichnung »wissenschaftlich-phantastische Literatur«.

bis hin zur eigentlichen Zensur, sprich Erteilung der Druckgenehmigung durch die Hauptverwaltung Verlage und Buchhandel des Ministeriums für Kultur, kurz HV. Technisch gesehen handelte es sich um Vorzensur, Zensur vor Drucklegung. Nachzensur, Verbot eines bereits gedruckten Werkes, fand in der DDR nur im extrem seltenen Ausnahmefall statt.[15]

Allerdings erfreute sich die SF als ein Genre der Unterhaltungsliteratur, das Sachverhalte weit weg vom DDR-Alltag oder der Geschichte der Arbeiterbewegung behandelte, einer recht geringen Aufmerksamkeit der Ideologiewächter. Daraus ergaben sich einige Besonderheiten. So erfolgte bei der utopischen Literatur kaum eine Festlegung von Auflagenhöhen nach politischen Gesichtspunkten. Für die Verlage waren diese Titel fast immer profitabel, sie blieben (mit äußerst seltenen Ausnahmen) nicht liegen, und insofern wurde in der Regel gedruckt, was im Rahmen der Aufteilung der Gesamt-Papierkontingente auf die verschiedenen Genres bzw. Reihen möglich war.[16]

Wer die DDR-spezifische Art von Einflußnahmen verstehen will, muß einen Blick auf das werfen, was sich »Literaturentwicklungsprozesse« nannte.[17] Diese begannen, sobald der Autor

---

15 Bis 1956 hieß die Zensurinstanz schlicht »Amt für Literatur und Verlagswesen« [Barck u. a., S. 19 f., Lokatis 2009].

16 In der Druckgenehmigung wurden in Abstimmung mit dem Verlag auch die Auflagenhöhen festgesetzt. Werke der Gegenwartsliteratur, die aus welchen Gründen auch immer als kritisch angesehen wurden, erhielten eine geringere Auflage, politisch erwünschte Titel eine höhere. Die anzunehmende Nachfrage spielte keine Rolle. Daß bisweilen auch persönliche Gesichtspunkte ins Spiel kamen, zeigt ein Beispiel aus der SF. Zu den wenigen Werken, die länger auf den Tischen der Buchhandlungen lagen, zählten einige SF-Bücher von Gerhard Branstner. Der Verlag Das Neue Berlin druckte mehr, als sich mit der üblichen Geschwindigkeit absetzte. Kein Wunder: Branstner war bis 1968 Cheflektor des Verlags gewesen, und seine Nachfolger in der Verlagsleitung akzeptierten (wenngleich lustlos) seinen Anspruch auf Nachauflage mindestens eines Buches pro Jahr.

17 Das Rädchenwerk der sogenannten »Literaturentwicklungsprozesse« ist seit 1990 vielfach dargestellt worden. Verwiesen sei hier auf Wichner/Wiesner (1991 und 1993) oder auf die entsprechenden Abschnitte in de Bruyn (1991) und Darnton (1991) sowie auf *Jedes Buch ein Abenteuer*

mit dem Verlag in Kontakt kam. Bei einem gefragten Genre wie der SF hatten die Verlage durchaus Interesse, Autoren zu gewinnen. Noch nicht etablierte Schriftsteller, die erst eine oder zwei Erzählungen in einer Zeitschrift oder Anthologie veröffentlicht hatten, konnten so in den Genuß eines Fördervertrags kommen, der ihnen für eine bestimmte Zeit finanzielle Freiheit verhieß. Auch etablierte Autoren verschafften sich durch derartige Verträge ein zusätzliches Einkommen, und sie hatten vor allem die Sicherheit, daß der Verlag ihr Buchprojekt in seine Jahres- oder Perspektivplanung aufnahm. Der Autor schloß also rechtzeitig einen Vertrag, bisweilen auf Basis einer noch vagen Romanidee, die in einem recht schwammigen Exposé notiert wurde. In dem Vertrag wurden seitens der Verlags Erwartungen an das Buch festgehalten. Ob und wie diese erfüllt wurden, ob das Buch überhaupt zustande kam, nun, das stand auf einem anderen Blatt.

In der Zusammenarbeit von Autor und Verlag – oft über mehrere Versionen eines Manuskripts – kamen neben dem Lektor auch Gutachter, gegebenenfalls die Verlagsleitung ins Spiel. Hier bewegte sich die utopische Literatur auf einem wenig exponierten Feld. Bekannt ist, daß etwa bei der Kriminalliteratur die Volkspolizei ein wachsames Auge darauf hatte, daß alles aus ihrer Sicht richtig dargestellt wurde und sich die Genossen im Krimi strikt nach Dienstvorschrift verhielten. Bei einem in einem Betrieb angesiedelten Roman der Gegenwartsliteratur konnte es bisweilen sogar vorkommen, daß die Werksleitung einbezogen wurde. Gerade bei politisch aktuellen Themen – Mangelwirtschaft, westliche Einflüsse in der Jugendkultur, Neubauprogramm, Umweltfragen – hatten die einschlägigen Ministerien, mitunter auch die Kulturabteilung der SED, bisweilen sogar einzelne Personen ein Wörtchen mitzureden.[18]

---

von Barck, Langermann und Lokatis (1997). Selbstauskünfte von siebzig Autoren enthält der von Richard Zipser herausgegebene Band *Fragebogen: Zensur* (1995).

18 Bei »brisanten« Werken verloren sich die Verantwortlichkeiten oft in einem Geflecht von Weisungen, Mitspracheansprüchen und Absprachen,

Wenn ein Autor solche Themen anschnitt, achtete schon der Lektor darauf, wie mit eventuell heiklen Fragen umgegangen wurde. Von größerer Bedeutung als die jeweils gerade akuten sensiblen oder brisanten Themen war jedoch, daß die SF vorzugsweise, wenn auch durchaus nicht immer, von zukünftigen Dingen handelte und damit im Zweifelsfall in Konflikt zum offiziellen Zukunftsbild geraten konnte. Ganz alltäglich jedoch drehte sich die Zusammenarbeit von Autor und Lektor weniger um politisch relevante Themen oder Verbotszonen, sondern um das Kleinklein stilistischer Fragen, inhaltlicher Stimmigkeit etc., es handelte sich also einfach um gute Lektoratsarbeit, in die die Verlage mitunter bei etwas unbeholfeneren Autoren viel investierten.

Ein wichtiger Teil der Literaturentwicklungsprozesse waren Gutachten, die von den Lektoren selbst verfaßt wurden (sog. Verlagsgutachten) oder als Außengutachten bei Literaturwissenschaftlern, Philosophen, Kritikern oder auch anderen Schriftstellern in Auftrag gegeben wurden. Gutachten hatten unterschiedliche Zwecke zu erfüllen: Sie halfen dem Verlag zu entscheiden, ob ein Werk überhaupt gedruckt werden konnte oder schwerwiegende ideologische oder handwerkliche Mängel aufwies. Meist gaben Gutachter auch Hinweise, wodurch ein Werk entweder überhaupt erst zur Publikationsreife gebracht oder im Detail verbessert werden könnte. Wissenschaftliche oder technische Korrektheit spielte nach unserer Erfahrung in den Gutachten zu SF-Werken selten eine entscheidende Rolle; bei gerade aktuellen Themen wie Gentechnik sicherte man sich jedoch bisweilen durch sogenannte »Fachgutachten« von Wissenschaftlern ab. Am Ende beantragte der Verlag mit einem Verlags- und einem Außengutachten die Druckgenehmigung. Generell galt für die utopische Literatur wie für jede Literatur,

---

was dazu führte, daß im Zweifelsfall der Schwarze Peter einer unzureichenden politischen Wachsamkeit zwischen den Stellen hin- und hergeschoben werden konnte und sich die Publikation auf unbestimmte Zeit verzögerte.

daß Rückgrat und Hartnäckigkeit gegen vorauseilenden Gehorsam, politische Engstirnigkeit und Duckmäuserei standen.

Im Folgenden wollen wir vor allem aus unseren eigenen Erfahrungen in den 1980er Jahren heraus das subtile Wirken von kulturpolitischen Einflußnahmen im Literaturentwicklungsprozeß beleuchten. Dabei wollen wir unter Zensur ideologisch oder politisch motivierte Eingriffe in den Text verstehen, nicht nur das Wirken der Hauptverwaltung Verlage und Buchhandel, der eigentlichen Zensurbehörde.

»Das geht nicht«: Zensur als objektivierter Zwang

Als Autoren haben wir selbst Erfahrungen mit Literaturentwicklungsprozessen gemacht, mit Genehmigungsverfahren und dem, was wir als zensierende Eingriffe empfanden. Besonders deutlich hat sich uns ein Vorfall bei der Arbeit an unserem Roman *Andymon. Eine Weltraum-Utopie* (1982) eingeprägt.

Der Roman handelt davon, wie junge Leute fernab der Erde und ohne Kontakt zur Menschheit und ohne etwas von der jüngsten irdischen Geschichte zu wissen in einem Raumschiff aufwachsen, was an sich schon etwas problematisch war. In einem Kapitel spekulieren unsere Protagonisten, daß sich die Menschheit vielleicht in einem Atomkrieg oder einer Umweltkatastrophe selbst zerstört haben könnte. Nein, »das geht nicht«, teilte uns unser Lektor mit. Ein »optimistisches Geschichtsbild« – was die Gesellschaft und auch die Konsequenzen des wissenschaftlich-technischen Fortschritts anbelangte – war für Verlage, Hauptverwaltung und auch Rezensenten die Grundvoraussetzung, das Hauptkriterium bei der Beurteilung. Die Spekulationen unserer Protagonisten paßten überhaupt nicht in dieses Geschichtsbild.

Wollten wir das Buch gedruckt sehen, mußten wir einen Lippendienst leisten. Rein formal-juristisch hatte der Verlag trotz der vertraglichen Bindung immer das Recht, den Druck eines

Manuskripts abzulehnen oder sogar die Produktion zu stoppen. Der Normvertrag enthielt für diesen Fall einen Paragraphen, gemäß dem der Verlag den Vertrag kündigen konnte, »wenn nach Vertragsabschluß die gesellschaftliche Wirksamkeit des Werkes entfällt«. Wir lenkten ein. Eine einzige hinzugefügte Mutmaßung – des Sinnes, daß sich eine Menschheit, die fähig sei, so hervorragende Raumschiffe zu bauen, wohl nicht auslöschen würde – genügte, »rettete« das Buch, wie unser Lektor sagte. Und die Leser dürfte der eine Satz nach der vorangegangenen Debatte kaum großartig beeindruckt haben. Dennoch war es ein erzwungener Eingriff. Die »Schere im Kopf« kann auch Texte auseinanderschneiden, um Platz für Phrasen zu schaffen, die den Zensor gnädig stimmen sollen.[19]

Das »optimistische Geschichtsbild« war jedoch nie allein ausschlaggebend. In einem unserer Manuskripte – dem Entwurf der Story »Ritus der Vergänglichkeit« – floß einfach zu viel Blut. »Das geht nicht«, kommentierte wieder unser Lektor, der eimerweise verspritzte rote Saft sei nun wirklich nicht für die Handlung nötig, und nun ja, der Verlagsbetreuer, eine nette ältere Dame in der HV, würde dergleichen nun einmal widerlich finden und nicht durchgehen lassen.

Mitunter mochten solche eher geschmäcklerischen Gründe auch bloß vorgeschoben sein. Damals schien es uns, daß ein

19 Details zu diesem Vorgang haben wir im Nachwort »›Dieser Satz hat das Buch gerettet‹. Der lange Weg zu Andymon« in der Neuausgabe des Romans (2018) geschildert.

Am Rande sei hier auch ein Vorfall außerhalb der SF, bei der Arbeit an unserer Darwin-Biographie (erschienen 1985) erwähnt. Wir gingen darin auch auf die überholte Lehre von der Vererbung erworbener Eigenschaften, den Lamarckismus, ein und schrieben in unserem kurzen geschichtlichen Rückblick: »In der Sowjetunion vertritt ihn der wissenschaftliche Scharlatan Lyssenko und hemmt damit die Forschungen.« Unser Lektor strich »der wissenschaftliche Scharlatan«; immerhin sei Lyssenko Stalin-Preisträger gewesen. Wir redeten auf ihn ein, bis er die Streichung ausradierte. Desto mehr erschraken wir, als die fraglichen Worte in der Korrekturfahne fehlten. Wir protestierten. Der Lektor wies alle Schuld von sich: Da habe der Setzer wohl angenommen, daß die Streichung berechtigt sei. Am Ende setzten wir uns durch.

Romanmanuskript Rolf Krohns vielleicht nicht an derselben Dame, wohl aber an einem ähnlichen Motiv scheiterte: Es drehte sich um Handel mit Blut per Zeitreise.

> »Als politische Ablehnung gilt mir heute die des SF-Krimis *Der Fall Syntecs*«, erinnerte sich 1993 Rolf Krohn. »Begründet wurde das Nein damit, daß der Aufhänger Bluthandel kein geeignetes Thema wäre. Das mag man so sehen; aber ich weiß heute, daß ich, ohne es zu wissen, die Handelsmethoden der Firma Schalck-Golodkowski beschrieben (und logo verurteilt) hatte.« [Krohn, S. 15]

Rolf Krohn spielt damit auf die Frage der »Übertragbarkeit« an: Würde der Leser hinter der SF-mäßigen Verfremdung Kritik an realen Mißständen erkennen?[20] Der Autor durfte nach Belieben die Zustände in westlichen Ländern oder auf fremden Planeten geißeln – solange sie nur als Gebrechen des Kapitalismus erkennbar und nicht auf den eigenen Staat übertragbar waren. Auch hier griff im Zweifelsfall der Lektor ein, etwa bei Michael Szameit, der in seinem Romanmanuskript *Alarm im Tunnel Transterra* (1982) dem letzten kapitalistischen Staat der Erde, Korenth, militaristische Züge verliehen hatte. »Ausführlichere Darstellungen des militaristisch geprägten Korenths wurden vom Verlag aus dem Roman entfernt, weil dem Leser peinliche Parallelen zur DDR-Gesellschaft hätten auffallen können.« [Kruschel, S. 69]

Die totale Zurückweisung eines Manuskripts, zumal von bekannten Autoren, war eher die Seltenheit. Nach der Erinnerung von Ekkehard Redlin, der lange Jahre als Verlagslektor

---

20 Im konkreten Fall ist dies aber, anders als Rolf Krohn meint, eher zu bezweifeln. Zwar konnte man als gut informierter DDR-Bürger wissen, daß die Regierung z. B. Kunstwerke verscherbelte, um Devisen zu erhalten; die Handelsmethoden des geheimen Bereichs für Kommerzielle Koordinierung im Ministerium für Außenhandel wurden jedoch erst in der Wende zum Skandal. Auch der Zensor wird davon kaum gewußt haben.

Illustration zu *Alarm im Tunnel Transterra* von Michael Szameit

mit Schwerpunkt SF arbeitete, wurden während der 1950er, 1960er Jahre kaum einschlägige Manuskripte utopischer Literatur von den Verlagen abgelehnt. Eine Ausnahme bildete ein dickes Romanmanuskript, das die freie Liebe im Sozialismus in der gutgemeinten Absicht pries, die Arbeiter aus dem Westen in Scharen in das östliche Paradies zu locken. »Das haben wir abgelehnt, das ging nicht.«[21]

Die geläufige Formulierung verweist auf Zwänge, die von den Beteiligten als objektiv gegeben empfunden wurden. Autoren wie Lektoren entwickelten ein Gespür dafür, was »ging«, was speziell bei der HV und der Abteilung Kultur des ZK der SED keinen Anstoß erregen würde, und für das, was politisch oder ideologisch unerwünscht war. Neue, noch unerprobte Themen waren in dieser Hinsicht problematisch. Außerirdische

21 So E. Redlin in einem Interview, das wir am 16. 4. 1992 mit ihm führten. Er führte dabei ideologische Gründe für die Ablehnung an. – Teile des Interviews wurden überarbeitet und unter dem Titel »Ein Verlag bestimmt sein Profil« publiziert.

beispielsweise standen noch bis Ende der 1950er Jahre im Verdacht, ein Import aus der verpönten imperialistischen Science Fiction zu sein. Per Funktion waren die Lektoren den ideologischen Vorgaben verpflichtet. Viele aber rechneten es sich als persönliches Verdienst an, wenn sie mit einer Neuerung eine »Bresche« geschlagen und den Raum dessen, was »ging«, erweitert hatten.

Wenn überhaupt, dann wurden Manuskripte meist wegen »mangelnder Qualität« abgelehnt, eine Formel, die benutzt werden konnte, gleich ob der Text wirklich miserabel geschrieben war oder ideologische Gründe gegen ihn sprachen. Umgekehrt konnte ein Lektor auch inhaltliche Bedenken vorschieben, um sich eine schwierige ästhetische Debatte oder eine zur Ko-Autorschaft ausufernde Lektorierung zu ersparen. Nur in Ausnahmefällen wurde eine politische Ablehnung auch so genannt – schließlich gab es offiziell gar keine Zensur, sondern lediglich ein Genehmigungsverfahren. »Das geht nicht.« oder »Das bekommen wir nicht durch.« mußte dem Autor genügen. Wie sinnvoll es im Einzelfall war, mit den Verlagsmitarbeitern zu diskutieren, lernte man als Autor schnell. Hinter den unpersönlichen Formulierungen verbargen sich nicht nur aus Sicht der Autoren reichlich intransparente Machtstrukturen, eine Pyramide von Instanzen, von wohlwollend oder kritisch gesonnenen Gutachtern, von hauptamtlichen Aufpassern und Funktionären im Kulturbetrieb, kurz: von Platonschen Wächtern und ihnen übergeordneten Wächtern. Der Lektor war dem Cheflektor verantwortlich, der »Verlagsbetreuer« in der Hauptverwaltung dem »Buchminister« (dem stellvertretenden Minister für Kultur) und letztlich sie alle dem Politbüro. Wer sich mangelhafter Wachsamkeit schuldig machte, konnte im Extremfall seinen Posten verlieren oder kaltgestellt werden. Im Normalfall aber sorgte die Verteilung der Verantwortung auf mehrere Instanzen dafür, daß der einzelne Lektor oder Gutachter wenig zu befürchten hatte. »Ich wurde als Lektor sowieso kontrolliert«, erinnert sich Erik Simon [S. 26]. »Das heißt, wenn ich etwas machte,

Illustration zu *Ypsilon minus* von Herbert W. Franke

was ich nicht sollte, dann wurde mir das rechtzeitig gesagt. Ich konnte es ruhig versuchen. (Und rutschte doch etwas Heikles durch, war ich zunächst abgesichert: Die Obrigkeit hatte es ja genehmigt.)«

Oft dienten Nachworte dazu, ein Werk für die Leser, wie es damals hieß, »einzuordnen«, d.h. ihnen die politisch korrekte Interpretation nahezulegen. Manche Bücher »gingen« erst mit einer derartigen Rechtfertigung. Als beispielsweise der Roman *Ypsilon minus* des österreichischen Autors Herbert W. Franke in der Reihe »NL Podium« erscheinen sollte, reichte der Verlag Neues Leben im Sommer 1978 mit dem Text sowohl ein Gutachten als auch ein Nachwort der Germanistin Waltraut Schröder ein, die in beiden den Bogen von H.G. Wells zu Franke schlug, sich auf den sowjetischen SF-Theoretiker Kagarlizki bezog und die progressiven, antikapitalistischen Anliegen des Romans erläuterte. Die HV monierte trotzdem: »Nachwort muß politisch zugespitzter formuliert werden.«[22]

Damals erhielt ich (K. S.) die Aufgabe, ein Gutachten nicht zum Buch, sondern zum Nachwort zu schreiben. Darin strich ich zuerst einmal heraus, was für ein international herausragender, humanistischer SF-Autor Franke sei, schließlich wollte ich das Buch unbedingt gedruckt sehen. Ich stimmte auch der Nachwortautorin in allen wesentlichen Punkten zu, gab ihr aber einige Hinweise, wie sie den »antiimperialistischen Effekt« von Frankes »Technokratie- und Gesellschaftskritik« stärker herausarbeiten könnte. – Als Gutachter, der sich für ein Werk einsetzen wollte, war man bisweilen in einer zwiespältigen Rolle: Zum einen mußte man wohl oder übel auf einer Klaviatur spielen, deren Töne die HV verstand. Zum anderen durfte man auch nicht so kräftig anschlagen, daß die HV argwöhnisch wurde.

»Und das soll unsere Zukunft sein?«: die Killerfrage

Das prognostische Mißverständnis, daß die utopische Literatur die wirkliche Zukunft zu beschreiben hätte, hielt sich – zumindest in manchen Köpfen – lange. Ekkehard Redlin erinnerte sich daran, daß er im Jahr 1973 nach Dresden fuhr, um sich zu erkundigen, weshalb der vielversprechende Nachwuchsautor Rolf Krohn von der TU relegiert worden war. Dabei kam man auch auf den gerade erschienenen Roman *Die Ohnmacht der Allmächtigen* (1973) von Heiner Rank zu sprechen. »Was die Verlage manchmal herausgeben, ist einfach verantwortungslos«, meinte Redlins Gegenüber, ein älterer Funktionär des Kulturbunds – und mußte erfahren, daß Redlin selbst der Lektor dieses Buchs war. Die zuständige Parteigruppenorganisatorin war ebenfalls anwesend. »Letztere«, so Redlin, »wiederholte

22 Zu diesem Druckgenehmigungsvorgang siehe http://www.argus.bstu.bundesarchiv.de/dr1_druck/mets/dr1_druck_3554/index.htm.

mehrmals das geflügelte Wort: Und das soll unsere Zukunft sein?« [S. 15]

Zu dieser Zeit, Anfang der 1970er Jahre, waren auch die Mitarbeiter der HV noch davon überzeugt, daß die utopische Literatur ein Zukunftsbild entwerfen sollte, das den »Gesetzmäßigkeiten des historischen und dialektischen Materialismus entspricht«, so die Verlagsbetreuerin Gerda Zschocke in einer Aktennotiz. Das vermißte sie bei Wolfgang Kellners *Der Rückfall*. In der humoristischen 300-Seiten-Erzählung schildert Kellner, wie in der Zukunftsgesellschaft Langeweile auftritt und ein Protagonist in schrullige Verhaltensweisen der Vergangenheit zurückfällt (u.a. sein Auto mit einem Hirschgeweih verziert). Weil die Vertreter der HV auch Ranks Romanmanuskript bedenklich fanden, baten sie den Verlagsleiter und den Cheflektor des Verlags Das Neue Berlin zur Aussprache über die Ansprüche, die an eine »Gesellschaftsutopie« zu stellen seien. Bei Kellners Manuskript beanstandeten sie u. a.:

> Die Urteile, die Kellner über die Vergangenheit abgibt, degradieren alles zum Kleinbürgertum, in der Tradition der Nachkommen späterer Jahrhunderte bleibt nichts mehr von der historischen Größe unseres Kampfes. [...] Es konnte jedoch keine Einigung zwischen der Fachabt. der HV und den Genossen des Verlages erzielt werden. Beide Genossen des Verlages meinen, daß es in der utopischen Literatur nicht um Zukunftsbilder der menschlichen Gesellschaft ginge.[23]

Die HV, konkret: Frau Zschocke, lehnte das Manuskript in der vorliegenden Form ab und beauftragte zwei weitere Gutachten.

23 Aktennotiz zur Aussprache am 29. 5. 1972, gezeichnet von Gerda Zschokke, einzusehen unter http://www.argus.bstu.bundesarchiv.de/dr1_druck/mets/dr1_druck_3630/index.htm. Gerda Zschocke wurde später Cheflektorin beim Tribüne-Verlag und hat mehrere Anthologien bei verschiedenen Verlagen herausgegeben, u. a. 1986 die SF-Anthologie *Zeitreisen*.

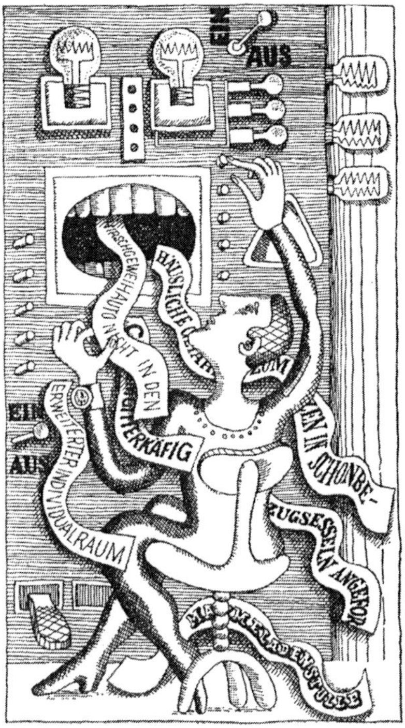

Illustration zu *Der Rückfall* von Wolfgang Kellner

Nach der Überarbeitung, die die entscheidenden Einwände ausräumte, konnte das Buch 1974 erscheinen.

Wenn schon ein humorvoller Roman mit einem positiven Ende vor den kritischen Augen von überzeugten ideologischen Sittenwächtern nicht standhielt, wie sollten dann düstere Visionen bestehen? Von den großen Antiutopien des zwanzigsten Jahrhunderts konnte lediglich Aldous Huxleys *Schöne neue Welt* in einer Phase kulturpolitischer Lockerung in der DDR erscheinen – interessanterweise auf persönliches Betreiben eines Verlagsbetreuers hin. Der Zensor trat hier in der ungewöhnlichen Rolle des Förderers ursprünglich politisch verfemter Literatur auf.

Wie Erik Simon berichtet, kam eines Tages Reinhard Lehmann, seines Zeichens Mitarbeiter der HV, auf den Verlag

Das Neue Berlin zu und fragte: »Warum druckt ihr eigentlich Huxleys *Schöne neue Welt* nicht?« [S. 26] Der Verlag griff den Vorschlag dieses doch recht untypischen Zensors auf. Aber kurz vor Veröffentlichung, als das Buch schon übersetzt und vor allem offiziell genehmigt war, bekam die Verlagsleitung doch Angst vor der eigenen Courage und ließ sich das Projekt noch einmal durch kollektive Voten von Lektorat und Verlags-Parteigruppe absichern. »Wir haben also hier den merkwürdigen Fall«, so Erik Simon, »daß die Zensur gegen vehemente Befürchtungen ihrer untergeordneten Ebenen, vom Verlagsleiter abwärts, ein Buch durchgesetzt hat, welches damals im ganzen sozialistischen Lager nirgends erschienen war, abgesehen wohl von Jugoslawien.« [S. 26][24]

Manchen Ideologen waren Antiutopien allein schon deshalb suspekt, weil sie ein negatives, pessimistisches Bild der Zukunft malten – wenn sie nicht von vornherein wie Samjatins *Wir* oder Orwells *1984* als antikommunistische Machwerke galten. Wer die künftige Zeit in düsteren Farben schilderte, verstieß damit gegen das Perspektivbewußtsein – wie die jugendlichen Helden unseres Romans *Andymon* mit ihren Spekulationen über den Selbstmord der Menschheit. »Wo ist denn hier die lichte Zukunft?« war die Leit- und Abwehrfrage der Ideologen. Auch in der Sowjetunion argumentierten ideologische Hardliner gern mit dieser rhetorischen Frage [Gloss].

Eigentlich hätte etwa ab Anfang der 1970er Jahre diese Killerfrage überhaupt nicht mehr gestellt werden dürfen. Die utopische Literatur wurde ja von denen, die sich damit auskannten, nicht mehr als Propagandamittel für eine tatsächliche nahe Zukunft verstanden, sondern als Medium für ein phantasievolles

24 Huxleys Roman erschien 1978. Reinhard Lehmann wechselte Jahre später – wohl im Zusammenhang mit einer weniger bedeutenden politischen Affäre – von der HV zum Verlag Volk und Welt, wo er, ausgestattet mit einem eigenen Lektorat, die außerordentlich weltoffene und liberale Reihe »Volk und Welt ad libitum« herausgab, in der gelegentlich auch internationale SF-Erzählungen publiziert wurden.

philosophisches Spiel mit Möglichkeiten, in dem modellhaft menschliches Verhalten ausgelotet werden könne: Wirklichkeitsgewinn durch Wirklichkeitsüberschreitung.

Trotzdem blieb die »lichte Zukunft« bis zum Zusammenbruch der DDR Hauptkriterium für die ideologische Bewertung von SF-Texten, wenigstens in den Augen der Ideologie-Wächter. Wenn ihnen die Argumente ausgingen, blieb ihnen oft nichts anderes, als die »lichte Zukunft« aus dem Zylinder zu ziehen. Wir erlebten dies Anfang der 1980er Jahre im Zusammenhang mit der Erzählung »Der Traum vom Großen Roten Fleck«. In dieser Story existieren die Menschen völlig isoliert und vereinzelt in einem gigantischen Bau mit computerisierten Wohnzellen, in denen sie mit allem versorgt werden. Der Held kommt mit einer Frau in Kontakt, die aus diesem System ausbrechen will, schließlich aber zieht er die Geborgenheit in der Wohnzelle vor. Die Erzählung erschien 1979 im Band *Der letzte Tag auf der*

Venus in der Kompaß-Reihe des Verlags Neues Leben. Im März 1982 entwickelten wir ein Hörspiel daraus und boten es unter dem Titel »Wenn der Computer ausfällt« dem Rundfunk an. Der Redakteur arbeitete mit uns daran; wir bastelten eine Rahmenhandlung dazu, die einen Gegenpol zur antiutopischen Grundstimmung setzen sollte, aber am Ende lehnte es der Hörspielchef doch ab: »Und das soll unsere Zukunft sein?« Der Hinweis auf die Publikation im Rahmen eines Erzählungsbandes mit einer Auflage von 50 000 fruchtete nichts; Verlage könnten sich mehr erlauben, wurde uns beschieden, »aber wir sind ein Massenmedium.« – Das hieß im Klartext: Über unser Programm wacht die Abteilung Agitation und Propaganda des ZK der SED.

»Denken in bedenklichen Stellen«: Zensur als Beckmesserei

Die Zensur operierte auf zwei Ebenen: einerseits ging es um den Gesamteindruck (Perspektivbewußtsein bzw. die verblassende lichte Zukunft), andererseits um einzelne Wörter oder Sätze, um Kleinigkeiten bei der Darstellung von Personen oder Situationen. »Denken in bedenklichen Stellen« wurde diese Art von Zensur im Schriftstellerverband genannt.[25]

Diese Art von Beckmesserei war lästig, aber auszuhalten, weil sie dem Zensor oft den Blick auf wirklich heikle Stellen versperrte. Autoren, die Erfahrungen mit Eingriffen in ihre Texte hatten, taktierten oft so, daß sie Formulierungen verwendeten, die ganz offensichtlich »nicht gingen«, aber eigentlich auch nicht notwendig waren. Gewissenmaßen wurden diese sogenannten »weißen Elefanten« als Köder ausgelegt, um dann auf Verlangen geopfert zu werden, wodurch sie sich als Verhandlungsmasse bei Kompromissen eigneten: »Gut, ich ersetze

25 Uns begegnete diese Umschreibung in den gegen die Zensur gerichteten Debatten der 1980er Jahre. Möglicherweise stammt die Formulierung von Hermann Kant, der sich gern etwas gewunden ausdrückte.

›Eingeborene‹ durch ›Ureinwohner‹, aber nur, wenn die fragliche Stelle in Kapitel 2 unverändert bleibt.«

Selbstironisch schilderte unser Lektor Helmuth Fickelscherer vom Verlag Neues Leben, daß er auf seinem Schreibtisch einen Zettel mit den aktuellen Tabuwörtern liegen hätte: Bürokratie (weil es die in der DDR ja nicht gab), Generationskonflikt (weil der Verlag der FDJ gehörte und es keinen Konflikt zwischen der Partei und ihrer »Kampfreserve« gab). »Drittens: Sowjetmenschen – immer positiv darstellen. Russen, als Vorfahren der Sowjetmenschen, auch immer positiv darstellen.« Auch Geld hatte im kommunistischen Zukunftsbild keinen Platz. Der Cheflektor wachte darüber, daß es zumindest in Texten, die nach dem 1. 1. 2000 spielten, abgeschafft war. Falls es nötig war, erfand man als Autor dann eben »Anrechtspunkte«, »Valutas« oder eine andere phantasievolle Bezeichnung für das Tauschmittel.

Eine effektive Einschränkung der Meinungsfreiheit bedeutete diese kleinliche Wortklauberei nicht, wohl aber ein fortwährendes Ärgernis. Autoren wie auch Lektoren wurden gezwungen, sich auf das Niveau des von der Obrigkeit verordneten Schwachsinns herabzulassen.

Etwas umfänglicher als Fickelscherers Zettel ist eine handschriftliche Liste mit Reizwörtern aus dem Verlag Neues Leben, die auf der Ausstellung »Zensur in der DDR« im Literaturhaus Berlin 1991 präsentiert wurde. Jeweils der erste Begriff in der Gegenüberstellung ist im Manuskript durch den zweiten zu ersetzen [Wichner/Wiesner 1991, S. 29]:

Konsumdenken – Streben nach materiellem Wohlstand;
Muttermale [des Sozialismus] – immanente Widersprüche;
Waldsterben – Waldschäden;
Nahtstelle [von Ost und West] – Trennlinie;
ökon. Hebel – Triebkräfte;
3. Welt – Entwicklungsländer;
Freisetzung – Gewinnungsprozeß von Arbeitskräften;
Beamter – Mitstreiter;

Geschöpf – Lebewesen;
Gattin – Frau;
Generationskonflikt – Miteinander von jung und alt.

Tatsächlich strich uns der Lektor aus dem Manuskript des Romans *Pulaster* (1986) das Wort »Bürokratie«, was uns veranlaßte, die bürokratischen Verhältnisse noch ein wenig plastischer auszumalen. Der eher lektorierende als zensierende Eingriff führte womöglich zu einem Substanzgewinn. Ähnliches geschah, wie Erik Simon berichtet, bei *Die ersten Zeitreisen* (1977). Die vom Verlag mokierte »Bürokratie« ersetzten die Autoren, Reinhard Heinrich und Erik Simon, durch »Zeitverwaltung«, auch dies zweifellos eine Verbesserung. In einem anderen Fall wollte der Lektor im Roman *Andymon* das kapitalistische Wort »Team« durch das sozialistische »Brigade« ersetzen, wogegen wir uns allerdings entschieden und erfolgreich verwahrten. Solcherart »politisch korrekten« und im Grunde lächerlichen Sprachregelungen lassen sich freilich weltweit und in jeder Epoche finden.

In den 1970er und 1980er Jahren stießen Gegenwartsautoren immer wieder mit Umweltthemen gegen Widerstände. In der Science Fiction dagegen ließ sich manches Problem in phantastischer Verfremdung behandeln. In die Anthologie *Begegnung im Licht* (1976) beispielsweise wurden gleich mehrere einschlägige Texte aufgenommen (Simons »Auszug ins gelobte Land«, Jörg Gernreichs »Nebel«). Auch Günter und Johanna Braun griffen immer wieder Umweltthemen auf, etwa in *Unheimliche Erscheinungsformen auf Omega XI* (1974) oder in *Conviva ludibundus* (1978).

Allerdings konnte es vorkommen, daß einzelne Stellen oder Begriffe Anstoß erregten. So schilderte Peter Lorenz in *Blinde Passagiere im Raum 100* (1986) den frustrierenden Kampf eines Biologen gegen die katastrophale Verschmutzung eines Flusses. »Elaas« hieß der Fluß im Manuskript, »Saale« rückwärts gelesen. Das jedoch war eine zu auffällige Verschlüsselung. Peter Lorenz änderte nichts an der präzisen Beschreibung des

Flusses, war aber gezwungen, den Namen in »Elaat« abzuwandeln (persönliche Mitteilung von P. Lorenz). Als der Mitteldeutsche Verlag die Druckgenehmigung im Februar 1986 bei der HV beantragte, hatte die Zensorin Marion Fuckas immer noch zahlreiche Einwände gegen die Darstellung der »politisch-militärischen Problematik« und der »Umweltproblematik«: »Die Druckgenehmigung wird erst dann dem Verlag erteilt, wenn schriftliche Mitteilung über die erfolgten Veränderungen erfolgt ist, d. h. so lange zurückgehalten.«[26] Die Cheflektorin des Verlags sicherte zu: »Die Sache wird im Lektorat ausgewertet.« Im April reichte der Verlag die geänderte Fassung ein, und das Buch konnte erscheinen, wenn auch nicht, wie im Impressum vermerkt, 1986, sondern erst Anfang 1987.

26 Der Vorgang und die aus heutiger Sicht großenteils lächerlichen »Änderungsvorschläge« zu bedenklichen Stellen sind nachzulesen im Bundesarchiv unter http://www.argus.bstu.bundesarchiv.de/dr1_druck/mets/dr1_druck_2193/index.htm.

Ebenfalls tabu waren die nicht nur häßlichen, sondern auch in sozialer und sozialpsychologischer Hinsicht fragwürdigen Resultate des Wohnungsbauprogrammes. Hans-Jürgen Dittfeld stellte in der Erzählung »Flug ohne Cockpit« die Defizite satirisch bloß. So heißt es in der Story: »Daheim werden diese Menschen in Betonkästen aufbewahrt, man weiß nur noch nicht so recht, von wem.«

Obwohl Erik Simon als Außengutachter die Story empfahl, lehnte sie der Verlag Neues Leben ab. Auch Versuche von Erik Simon und Olaf Spittel, die Erzählung in den nächsten *Lichtjahr*-Almanach oder die Anthologie *Geschichten vom Trödelmond* (beide beim Verlag Das Neue Berlin) aufzunehmen, scheiterten. Die Verlagsleitungen hatten sich untereinander abgestimmt. Dabei enthielt der Band *Geschichten vom Trödelmond* wesentlich kritischere und politisch brisantere Erzählungen, die die Zensur problemlos passierten. Dittfelds Story konnte erst nach der Wende von Olaf Spittel in eine Anthologie aufgenommen werden, die einen Rückblick auf die besten Texte der DDR-SF gibt: *Die Zeitinsel. SF-Erzählungen aus einem Land, das es mal gab* (1991). Erik Simon faßt die Funktionsweise der Zensur in einem Satz zusammen:

> Die Zensur in der DDR hat nach meiner Gesamterfahrung tatsächlich ungefähr so funktioniert, wie die Zensur in Südafrika, über die die Afrikaner gesagt haben: Sie schlägt völlig blindlings zu, völlig ineffektiv und dann aber sehr hart. [S. 23 f.]

»Der Gutachter empfiehlt keine zweite unveränderte Auflage«: nachträgliche Eingriffe

Man sollte meinen, daß mit dem Druck eines Manuskripts sämtliche »Literaturentwicklungsprozesse« abgeschlossen wären: Die HV hatte ihr Placet gegeben, Autor und Verlag hatten ihr

Werk beendet und konnten nun auf Leserreaktionen warten. Wenn es so einfach gewesen wäre! Im Extremfall – bei ideologisch relevanten Sachbüchern, die beispielsweise durch neue Parteibeschlüsse »überholt« waren – wurden sogar die Buchhandlungen aufgefordert, bestimmte Titel aus dem Sortiment zu nehmen. Das betraf etwa in den 1950er und 1960er Jahren Bücher zur Geschichte der Arbeiterbewegung aus dem Dietz-Verlag [Lokatis 2003]. Aber auch belletristische Werke konnten noch nach dem Druck zu einem Politikum arrivieren, etwa wenn höhere Parteifunktionäre oder auch nur Rezensenten mit politischem Gewicht daran Anstoß nahmen.

Vereinzelt läßt sich durch einen Auflagenvergleich ein nachträglicher Eingriff in den Text nachweisen, der naturgemäß für den Autor Ärger und für den Verlag Mühe und Kosten bedeuteten mußte. In der ersten Auflage von Heinz Viewegs *Ultrasymet bleibt geheim* (1955) erschießt sich am Schluß des Romans der Chef des feindlichen Stahltrusts, ab der dritten Auflage (1958) erleidet er eine Herzattacke. Selbstmord war in der Zwischenzeit tabu geworden – nicht einmal ein Bösewicht durfte nunmehr Hand an sich legen. Auch Günther Krupkats Roman *Die Unsichtbaren*, der 1956 problemlos als Romanzeitung erschienen war, mußte bis zur Buchausgabe im Jahr 1958 auf der Grundlage eines externen Gutachtens noch einmal überarbeitet und mit einen Nachwort versehen werden [*Vorgriff* S. 72; Lokatis 2003, S. 131]. Hintergrund für beide Fälle war die härtere kulturpolitische Gangart ab Winter 1956/57 mit der Kampagne gegen den »Revisionismus« in den Redaktionsstuben und Verhaftungen u.a. im Aufbau-Verlag, die die Verlagsleitungen verunsicherte und von verschärfter Zensur begleitet wurde.[27]

27 »Während 1956 sogar beinahe das Druckgenehmigungsverfahren ganz abgeschafft worden wäre, wurde 1958 das Zensursystem komplett restauriert, und in den Gutachten dieser Zeit wurde laut zum Halali auf die westliche ›Dekadenz‹ geblasen.« [Lokatis 2021, S. 20]

Gut verständlich sind die Veränderungen in E. del'Antonios Roman *Projekt Sahara* (1962), der sich mehr oder weniger um den sozialistischen Wettbewerb der Zukunft dreht. Hier wurden in der dritten, tatsächlich »verbesserten« Auflage von 1963 allzu dick aufgetragene propagandistische Passagen gekürzt. Aber wir sollten in diesem Fall nicht von Zensur reden. Hier handelte es sich tatsächlich um einen nachgeholten »Literaturentwicklungsprozeß« mit wohltuender Wirkung.

Von einem verlängerten Literaturentwicklungsprozeß muß man wohl auch bei Herbert Ziergiebels Roman *Die andere Welt* sprechen.[28] Im Vergleich zur ersten Auflage von 1966 enthält die zweite von 1967 einen zusätzlichen Block von dreieinhalb Seiten Text! Ziergiebels Buch stellte zu seiner Zeit ein Novum dar: Es markierte eine deutliche Abkehr von den pathetischen Erzählungen über Weltraumhelden, die bei der »Eroberung des Kosmos« gelegentlich einmal ihr Leben opfern, der Menschheit aber wundervolle neue Perspektiven eröffnen. Bei Ziergiebel (wie bei manch anderen) wird ein Raumschiff von einem Asteroiden gerammt und treibt ohne Aussicht auf Rettung im All. Überaus deutlich und realistisch schildert Ziergiebel daraufhin die räumliche Enge, die Verlorenheit im All und die psychische Belastung der Havarierten. In Tagebuchaufzeichnungen stellt einer der Protagonisten, halb an sich selbst verzweifelnd, die Frage nach der Sinnhaftigkeit des eigenen Handelns und überhaupt nach Sinn und Zweck der Raumfahrt. Die Erde allein kann das Hauptaktionsfeld der Menschen sein.

Ein zweiter, irdischer Handlungsstrang führt dazu, daß die Überlebenden am Ende gerettet werden. Dies eigentlich hätte als optimistischer Schluß genügen sollen. Aber Ziergiebel ergänzte die zweite Auflage durch einen zusätzlichen Tagebucheintrag. In diesem werden nun die Zweifel durch optimistische, zukunftsorientierte Gedanken ausgeräumt: »Es gibt kein Zurück mehr.

28 Den Hinweis auf Ziergiebel verdanken wir Ralf Neukirchen.

Der Mensch kann nicht stehenbleiben [...] Mit unausbleiblicher Gewißheit werden wir in die Tiefen des Kosmos eindringen und Besitz von ihm ergreifen.« [S. 364 f.][29]

Bisweilen changieren die Rollen im Dreieck von Autor – Verleger – Zensor. Und oft genug kommen weitere Akteure ins Spiel. Im Jahr 1966 markierte die erste in der DDR herausgegebene Anthologie mit internationalen SF-Erzählungen *Marsmenschen. Kosmische und kybernetische Abenteuer* eine Zäsur. Zum ersten Mal bekamen die Leser Erzählungen von englischen und amerikanischen SF-Autoren wie Clifford Simak, John Wyndham, Poul Anderson oder Ray Bradbury mit offizieller Genehmigung in die Hand. Inhaltlich wie publikationspolitisch bedeutete die Anthologie, die beim Verlag Das Neue Berlin erschien, eine Ausweitung des Spielraumes, also von dessen »was ging«; sie wurde von vielen Lesern begeistert aufgenommen und gelegentlich auch lobend besprochen.

Nicht so jedoch von Carlos Rasch, der sich durch *Asteroidenjäger* (1961), *Der blaue Planet* (1963) und *Im Schatten der Tiefsee* (1965) einen Namen gemacht hatte und soeben begann, eine eigene Konzeption der »Real-Phantastik« als einer »literarischen Vorwegnahme der wirklichen Zukunft« zu propagieren.[30] Unter dem Titel »Darstellungen der Zukunft. Bemerkungen zu dem Sammelband ›Marsmenschen‹« publizierte Rasch in der *Berliner Zeitung* eine verhaltene, aber in Kernpunkten doch vernichtende Kritik der Anthologie: »kuriose Darstellungen über die Zukunft ohne nennenswerte Konflikte und abenteuerliche

29 Welcher Umstand hat den Verlag bewogen, die Ergänzung – immerhin mit Kosten verbunden – vorzunehmen? Von Rezensenten wurde die erste Auflage sehr positiv aufgenommen. Die Verlagsdokumente im Bundesarchiv geben keinen Einblick in das redaktionelle Geschehen zwischen erster und zweiter Auflage. Ein Gutachter empfahl allerdings (für die erste Auflage), die zu lang geratenen Tagebuchaufzeichnungen einzukürzen. Daher halten wir es für prinzipiell möglich, daß eine herausgekürzte Passage reaktiviert wurde. Aber auf welchen oder vielmehr: wessen Druck wurde reagiert?

30 Zu Raschs verschrobenem Konzept von Real-Phantastik siehe *Vorgriff*, S. 100 f.

Aktion. Es gibt aber auch Ernsteres auszusetzen …« Nämlich Philosophisches, Grundsätzliches. Nicht einmal die Autoren anderer sozialistischer Länder – Lem, Fiałkowski, Nesvadba, Jemzew/Parnow – konnten vor Raschs Augen bestehen.[31]

Aufmerken läßt, daß just zur selben Zeit Gerhard Henniger, der Erste Sekretär des Schriftstellerverbands, ein Gutachten über die Anthologie bei dem Philosophen Hubert Laitko in Auftrag gab. Derartige Gutachten stellten eher eine seltene Ausnahme dar, denn weshalb sollte der Schriftstellerverband nach Druck eines Buchs noch aktiv werden? Ob das auf Raschs Initiative hin geschah, mag dahingestellt bleiben.[32]

Hubert Laitko schrieb in seinem Gutachten, was man von einem Philosophen erwarten konnte: Er ordnete die utopische Literatur philosophisch ein, kam auf ihre Grundprinzipien zu sprechen, nahm schließlich auch kritisch Stellung zum Band und resümierte:

> Genereller Mangel ist die zu schwache Einbeziehung gesellschaftswissenschaftlicher und moralischer Komponenten. Daher würde ich eine unveränderte Neuauflage nicht empfehlen. Angesichts der genannten Mängel sollten die Erzählungen von K. Fiałkowski, P. Anderson, C. Simak,

31 Dagegen setzt Rasch am Ende seiner Rezension vom 6.1.1967 eine Empfehlungsliste für »das nächste Projekt dieser Art« mit Autoren, die »progressive Tendenzen in ihrer Arbeit erkennen lassen«, wie »Marion Zimmer-Bradley, C.S. Lewis, R.A. Henlein, Pierre Boule, Clark Darlton u.a.« – Eine beliebig wirkende Aufzählung (mit drei Schreibfehlern), an der vor allem die Erwähnung Clark Darltons (Pseudonym von Walter Ernsting) auffällt, des Perry-Rhodan-Autors, zu dem Rasch enge Kontakte hielt.

32 Rasch liegt mit seinen (dürftigen) Argumenten contra Stanisław Lem auf der Linie Vitali Stoljarows, eines Dozenten am Institut für Gesellschaftswissenschaften beim ZK der SED, der u.a. als Kritiker der Kybernetik hervorgetreten war. Stoljarow hatte auf einer Arbeitstagung über Fragen der utopischen Literatur am 23. November 1966, veranstaltet von den Verlagen Das Neue Berlin und Neues Leben, Lem anhand seiner Erzählung »Die Lymphatersche Formel« gründlich philosophisch zerlegt: Vernachlässigung der Gesellschaft, unwissenschaftlich usw. [Stoljarow] Die Kritik Stoljarows dürfte im Schriftstellerverband bekannt gewesen sein.

> S. Lem und V. Saparin (hier vor allem wegen des agitatorischen Schematismus) nicht wieder aufgelegt werden. [Laitko, S. 7]

Wie Gerhard Henninger bzw. der Schriftstellerverband mit diesem Gutachten, als Laitko es im Sommer 1967 ablieferte, umgingen, wissen wir nicht. Im Bundesarchiv findet sich jedoch ein Schreiben, in dem Carlos Rasch mit einem komprimierten und auf das Negative fokussierten Auszug die HV auf das Gutachten aufmerksam macht: »Der Gutachter empfiehlt keine zweite unveränderte Auflage.«[33] Die HV reichte den Vorgang pflichtgemäß an den Verlag weiter.

Es läßt sich schwer nachvollziehen, was Rasch zu dieser Intrige gegen die Anthologie *Marsmenschen* bewog.[34] Wir haben jedoch hier den außergewöhnlichen Fall, daß ein Autor sich als Wächter der reinen Lehre aufspielte.

Der Verlag Das Neue Berlin erwies sich als standhaft und veränderte für die Nachauflage (1967) lediglich den wirklich schwachen Text von Saparin. Eine dritte Auflage erlebte die praktisch sofort vergriffene Anthologie wohl schon aus rein ökonomischen Gründen nicht: Die anglo-amerikanischen Beiträge waren in Devisen zu vergüten, und diese waren stets knapp.

---

33 Der Schriftwechsel zur Anthologie ist im Bundesarchiv einzusehen [Laitko]. – Rasch hatte sich schon öfter bei der HV über die mangelnde materielle und ideelle Unterstützung der SF-Autoren seitens der Verlage und des Schriftstellerverbands beklagt.

34 Es liegt nahe, persönliche Gründe wie Neid und Wichtigtuerei zu vermuten – und das Bestreben, sich selbst als besonders linientreu zu empfehlen. Später verfiel Rasch auf die Idee, eine eigene Pressekampagne zu starten. Er sprach Bekannte an: Sie sollten »Leserbriefe« zu seinem Roman *Magma am Himmel* (1975) an Zeitungen und Zeitschriften senden. Die Briefe, mehr als einhundert!, hatte er selbst getippt, Kuverts und Briefmarken gab es gleich dazu, nur die Unterschrift brauchte er. Die Sache wurde publik, was Lothar Creutz im Satiremagazin *Eulenspiegel* bewog, einen Artikel unter der treffenden Überschrift »Die öffentliche Meinung ist manchmal Rasch« zu publizieren. Bestellte Leserbriefe waren freilich in der DDR-Presse nichts Ungewöhnliches. Sie wurden sonst aber stets von offiziellen Stellen im Rahmen politischer Kampagnen lanciert.

Die erste Anthologie mit ausschließlich US-amerikanischen SF-Autoren erschien zwei Jahre später, 1969, in der renommierten Spektrum-Reihe des auf Literatur des Auslands spezialisierten Verlags Volk und Welt: *Raumschiff ahoi!* Dieser Band signalisierte einen Fortschritt: Zum ersten Mal wurde mit der Anthologie der SF ein Platz neben literarisch anspruchsvollen Werken eingeräumt. In der zweiten Auflage 1970 fehlte dann allerdings die Erzählung von Robert A. Heinlein: »Nehmen Sie Platz, meine Herren!« Die humoristische Story konnte keine Angriffsfläche geboten haben. Daher ging das Gerücht um, daß der Autor in Verruf gekommen sei. Tatsächlich hatte sich Heinlein in den Kontroversen um den Vietnamkrieg auf die Seite der Schriftsteller geschlagen, die für die Kriegsführung der USA Stellung bezogen. Das gleiche traf aber auch auf den weiter in der zweiten Auflage vertretenen Fred Saberhagen zu.

»Sich in Übereinstimmung bringen«: mehr als nur Selbstzensur

Im Juli 1984 veröffentlichen Johanna und Günter Braun im *Quarber Merkur 61* den Text »Zu dem berühmten Werk: Sich in Übereinstimmung bringen«. Ihre Polemik richtete sich gegen die wiederholten Appelle an die Kulturschaffenden, sich mit der offiziellen politischen Linie »in Übereinstimmung zu bringen« und den »inneren Auftrag«, das Schreibanliegen des Autors, nach dem »äußeren Auftrag«, den von der Führung gerade verfolgten politischen Zielen, auszurichten. Die Forderung stammte noch aus den Anfangsjahren der DDR – angeblich geht die Formulierung auf Johannes R. Becher zurück –, und sie wurde gelegentlich wiederholt[35] oder stand zumindest sinngemäß im Raum.

35 Etwa vom Kulturminister Klaus Gysi auf einer Präsidialratstagung des Kulturbunds im Jahr 1968 [Zimmer, S. 278]. Wir glauben, die Formulierung auch von Hermann Kant, der in den 1980er Jahren Vorsitzender des Schriftstellerverbands der DDR war, gehört zu haben. »Beliebt war die

»Sich in Übereinstimmung bringen« bedeutete weit mehr als nur Selbstzensur, also bestimmte verfängliche oder unerwünschte Sachverhalte nicht auf das Papier zu bringen. Der Satz implizierte die Forderung, sich selbst aktiv umzuorientieren, die offizielle Linie zu verinnerlichen, sie zur eigenen zu machen. Die Brauns ergänzten die Formulierung zu »sich immer wieder in Übereinstimmung bringen«, denn die politischen Ziele veränderten sich je nach Beschlußlage der SED und die Spielräume waren bald einmal weiter, bald einmal enger gesteckt. Also sollte sich ein Autor stets aufs Neue auf die politischen Kurswechsel einlassen.

Die Science Fiction als ein unterhaltendes und oft als trivial abgestempeltes Genre bildete lediglich einen Nebenschauplatz der kulturpolitischen Auseinandersetzungen. Dennoch lastete von Anfang an ein vielfältig vermittelter Anpassungsdruck auch auf den SF-Autoren. Diejenigen unter ihnen, die wie Fahlberg oder Vieweg ihre Handlungen in der Nahperspektive, also etwa bis zum magischen Jahr 2000, ansiedelten und utopische Betriebsromane schrieben, mußten trivialerweise die aktuellen politischen Gegebenheiten berücksichtigen: Wie stand die DDR-Regierung gerade zur deutschen Wiedervereinigung? Wer galt als potentieller Bündnispartner, wer als Gegner? Wichtiger noch war jedoch, daß ein Buch das optimistische Zukunftsbild von der »Sieghaftigkeit des Sozialismus« bediente. Als um 1960 die Fernperspektive mit Weltraumflügen dominant wurde, konnten die Autoren die konkreten politischen Rahmenbedingungen teilweise hinter sich lassen – solange nur die Verhältnisse auf anderen Planeten sich am irdischen Modell orientierten.

Abhängig von den Strömungen der Kulturpolitik bewegten sich die Autoren mitunter auf dünnem Eis – und die weniger kühnen lauschten beständig, ob es unter ihren Füßen nicht knirschte und knisterte. Sie entwickelten Ausweich- und

---

Rede von der Übereinstimmung zwischen innerem und äußerem Auftrag«, stellt in einem Aufsatz über die Selbstzensur in der DDR Manfred Jäger [S. 16] fest.

Legitimationsstrategien. Während die Ausweichstrategie das vermeidet, was dem Zensor ins Auge springen könnte, versucht die Legitimationsstrategie, ihn gnädig zu stimmen. Beispielsweise indem Raumschiff-Besatzungen politisch korrekt mit einem Sowjetmenschen als Kapitän besetzt waren. Ist so die führende Rolle der Sowjetunion gesichert, hat der Autor einigermaßen festes Eis unter den Füßen. – Wer sich in Übereinstimmung bringt, gerät schnell in den Sog von Stereotypen, von klischeehaften Bildern. So gesehen ist das relativ einheitliche Bild des lichten Morgens in der utopischen Literatur ein Produkt des Sich-in-Übereinstimmung-Bringens.

Dennoch waren die Freiheiten beim Text größer als bei anderen Medien. Adolf Sckerl erinnert sich:

> In der Literatur war das ja alles noch machbar. Aber bei den ersten utopischen Filmen, einem wirklich massenwirksamem Medium, da sprachen ein paar mehr Leute mit rein. [Der Regisseur] Kolditz hat mir einmal erzählt, daß es eine ernsthafte Frage war, was für Bilder bei den Kosmonauten des Jahres 2500 an der Wand hängen. Ob da Lenin noch hängt oder Marx oder Thälmann.[36]

Eine weitere Legitimationsstrategie bestand darin, den Texten ein »rotes Schwänzchen« anzuhängen, ein ideologisch »korrektes« Ende. So taucht am Ende von Eberhard Panitz' Erzählung *Eiszeit* (1983) ein rettender Hubschrauber am Horizont auf – mit dem Sowjetstern. Panitz hatte solcherart Legitimation allerdings gar nicht nötig, denn das Buch war durch und durch (wie auch sein Autor) linientreu. Karl-Heinz Tuschel schließt

---

36 So Adolf Sckerl, ein Spezialist für die frühe DDR-SF, in einem nicht publizierten Interview, das wir am 8. November 1992 mit ihm führten. Sckerl hatte auch eine sehr dezidierte Meinung über die Autoren der 1950er, 1960er Jahre: »Die ersten Utopiker haben sich nicht sehr weit nach vorn gewagt, das ging alles bis zum Jahr 2000. Die waren zunächst mal ganz vorsichtig, während sie nachher vor lauter Angst gar nicht weit genug in die Zukunft gehen konnten.«

den glücklichen Ausgang diverser Abenteuer in seinem Roman *Leitstrahl für Aldebaran*, ebenfalls aus dem Jahr 1983, mit dem fulminanten Fazit »Kommunisten bewältigen alles«. Die Leser, zumindest die uns bekannten Freunde aus dem späteren Andymon-Club, zeigten sich schockiert. Und Tuschels Buch hätte ebensowenig wie *Eiszeit* einer so offensichtlichen Proklamation von Linientreue bedurft.

Zensur, als Wort selbst tabuisiert, war nur die ultima ratio der Kulturpolitik. Diese setzte alles daran, die Autoren bereits bei Konzipierung ihrer Werke und der Arbeit am Manuskript zu beeinflussen: Die prima ratio des Zensors ist die Selbstzensur, die Selbstdisziplinierung. Ihr diente nicht nur die Zusammenarbeit der Verlage mit dem Autor, die sich besonders dann »vertrauensvoll« nannte, wenn sie repressiv wurde, sondern auch der Schriftstellerverband als Sozialisierungsinstrument.

Ein Manuskript von Günter und Johanna Braun gehört zu den wenigen eindeutigen und offenkundigen Fällen von Zensur auf dem Gebiet der SF: der Roman *Das kugeltranszendentale Vorhaben* (1983). In dem Buch bemäntelt eine leere Phraseologie die Absurdität des großen Projekts und die Armseligkeit des Alltags – eine klare Persiflage auf die politischen und ökonomischen Zustände der DDR. Wie Erik Simon sich erinnert [S. 23], lehnte es der Verlag Das Neue Berlin den Brauns gegenüber ganz unverhüllt aus politischen Gründen ab, das Buch zu drucken; üblich war es – wie erwähnt – ja eher, literarische Gründe vorzuschieben. Die Autoren schlossen daraufhin mit dem Suhrkamp-Verlag einen Vertrag ab und meldeten diesen nachträglich beim Büro für Urheberrechte an. Nach sieben Monaten Schweigen verweigerte das Büro für Urheberrechte – in seiner Rolle als »Export-Zensor« – die Ausfuhrgenehmigung für das Manuskript und erklärte gemäß §11 Devisengesetz der DDR den Vertrag für nichtig. Trotz dem Risiko einer beträchtlichen Geldbuße oder einer anderen Strafe baten G. und J. Braun ihren westdeutschen Verleger, das Buch unbedingt zu drucken. Später meldeten sie ihre Verträge mit ausländischen Verlagen überhaupt nicht mehr, wie eigentlich vorgeschrieben, beim Büro für Urheberrechte zur Genehmigung an (private Mitteilung von G. und J. Braun).

Etwa zu der Zeit, als *Das kugeltranszendentale Vorhaben* veröffentlicht wurde, beschrieben die Brauns im Essay »Zu dem berühmten Werk: Sich in Übereinstimmung bringen. Einseitiges Gespräch mit dem Autor« die künstlerischen Folgen der anempfohlenen Selbstzensur. Im Tonfall und in der Argumentationsweise des interviewten Kulturpolitikers, der hier als Autor von »Sich in Übereinstimmung bringen« auftritt, glauben wir Klaus Höpcke wiederzuerkennen, den stellvertretenden Minister für Kultur, in dessen Zuständigkeitsbereich die Literatur fiel.

> Ich könnte mir ein Interview mit einem Kulturpolitiker auf einer Buchmesse vorstellen:
>
> Wie kommt es eigentlich, daß in Ihrem Land nur Bücher veröffentlicht werden, die sich im Einklang mit der Politik Ihrer Regierung befinden?
>
> Ach wissen Sie, Herr X., das weiß ich auch nicht. Da müssen Sie die Schriftsteller befragen. Es war ihr eigener völlig freier Wille, derartige Bücher zu verfassen. Warum sollten wir sie daran hindern? Hier darf ja jeder schreiben, wie und was er will.
>
> Gibt es keine Versuche, nicht so erwünschte Bücher zu verbieten oder nicht erst zu drucken?
>
> Davon weiß ich nichts. Sie sehen ja selbst, hier liegen wieder einmal sechshundert neue Titel.
>
> Aber alle stimmen mit der Regierung überein.
>
> Dafür können wir nicht. Das ist ganz und gar Sache der Autoren. [S. 58]

Die Brauns schlußfolgern: »Jemand, der SICH IN ÜBEREINSTIMMUNG und damit gleichzeitig zur SELBSTTÖTUNG gebracht hat, lebt danach, wie mir scheint, als rüstiger Leichnam weiter.« [S. 58]

Immer lauter wurden gegen Ende der 1980er Jahre die Stimmen im Schriftstellerverband, die eine Abschaffung der Zensur forderten. Parallel zum Niedergang des Herrschaftssystems in der DDR verloren nach und nach auch die Zensoren und Ideologiewächter im Gestrüpp ihrer Tabus und Empfindlichkeiten, hin- und hergerissen zwischen »bedenklichen Stellen« und der Furcht vor Skandalen, die über die Grenze getragen würden, die Orientierung. Offiziell wurde die von der HV ausgeübte Zensur zum 1. 1. 1989 abgeschafft.[37] Die Verantwortung lag nun vollständig bei den Verlagsleitungen, die darüber nicht eben erfreut gewesen sein dürften.

Mit der DDR ist auch ihr System der Literaturentwicklungsprozesse untergegangen, nicht aber das Streben nach politischer Korrektheit und das »Denken in bedenklichen Stellen«, das sich heute manchmal sogar auf Klassiker erstreckt und in vorauseilendem Gehorsam Bezeichnungen ausradiert und Texte umschreibt.

Literatur

Barck, Simone / Langermann, Martina / Lokatis, Siegfried: *Jedes Buch ein Abenteuer. Zensur-System und literarische Öffentlichkeiten in der DDR bis Ende der sechziger Jahre.* Berlin: Akademie-Verlag 1997.

Braun, Günter und Johanna: »Zu dem berühmten Werk: Sich in Übereinstimmung bringen. Einseitiges Gespräch mit dem Autor«, in: *Quarber Merkur* Nr. 61 (1984), S. 53–58.

Creutz, Lothar: »Die öffentliche Meinung ist manchmal Rasch«, in: *Eulenspiegel*, 15/1976, S. 13.

Darnton, Robert: *Der letzte Tanz auf der Mauer. Berliner Journal 1989 – 1990.* Wien München: Hanser 1991.

de Bruyn, Günter: *Jubelschreie, Trauergesänge. Deutsche Befindlichkeiten.* Frankfurt/M.: Fischer 1991.

37 Der Chefideologe im Politbüro Kurt Hager stellte dabei die befremdliche Bedingung, daß niemand von der Abschaffung der Zensur erfahren dürfe, denn schließlich hatte es ja offiziell gar keine gegeben [Lokatis 2009, S. 31].

Gloss, Ivo: »›Wo ist denn hier die lichte Zukunft?‹ Zur sowjetischen SF der letzten Jahre der Union«, in: *Zukünfte* Nr. 3, 1992, S. 22–24.

Jäger, Manfred: »Das Wechselspiel von Selbstzensur und Literaturlenkung in der DDR«, in: *Aus Politik und Zeitgeschichte,* B 41–42/91, S. 13–24.

Kowalczuk, Ilko-Sascha: *Legitimation eines neuen Staates: Parteiarbeiter an der historischen Front. Geschichtswissenschaft in der SBZ/DDR 1945 bis 1961.* Berlin: Chr. Links Verlag 1997.

Krohn, Rolf: »Ich konnte selten klagen«, in: *Solar-X* Nr. 40, DDR-Science-Fiction-Special. Halle: Amateurpublikation 1993, S. 15–16.

Kruschel, Karsten: *Spielwelten zwischen Wunschbild und Warnbild. Eutopisches und Dystopisches in der SF-Literatur der DDR in den achtziger Jahren.* Passau: EDFC 1995.

Laitko, Hubert: »Bemerkungen zum Erzählungsband ›Marsmenschen‹«. Nicht publiziertes Gutachten im Auftrag des Schriftstellerverbands, 1967. Einzusehen im Bundesarchiv über http://www.argus.bstu.bundesarchiv.de/dr1_druck/mets/dr1_druck_3626a/index.htm.

Lokatis, Siegfried: »Der Argusblick des Zensors«, in: Lokatis, Siegfried / Hochrein, Martin (Hrsg.): *Die Argusaugen der Zensur. Begutachtungspraxis im Leseland DDR.* Stuttgart: Ernst Hauswedell 2021, S. 13–25.

Lokatis, Siegfried: *Der rote Faden. Kommunistische Parteigeschichte unter Walter Ulbricht.* Köln: Böhlau 2003.

Lokatis, Siegfried: »Die Hauptverwaltung des Leselandes«, in: *Aus Politik und Zeitgeschichte* Nr. 11/2009, S. 23–31.

Mercier, Louis-Sébastien: *Das Jahr 2440. Ein Traum aller Träume.* Frankfurt/M.: Suhrkamp 1982.

Platon: *Der Staat.* Leipzig: Reclam 1978. (Das Motto findet sich auf S. 149.)

Rasch, Carlos: »Darstellungen der Zukunft. Bemerkungen zu dem Sammelband ›Marsmenschen‹«, in: *Berliner Zeitung* vom 6. 1. 1967, S. 6.

Redlin, Ekkehard: »Ein Verlag bestimmt sein Profil. Aus den Anfängen der utopischen Literatur der DDR«, in: *Alien Contact* Nr. 14, 1993, S. 11–15.

Simon, Erik: »So tun als ob«, in: *Solar-X* Nr. 41. Halle: Amateurpublikation 1993, S. 23–30.

Steinmüller, Angela und Karlheinz: »Die befohlene Zukunft. DDR-Science Fiction zwischen Wunschtraum und (Selbst-) Zensur«, in: *Das Science Fiction Jahr 1994*. München: Heyne 1994, S. 207–225.

Steinmüller, Angela und Karlheinz: »›Dieser Satz hat das Buch gerettet‹. Der lange Weg zu *Andymon*« in: Steinmüller, A. und K.: *Andymon. Eine Weltraum-Utopie*. München: Golkonda 2018, S. 375–389.

Steinmüller, Angela und Karlheinz: *Vorgriff auf das Lichte Morgen. Essays zur DDR-Science-Fiction*. Berlin: Memoranda 2023.

Stoljarow, Vitali: »Individuum und Gesellschaft in der Welt der Zukunft«, in: *Quarber Merkur* Nr. 20, August 1969, S. 3–9.

Wichner, Ernst / Wiesner, Herbert (Hrsg.): *»Literaturentwicklungsprozesse«. Die Zensur in der DDR*. Frankfurt/M.: Suhrkamp 1993.

Wichner, Ernst / Wiesner, Herbert (Hrsg.): *Zensur in der DDR. Geschichte, Praxis und »Ästhetik« der Behinderung von Literatur*. Ausstellungsbuch, Berlin: Literaturhaus 1991.

Zimmer, Andreas: *Der Kulturbund in der SBZ und in der DDR. Eine ostdeutsche Kulturvereinigung im Wandel der Zeit zwischen 1945 und 1990*. Wiesbaden: Springer Fachmedien 2019.

Zipser, Richard (Hrsg.): *Fragebogen: Zensur. Zur Literatur vor und nach dem Ende der DDR*. Leipzig: Reclam 1995.

Phantastische Literatur in der DDR

Vortrag auf dem Zweiten Kongreß der Phantasie 1988 in Passau

> Doch wer ist im Besitz der Karte, die den genauen Grenzverlauf zwischen Märchenland und angrenzenden Ländereien exakt vermerkt?
>
> Joachim Walther und Manfred Wolter in der Nachbemerkung zur Anthologie *Die Rettung des Saragossameeres*

Meine Damen und Herren,

phantastische Literatur in der DDR? Da mag sich mancher fragen: Ja, gibt es denn diese überhaupt? Herrscht dort nicht der Sozialistische Realismus? – Ich werde anhand von ausgewählten Autoren und Werken zeigen, daß die phantastische Literatur der DDR durchaus lebt und gedeiht.

Phantastik, befreit vom Unheimlichen

Beginnen möchte ich jedoch mit einem Blick auf die offizielle Literaturtheorie. Diese räumt dem Phantastischen durchaus einen Platz ein. Im Sachwörterbuch für den Literaturunterricht aus dem Jahr 1987 lesen wir:

> Die Literatur benutzt nicht nur das relativ lebensähnliche künstlerische Bild, sondern auch Bilder, die von der Lebensähnlichkeit stärker abweichen. Dazu gehören die phantastische Übertreibung (griech. phantasia – »Vorstellung«, »Einbildungskraft«). [sic!] [S. 136]

Weiter erfahren wir, daß das Phantastische genutzt werden kann, um die »Möglichkeiten des Menschen« herauszuarbeiten, sei es in »anklagenden grauenvollen Zerrspiegeln entmenschlichter gesellschaftlicher Verhältnisse« (wie bei E. T. A. Hoffmann) oder als »Spiegel des Stolzes auf positive humanistische menschliche Potenzen« (wie bei Rabelais).

> Der Sozialistische Realismus verzichtet nicht auf das Phantastische. Er befreit es von seiner Unheimlichkeit und stellt es in den Dienst der Erkundung der menschlichen Möglichkeiten in der befreiten Gesellschaft, z. B. Jewgeni Schwarz in seinen Märchenkomödien und Satiren, Anna Seghers in den »Sagen von Unirdischen« und in der Erzählung »Die Reisebegegnung«. [S. 136]

Damit wird das Phantastische in den Bezugsrahmen des Sozialistischen Realismus eingeordnet. Doch sind nicht alle Varianten des Phantastischen gleich willkommen. Das Märchen – als eine volkstümliche Art des Erzählens – hat seinen Platz, ebenso Anklänge an den Schelmenroman oder die Nutzung phantastischer Motive in realistischer Literatur. Aber übernatürlicher Horror ist nicht erwünscht, allenfalls ist ein erkenntnisorientiertes Spiel mit dem Schrecken gerade noch opportun. Literatur soll nicht durch das Unheimliche verunsichern, sondern letztlich zur Festigung von politischen Überzeugungen beitragen.

Ebenso wie nach Horrorliteratur sucht man in den Buchläden der DDR nach Geschichten von schwerterschwingenden Helden und Zauberei vergebens. Kein Regal trägt die Überschrift »Phantastische Literatur« oder gar »Fantasy«. Im

Unterschied zur Science Fiction bildet die »nichtwissenschaftliche« Phantastik kein einigermaßen klar definiertes, mehr oder weniger abgegrenztes Genre. Sie zerfällt in viele verschiedene Strömungen und Richtungen. Selbstredend greifen Kunstmärchen phantastische Motive auf, desgleichen operiert die Satire mit grotesk-phantastischen Übertreibungen, aber auch die Gegenwartsliteratur kommt bisweilen ohne einen Schuß phantastischer Verfremdung nicht aus. Der historische Roman nimmt gelegentlich Anleihen bei Mythen oder zeitbedingtem Aberglauben, und mitunter dringen Fantasy-Elemente auch in die Science Fiction ein.

Versucht man eine Landkarte der phantastischen Literatur der DDR zu zeichnen, dann ähnelt diese eher dem Heiligen Römischen Reich Deutscher Nation als einem Nationalstaat. – Ich greife hier einen Vergleich von Erik Simon auf, den er unlängst in seiner Betrachtung über die Fantasy im Almanach *Lichtjahr 5* vorbrachte. – Von außen kommend läßt sich das Gebilde DDR-Phantastik vielleicht noch einigermaßen umreißen, aber wenn man näher heranzoomt, entsteht ein bunter, disparater Flickenteppich vielgestaltiger Territorien. Ich möchte im Folgenden diese Territorien erkunden: vom Königinnenreich der Hexenromane bis zur autonomen Provinz der nacherzählten Mythen, von diversen Herzogtümern mit Grotesken und Satiren bis zum breiten Grenzland der Kunstmärchen, hinter dem sich der halbe Kontinent der Kinderliteratur öffnet, von den halb verborgenen Grafschaften, in denen gegen alle Theorie auch das Unheimliche gepflegt wird, bis zu den wenigen magisch fortgeschrittenen Fantasy-Fürstentümern, von denen einige unter dem Einfluß der benachbarten Supermacht SF stehen.

Nun ist die phantastische Literatur der DDR nicht aus dem Nichts entstanden. Sie knüpft an gut etablierte Traditionslinien an, insbesondere an die deutsche Romantik. E. T. A. Hoffmann hat mit seinen eigenwilligen Erzählungen viele Autoren beeinflußt. Weite Verbreitung hat in der DDR auch die russische

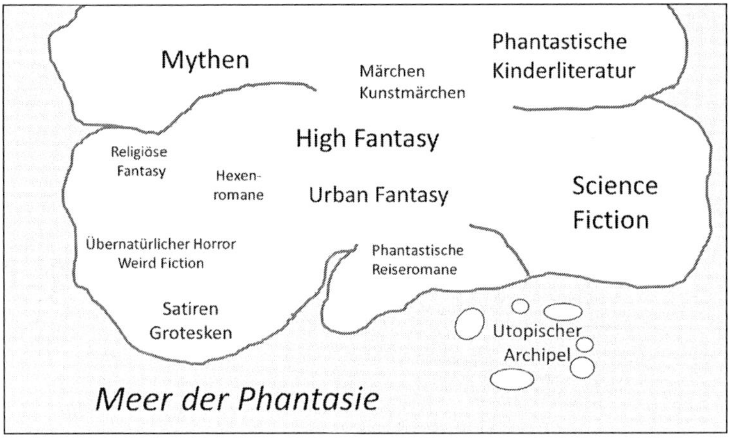

Landkarte der phantastischen Literatur

satirische Phantastik von Gogol bis Michail Bulgakow gefunden.[38] Die englische oder amerikanische Phantastik blieb dagegen meist dem Privat-Import vorbehalten. Edgar Allen Poe ist zwar immer wieder einmal mit einem Titel präsent, und auch einzelne moderne Autoren wie Roald Dahl oder John Collier wurden gelegentlich verlegt, aber insgesamt bewegt sich die Anzahl der einschlägigen Bücher aus dem angelsächsischen Bereich in sehr engen Grenzen. Von Tolkien haben die Verlage bislang immerhin *Der kleine Hobbit* als Kinderbuch herausgebracht, an H. P. Lovecraft wird gearbeitet, wie es heißt, und der Argentinier Jorge Luis Borges ist erst im vergangenen Jahr (1987) in breiter Fülle erschlossen worden.

Wie ein Blitz aus heiterm Himmel

Die eigentliche Geschichte der phantastischen Literatur in der DDR beginnt um die Mitte der 1970er Jahre. Nur wenige Jahre

38 Heute, 2024, möchte ich präzisieren, daß sowohl Gogol als auch Bulgakow aus der Ukraine stammten, aber russisch schrieben.

vorher waren die DDR-Schriftsteller noch verpflichtet worden, sich auf den »Bitterfelder Weg« zu begeben, den Kontakt zur Arbeiterklasse zu suchen und in Betriebs- oder Produktionsromanen den Aufbau der neuen Gesellschaft zu schildern. Phantastische Elemente waren links und rechts vom Fließband oder im LPG-Stall nicht gefragt. Doch der Wechsel von Ulbricht zu Honecker brachte eine zeitweilige kulturpolitische Lockerung mit sich. Das Irreale, Phantastische bekam seinen – wenn auch bescheidenen – Platz im Rahmen des Sozialistischen Realismus.

Drei Anthologien markieren die Öffnung: *Blitz aus heiterm Himmel* (1975), *Die Rettung des Saragossameeres* (1976) und *Die Tarnkappe* (1978). Zu diesen Bänden trugen Autorinnen und Autoren aus der ersten Reihe der DDR-Literatur bei, so Anna Seghers, Sarah und Rainer Kirsch, Christa Wolf, Günter Kunert, Johannes Bobrowski.

Blitz aus heiterm Himmel versammelt Erzählungen um das Thema Geschlechtertausch. Wie wäre es, wenn man am Morgen zwar nicht wie bei Kafka als Käfer, aber doch im fremden, anderen Körper aufwacht? Erzählt wird von Männern, die zu Frauen, und Frauen, die zu Männern werden. Wobei sich zeigt, daß auch im Real-Sozialismus die Emanzipation noch gar nicht so weit vorangeschritten ist, die formale Gleichberechtigung in Konflikt mit alten Denk- und Verhaltensmustern gerät. So wacht in der von Sarah Kirsch verfaßten Titelgeschichte eine Frau eines Tages als Mann auf. Ihr Partner läßt sich problemlos auf die gleichgeschlechtliche Beziehung ein. Die Arbeiten im Haushalt erledigen beide nun ganz selbstverständlich gemeinsam. Verwundert stellt die Ex-Frau fest, daß sie erst jetzt, wo sie selber ein »Kerl« ist, Emanzipation erfährt.

Die Grenze zum Land der Science Fiction überschreitet Christa Wolf. Ihre Story »Selbstversuch. Traktat zu einem Protokoll«[39] ist der Bericht einer Wissenschaftlerin, die sich in

39 Mit ihrer Gegenüberstellung der Denkweisen von Männern und Frauen nimmt sie allerdings auch eine klischeehafte Vereinfachung vor.

einen Mann verwandeln lassen hat. Nach kaum einem Monat lehnt er/sie die unpersönliche neue Identität ab und will den weiblichen Körper zurückgewinnen. Christa Wolf hinterfragt Identität und Rollen-Klischees und votiert letztlich für weibliche Empathie gegen die rationale »blinde« Männerwelt.

Die zweite Anthologie, *Die Rettung des Saragossameeres* (1976), trägt zwar den Untertitel »Märchen«. Tatsächlich enthalten die Erzählungen viel Märchenhaftes, viel auch an überlieferten unheimlichen Motiven (wie den Dibbuk in Rolf Schneiders »Schmetterlinge«), aber eine Einordnung als Kunstmärchen für Erwachsene würde der Vielfalt an Themen und Sichtweisen nicht gerecht.

Neben Texten, die sich eindeutig an Märchen orientieren wie Stefan Heyms »Der alte Pelzmantel« oder Werner Heiduczeks »Der kleine häßliche Vogel« (der aber am besten singen kann), stehen Erzählungen, die in nur leicht verfremdeter Form die jüngste Geschichte aufgreifen wie etwa Johannes Bobrowskis »Mäusefest« oder die DDR-Realitäten karikieren – so Richard Christ mit »Der alte Mann und der Baum« und Walter Weller mit »Konz im Glück«. Während Christ den Verwaltungsirrsinn aufs Korn nimmt, zielt Wellers Satire auf den propagandistischen Leerlauf.

Der 1978 erschienene Sammelband *Die Tarnkappe* vereint in sich einige Storys, die klar satirischen oder allegorisch-phantastischen Charakter tragen, sowie einige Texte, die der Science Fiction zugerechnet werden oder als Grenzfall gelten können. Fast immer geht es um den angeblichen oder tatsächlichen Nutzen von Tarnkappen in unserer Gesellschaft – also der der DDR. Man kann die unterschiedlichen Erzählungen so zusammenfassen, daß verschiedene Leute unsichtbar werden und in diversen Abenteuern erleben, was sich hinter den Kulissen abspielt. Einige lehnen die Tarnkappe von vornherein ab, weil sie sich die Schwierigkeiten ausrechnen können, die sich aus ihrem Gebrauch in einer gut geregelten Gesellschaft ergeben. So erhält in Rainer Kirschs Erzählung »Erste Niederschrift«

Illustration zur Anthologie
Die Tarnkappe

der Held in einem Bahnhofsrestaurant eine Tarnkappe angeboten. Bald überlegt er sich, ob er sich mit dem Wunderding Ärger einhandeln wird, etwa auf dem Bürgersteig, wo er ständig zu Ausweichmanövern gezwungen sein wird … Allerdings wäre es doch verlockend, mit der Kappe auf dem Kopf ins Büro des Chefs zu spazieren und nachzuschauen, was in der Kaderakte steht.

Karl-Heinz Jakobs' Erzählung »Pasewalk« ist eher unter die Grenzfälle zur SF zu rechnen: Ein Mann wird durch einen Verkehrsunfall nicht nur unsichtbar; er stellt bald fest, daß er nur noch selten reale, physische Wirkungen auslöst, was ihn zu immer bizarreren Experimenten und Schlußfolgerungen veranlaßt. Bereits vorher hatte Jakobs zur Anthologie *Blitz aus heiterm Himmel* die Story »Quedlinburg« beigesteuert. Da werden zwar nicht die Geschlechter getauscht, aber die Rollen: In der Stadt im Harzvorland herrscht das Matriarchat mit allen Konsequenzen – so daß beispielsweise das Wort »Vater« als extrem obszön verpönt ist.

Wo auch immer die Geschichten der drei erwähnten Sammelbände angesiedelt sind, in ihnen vermischt sich Alltägliches mit Ungewöhnlichem, das Fremde wird vertraut und das Vertraute fremd. Ganz im Sinne von Bertold Brechts Verfremdungstheorie besteht die Funktion des phantastischen Elements darin, daß die Dinge realer gesehen werden, und die Dinge realer zu sehen, heißt wiederum Realismus.

Der Krott und die irrealen Dinge unterm Hut

Geradezu mustergültig wird diese Funktion der Phantastik in Erich Köhlers Roman *Der Krott oder Das Ding unterm Hut* von 1976 genutzt. Aber was eigentlich ist ein Krott?

> Ein Schmarotzer, Größe und Form des sichtbaren Teils, sagen wir – eine Walnußhälfte. Knochenharter Panzer. Bewegt sich unter Wasser mit Flossenfüßchen fort. Haftet an rundlichen Steinen oder heftet sich an die Schädelwölbung unvorsichtiger Taucher, wonach er seine Ruderfüßchen einzieht und festsitzt. [...]
>
> Sofort danach beginnt der KROTT zahlreiche feine Wurzeln, myzelartige Tentakel, durch die Kopfhaut des Opfers zu bohren. [...] Bald stellt sich bei dem Opfer ein fragwürdiger Zustand ein. [...] Am Ende steht ein individuell verschieden eingefärbtes Delirium. [S. 29 f.]

Ein reichlich grauenhaftes Monster also, das an Heinleins Weltraummollusken denken läßt. Ein solcher Krott befällt den Kulturverantwortlichen eines Großbetriebes, einen Mann, der bis

eben Tag für Tag seine normalen unauffälligen Routinen durchlaufen hat. Nach dem fatalen Badevergnügen sieht er plötzlich seine Umwelt wie mit neuen Augen, er erlebt seine Arbeit, seine Kumpel anders, die Straßen, die Plätze nachts in der Stadt, auch Frau und Tochter sind ihm unbekannte Wesen geworden.

Köhlers Krott ist eine treffende Metapher für die phantastische Literatur. Die irrealen Elemente verhelfen dem Leser zu einem neuen, unverbrauchten Blick auf den Alltag, auf die Arbeit, meinetwegen auch wie im Fall des Kulturfunktionärs auf Frau und Tochter. Der Krott sensibilisiert und führt zu neuen Einsichten.

Doch phantastische Literatur ist nicht gleich phantastische Literatur. Oft wird zwischen Low Fantasy und High Fantasy unterschieden, so auch in dem erwähnten Almanach-Beitrag von Erik Simon. Demnach setzt die Low Fantasy[40] voraus, daß

40 Der Begriff ist mittlerweile selten geworden und in eine Reihe anderer, spezifischerer Termini aufgelöst, etwa »Urban Fantasy«.

phantastische Gestalten oder Gegenstände in unserer Welt bzw. der normalen Realität des Helden auftauchen. High Fantasy dagegen spielt in erfundenen Anderswelten, in denen eigene Gesetze gelten, etwa daß Zauberei möglich ist oder gegen Drachen gekämpft werden muß.

Die Low Fantasy sollten wir weiterhin von der unheimlichen Phantastik, also von schwarzer Romantik und übernatürlichen Horrorgeschichten, unterscheiden. Bei der Low Fantasy wird der Einbruch phantastischer Elemente in die Alltagswelt als eine mehr oder weniger zu akzeptierende Tatsache behandelt, die für das literarische Gedankenspiel einfach vorausgesetzt wird. Ein Beispiel dafür ist die erwähnte Erzählung Rainer Kirschs »Erste Niederschrift«. In dieser Story wird das phantastische Element genutzt, um das verkorkste Innenleben des Helden bloßzulegen. Daß ein Wunderding wie die Tarnkappe nicht in unsere Realität paßt, spielt weiter keine Rolle und wird nicht reflektiert.

Wenn aber die Konfrontation der beiden Welten, der übernatürlichen und der natürlichen, als Riß in der Realität oder existentielle Bedrohung thematisiert wird, befinden wir uns im Feld der unheimlichen Phantastik: Was ist real? Wo endet mein Verständnis von dem, was sein kann, und dem, was nicht sein kann? Der Leser, der sich auf den Text einläßt, wird für die Zeit der Lektüre in seinem Realitätsverständnis verunsichert: Ja, wenn das doch möglich wäre? Diese Art von Phantastik finden wir in der DDR-Literatur nur ausnahmsweise. Im Normalfall werden phantastische Motive in die alltägliche Welt implantiert, ohne daß sie bei den handelnden Personen Zweifel an den Grundfesten der Realität hervorrufen. Durch die besondere Perspektive, die sich aus der Nutzung des phantastischen Elements ergibt, werden menschliche Verhaltensweisen und gesellschaftliche Strukturen in neuem Licht gezeigt. Das war es.

Letztlich müssen sich stets – wie die drei Anthologien belegen – einzelne Menschen mit dem phantastischen Element auseinandersetzen. Dies führt notwendigerweise zu einer Fokussierung auf das Subjekt und seine Eigenheiten. Damit folgen die

Autoren einer Gesamtentwicklung in der DDR-Literatur, die vom »Wir« zum »Ich«, vom »Typischen« des Sozialistischen Realismus zum Individuum zurückführt. Ablesbar ist diese Hinwendung zum Einzelnen, zu seiner Wahrnehmung, seinem Empfinden auch daran, daß verstärkt Träume und individuelle Visionen in den Texten auftauchen. Mit dem Unbewußten und dem Unterbewußten[41] hat zudem der Mythos in den letzten Jahren einen Platz im literarischen Leben der DDR gefunden.

Der Mythos wird rehabilitiert

Mythos – das Wort hatte lange Zeit einen ausnehmend schlechten Klang. In ihm schwang noch der Mißbrauch der germanischen Mythologie im Dritten Reich nach, der im Kult von Blut und Boden und in mörderischem Rassismus mündete. Ein Mythos galt gemäß der marxistischen Lehre schlechthin als falsches, vorwissenschaftliches Bewußtsein, etwas, das aus der Vergangenheit stammte und von den bürgerlichen Massenmedien kolportiert wurde und das folglich überwunden werden mußte. Erst Mitte der 1970er Jahre kamen die im Mythos aufgehobenen, bewahrten, immer noch wirksamen Menschheitserfahrungen in den Blick.

Franz Fühmann, einer der Großen der DDR-Literatur, hat sich früh mit mythologischen Stoffen befaßt, von der Ilias bis zum Nibelungenlied. Im Jahr 1974 hielt er vor Studenten der Humboldt-Universität einen Vortrag unter dem Titel »Das mythische Element in der Literatur«. Dieser Vortrag, der im Jahr darauf auch gedruckt wurde, war darauf angelegt, den Mythos zu rehabilitieren. In Mythen, so Fühmann, seien Jahrhunderttausende alte Erfahrungen der Menschen mit der Natur und der jeweiligen Gesellschaft eingeschliffen, im Mythos seien

41 Die Psychoanalyse war lange als bürgerliche Pseudowissenschaft verpönt. Erst 1985 wurden Schriften von Sigmund Freud in der DDR verlegt.

gleichnishafte Modelle für das menschliche Dasein überliefert, Modelle, die weit über die Entstehungszeit der Mythen hinaus gültig sind, vielleicht bis an das Ende des Menschheitsgeschlechts. [Fühmann, S. 127]

Nacherzählungen von Mythen kamen auch dank dem kommerziellen Interesse der Verlage in den 1970er Jahren in Mode. Um nur einige Beispiele aus dieser Provinz auf der Landkarte der Phantastik zu nennen: *Parzival* (Werner Heiduczek, 1974), *Ramayana* (Willi Meinck, 1976), *Herakles* (Hannes Hüttner, 1979). Gleichzeitig griffen Autoren in zunehmendem Maße auf lokale Mythen und Sagen zurück, auf Fabelwesen wie Nixen, Nymphen und Naturgeister. Daß man gerade sie wieder zum Leben erweckte, spricht von der wachsenden Aufmerksamkeit für Umweltprobleme. Ortsbezogene Mythen sensibilisieren in besonderer Weise für Verluste – für die Zerstörung von Landschaften.[42]

Ein Beispiel ist die Erzählung »Oben hinaus und nirgends an«[43] von Joachim Walther (1987). Sie ist im ländlichen Raum angesiedelt und handelt davon, daß ein Baggerfahrer den Auftrag erhält, Tümpel, die die Arbeit auf den LPG-Feldern erschweren, einzuebnen. In diesen Tümpeln aber leben alte Sagenwesen, Nymphen, die seit jeher Umgang mit den ansässigen Menschen hatten und vor allem mit den heranwachsenden Jugendlichen ganz gut ausgekommen sind. Nun gräbt der Baggerfahrer den Nymphen im ursprünglichen Sinn des Wortes das Wasser ab und füllt ihre Wohnstätten auf. Einem Landschaftsschützer gelingt es, zwei Tümpel zu retten. Die Nymphen aber in den anderen Wasserlöchern haben zu leiden,

42 Insbesondere in der sorbischen Literatur, also in der sorbisch-sprachigen DDR-Literatur, knüpften viele Erzählungen eng an das lokale sorbische Sagengut mit seinen Naturwesen an. Autoren wie Jurij Koch verfolgten das Ziel, zum Erhalt von sorbischer Kultur und Sprache beizutragen. Mit den sorbischen Dörfern über der Braunkohle wurde systematisch auch sorbische Identität weggebaggert.

43 »Oben hinaus und nirgends an!« rufen die Hexen, wenn sie auf dem Besen zum Schornstein hinausfliegen.

sie verwandeln sich von guten Nymphen in böse Necken. Sie rächen sich, indem sie in ihren Tümpeln Schwermetalle wie Kadmium ansammeln und das Getreide vergiften. Außerdem lockern sie den Boden, so daß die Mähdrescher einsinken.

Joachim Walther benutzt ein phantastisches Moment, um der ansonsten stimmlosen Natur eine Stimme zu verleihen. Generell schafft das Phantastische neue Möglichkeiten, Konflikte zu gestalten und Figuren in außergewöhnlichen Situationen zu zeigen. Ich habe schon auf Christa Wolf und Erich Köhler verwiesen und möchte nun noch Fritz Rudolf Fries anführen. 1984 erschien sein bizarrer utopisch-phantastischer Roman *Verlegung eines mittleren Reiches*, der allgemein der SF zugeordnet wird. Das Buch spielt in einer undefinierbaren Zukunft nach einem nicht näher beschriebenen nächsten großen Krieg. Der Feind überrollt eine Ansiedlung in der Nähe der Hauptstadt. Die Ortsansässigen arrangieren sich wohl oder übel mit den Besatzern, die befremdliche, chinesische Züge tragen. Manche Einwohner versuchen sich anzubiedern, andere verkriechen sich. Viel wird über die bedrückende Lage und den Sinn des Daseins diskutiert und geredet, doch zum Widerstand rafft sich niemand auf. Mag ringsum die Welt brennen, die Bewohner des Ortes bleiben wie vordem in einem selbstbezogenen Dämmerzustand.

Auch im neueren Kriminalroman finden sich bisweilen phantastische Motive – die ja eigentlich im Widerspruch zu Rationalität einer *detective story* stehen. Einen solchen Roman hat Erhard Agricola verfaßt: *Im Banne der zaubermächtigen Kirke* (1987). Bei Agricola entwickelt ein Techniker eine neue Art Bühnentrick; bei der Demonstration verschwindet ein Verzauberter. Es scheint so, daß eine Theater-Kirke den Mann in ein Schwein verwandelt hat. Die Polizei ermittelt ... Der humoristisch-satirische Roman löst sich am Ende als normaler Krimi auf. Mir allerdings wäre das Buch ohne prosaischen Schluß lieber gewesen.

Die Hexen kehren zurück

Unter all den mythologischen, sagenhaften phantastischen Wesen haben sich in den letzten Jahren die Hexen auffällig hervorgetan, weshalb ich ihnen ein eigenes Königinnenreich zubillige. Nun sind in der feministisch orientierten Literatur ohnehin recht häufig phantastische Elemente zu finden – siehe die Anthologie *Blitz aus heiterm Himmel* –, aber offensichtlich haben einige Autorinnen in der Hexe ein Modell für eine starke, selbständige Frau entdeckt. Zu den Romanen rund um Emanzipation zählen *Amanda. Ein Hexenroman* von Irmtraud Morgner (1983), *Hexensommer* von Elke Willkomm (1984) und *Hexenzeit* von Renate Apitz (1986).

Irmtraud Morgner hat mit ihrem aus zwölf »Büchern« und mehreren Binnenerzählungen bestehenden »Montageroman« *Leben und Abenteuer der Trobadora Beatriz nach Zeugnissen ihrer Spielfrau Laura* schon 1974 Freiräume für eine selbständige Frau erkundet. Titelheldin ist eine in unsere Zeit versetzte provenzalische Liebessängerin, die erst in Frankreich im Jahr der Studentenproteste 1968, dann in der DDR nach einem selbstbestimmten Leben sucht. *Amanda. Ein Hexenroman* knüpft knapp ein Jahrzehnt später an die *Trobadora Beatriz* an. Statt den Roman nachzuerzählen, möchte ich die Liste der Hauptfiguren anführen, da diese einen Eindruck davon vermittelt, wie hier Alltäglich-Realistisches und Phantastisches zusammenwirken:

Amanda, hexische Hälfte von Laura Amanda Salman
Laura, andere Hälfte von Laura Amanda Salman, Triebwagenfahrerin
Wesselin, Lauras Sohn
Dr. Konrad Tenner, Archivar, geschiedener Ehemann von Laura Amanda
Wilma Tenner-Gommert, Ehefrau von Konrad Tenner, Sekretärin

Dr. Heinrich Fakal, Wissenschafts-Wissenschaftler, Schulfreund von Laura Amanda
Johann Salman, Lokführer, ihr Vater
Benno Papulak, Zimmermann, ihr verunglückter Ehemann
Sirene Beatriz, vormals Trobadora Beatriz, Archetochter von Erdmutter Gaia, für den Blocksberg und sein Einzugsgebiet zuständig
Kolbuk, Oberteufel vom Blocksberg
Zacharias, Oberengel vom Blocksberg [S. 7]

Bei Morgner fährt nicht nur ein Triebwagen emsig hin und her, die Heldinnen zieht es auch zum Blocksberg. Dort wird mit Oberengeln und Oberteufeln diskutiert und kopuliert. Es geht in vielerlei Hinsicht rund. Großen Wert legt die Autorin auf eine ganz urtümlich-kreatürlich-weibliche Lebensart, die die Männerwelt verunsichert.

Im Vergleich zu Morgners komplexen Romanen ist Elke Willkomms *Hexensommer* ein Kammerspiel, das von der Verdopplung der Hauptfigur – als überforderte Lehrerin und ihr hexisches zweites Ich – lebt. Gemeinsam mit ihrer Großmutter, ebenfalls einer Hexe, hilft ihr dieses zweite Ich, ihre Selbstzweifel zu überwinden und zur eigenen Identität zu finden. Auch Renate Apitz' Roman *Hexenzeit* fragt nach der Identität und der Rolle der Frau in verschiedenen Gesellschaften vom 16. Jahrhundert bis in die Gegenwart: Weshalb werden Frauen zu Hexen? Von mehreren Partnern enttäuscht, erlangt die Heldin plötzlich eine wirkungsvolle übernatürliche Fähigkeit: Sie vermag Männern Impotenz anzuhexen! – Nein, ich verkneife mir jeden Kommentar.

Ausnahmslos sind die Hexenromane der DDR-Schriftstellerinnen Emanzipationsromane um starke Frauen oder solche, die sich auf den Weg zur starken Frau begeben.

Holzwürmer, Teufel und Blattläuse

Völlig andere Töne finden wir in einem anderen Landesteil, dem breiten Grenzland der Kunstmärchen und phantastischen Kinderbücher – wobei letzteres fast schon ein Pleonasmus ist, denn kaum ein Kinderbuch kommt ohne phantastische Elemente aus. Zahlreiche Autoren von Gegenwartsliteratur haben gelegentlich Märchen verfaßt, Peter Abraham, Gerhard Holz-Baumert, Hannes Hüttner, Waldtraut Lewin, selbst Peter Hacks, der Dramatiker und Verfechter einer »sozialistischen Klassik«, oder auch Stefan Heym mit *Der kleine König, der ein Kind kriegen mußte und andere neue Märchen für kluge Kinder* (BRD 1979 / DDR 1985) – Bei Heyms titelgebenden Märchen klingt die Geschlechterfrage in ironischer Umkehrung an. Wie gern sich Autoren, die sonst über allzu Gegenwärtiges schrieben, auf das Phantastische einließen, beweist die Anthologie *Der Holzwurm und der König. Märchenhaftes und Wundersames für Erwachsene* (1985). Der Titel deutet darauf hin, daß die Demarkationslinie zwischen den Ländern der Kunstmärchen, der phantastischen Satire und Groteske durchaus löchrig ist.

Tatsächlich sind Satire und Groteske schon immer ein Tummelplatz für absonderliche Gestalten und skurrile Ideen. In Hans Skireckis bizarrer Erzählung »Bitte, nach Ihnen« aus seinem Band *Altmännersommer* (1976) liefern sich zwei Herren einen Höflichkeitskampf. Sie treffen sich zufällig vor dem Portal eines Ministeriums und wollen einander den Vortritt lassen. Da keiner bereit ist nachzugeben, erstarren sie in ihrer Pose. Die Tage vergehen, die Öffentlichkeit wird auf die beiden aufmerksam, die Jahreszeiten vergehen … Man muß den Begriff des Sozialistischen Realismus schon extrem weit dehnen, um derartige Grotesken darunter einsortieren zu können.

Dasselbe trifft auch auf Dieter Muckes *Die Sorgen des Teufels* (1979) zu, ein schmales Büchlein mit zwölf Märchen und Parabeln. In der Titelerzählung ist Pferdefuß, der Teufel, alt und steril geworden. Verkalkt wie er ist, vernachlässigt er seine

Illustration zu *Der kleine König, der ein Kind kriegen mußte* von Stefan Heym

Aufgaben. Die Kaderakten der ihm anvertrauten Seelen werden nicht mehr ordentlich geführt, so daß Lumpen ins Paradies und Heilige in die Hölle kommen könnten. Gottvater trägt sich mit dem Gedanken, Himmel und Hölle dichtzumachen – und dann überfrißt sich Pferdefuß auch noch und platzt.

Eine weitere Erzählung, »Grünes Licht«, beschreibt eine Metamorphose: Der Held findet sich nicht in einen Käfer, sondern in eine Blattlaus verwandelt. Er ist selbst daran schuld: Er hat zuviel autogenes Training betrieben, sich zu sehr auf sein Sonnengeflecht konzentriert und sich zu lange von grünem Licht durchströmen lassen. Als Blattlaus, findet er, hat man es gar nicht so schlecht … Diese Erzählung hat nicht die Schärfe und Bissigkeit von Kafkas »Die Verwandlung«, aber die Haltung mancher Leute, sich ins Kleine, ins Grüne – auf die Datsche – zurückzuziehen und nur noch »ihr eigenes Ding« zu machen, ist hier wunderbar getroffen. Muckes Held beziehungsweise diese Blattlaus produziert massenweise Junge, bald geht die Zimmerpflanze ein, und am Ende wirft die Haushälterin Zimmerpflanze mitsamt Blattlaus auf den Müll. Der Klappentext formuliert verallgemeinernd dazu, daß die Erzählungen »Gleichnisse für Unzulänglichkeiten im gesellschaftlichen Gefüge« seien und menschliche Schwächen kritisierten: »Das Prinzip des Guten trägt letztlich [...] den Sieg davon, das Böse endet in der Katastrophe.« Damit ist dann auch den Ansprüchen des Sozialistischen Realismus Genüge getan und das Phantastische gerechtfertigt.

Science Fiction mit einem Hauch von Horror

Auf unserer Landkarte des Phantastischen grenzen Fantasy und Science Fiction aneinander, und so nimmt es nicht Wunder, daß DDR-Autoren, die Science Fiction schreiben, gelegentlich Ausflüge in die benachbarten Fürstentümer unternehmen. Es fällt nicht schwer, innerhalb eines SF-Settings Motive zu nutzen, die sonst eher für Fantasy typisch sind.

Streng genommen schließt Science Fiction Zauberei, solange diese nicht wissenschaftlich hinwegerklärt wird, aus. Aber ausnahmsweise findet sich auch in SF-Texten eine Andeutung von Zauberei, so etwa in Hans Bachs Roman *Germelshausen, 0.00 Uhr* (1985). Das Buch spielt in einem fiktiven westlichen Land. Dort taucht neben einem Waffenlabor die verwunschene mittelalterliche Stadt Germelshausen, bekannt aus Friedrich Gerstäckers Erzählung, auf. Bei Bach wird Germelshausen von einem Alchimisten beherrscht, der mit dem Gehabe eines bösen Zauberers auftritt. Er terrorisiert die Einwohner mit einer Riesenspinne. Dank einem mysteriösen Kristall und mit nicht näher definierten Strahlen hat er zudem eine Art Zeitmaschine geschaffen. Doch was sind schon alle Tarantulas der Vergangenheit gegen das heutige Böse in Gestalt der imperialistischen Waffenproduzenten! Letzten Endes erinnert der Roman mit seiner vordergründigen Action mehr an alte deutsche Kolportage-SF als an Fantasy.

Interessanter und literarisch wesentlich überzeugender sind die Erzählungen Rolf Krohns, die 1985, gesammelt in dem Band *Begegnung im Nebel*, erschienen. Einige bieten in einem SF-Rahmen Motive wie aus der unheimlichen Phantastik. Ich zitiere aus der Erzählung »Die Kündigung«:

> Hinter dem ungewissen Lichtschimmer erschienen unversehens schwarze Felszacken. Ein purpurroter Himmel leuchtete wie eine Schale glühenden Eisens. Metallblitzende Vögel kreisten um die Schroffen und schleuderten rote Reflexe. In den Abgründen bewegten sich graue und weißgrüne Schemen und flossen ineinander wie Wolken. Etwas Grauenerregendes lag in dieser träge schwappenden Bewegung. – Plötzlich schoß ein bunter Blitz empor [...] Aus dem grauen Dunst schälte sich die Gestalt einer schönen Frau, in reiche Gewänder gekleidet, ein blitzendes Diadem im Haar. Ihr Gesicht war mir irgendwie bekannt. Sie hob die Hand zum Gruße, als wenn sie uns sähe. Ja, ich kannte sie – aber woher? – Kaum entstanden, zerfiel sie in glühende Splitter. Roter Dampf verhüllte die Landschaft. Nur der brennende Himmel mit den blitzenden Vögeln blieb erhalten. [S. 175]

Hier wird eine traumhafte Szenerie ausgemalt, die an manche Fantasy-Werke erinnert.[44] In der Erzählung besucht ein Lektor einen Autor von düsteren phantastischen Romanen und erkundigt sich nach dessen Quellen. Die faszinierend schöne Gefährtin des Autors, Lilith geheißen, scheint selbst aus einer Parallelwelt, vielleicht einer Dämonenwelt, zu stammen. Sie versteht es, hinter den Zimmerfenstern Visionen vergangener Zeiten und fremder Welten heraufzubeschwören, von denen

---

44 Deutliche Fantasy-Motive finden sich ebenfalls in Frank Geißlers Debütband *Tausend Jahre bis zur Morgendämmerung* (1989). In der Titelerzählung ziehen Ritter auf kybernetischen Drachen in eine immerwährende Schlacht. Sie werden getötet – und steigen dank der Liebe ihrer Frauen an jedem Morgen wiedergeboren aus einem schwarzen See.

sich der Autor inspirieren läßt. Ihr Auftrag aber bleibt im Ungewissen. – Interessant ist, daß hier ein Riß in der Welt vorgeführt und auch thematisiert wird, das Kennzeichen für unheimliche Phantastik.

In einer anderen Erzählung Krohns, »Das Labyrinth«, öffnet sich alle 1001 Tage eine Tür in eine wundervolle und grausame Zwischenwelt, in der die Zeit scheinbar aufgehoben ist. Beide Storys bieten meines Erachtens Anläufe zu Weird Fiction oder *supernatural horror* à la Lovecraft, ohne allerdings dort schon anzukommen. Krohn selbst nennt Ambrose Bierce als eines seiner Vorbilder.

Auch Erik Simon, SF-Autor, Herausgeber und Übersetzer, hat Ausflüge in die Weird Fiction unternommen. Die kurze Erzählung »Der Graue«, enthalten im Sammelband *Mondphantome, Erdbesucher* (1987), erinnert in Duktus und Stil an Lord Dunsany: Ein Mann hat einen Magier erschlagen und beschwört nun mit dessen Zauberbuch den Grauen. Dieser gewährt dem Mann, wie der es fordert, drei Wünsche. Wer W. W. Jacobs' Story »Die Affenpfote« kennt, ahnt, daß es für den Wünschenden nicht gut ausgehen kann.

Annäherungen an Fantasy

Wenn wir unter High Fantasy den Entwurf kompletter Anderswelten verstehen,[45] also das Kernland in unserer Landkarte der phantastischen Literatur, dann ist dieses in der DDR immer noch eine ziemliche Einöde. Trotz allem: In jüngster Zeit sind Romane erschienen, die man im weiteren Sinne unter Fantasy einreihen kann. Ich denke als erstes an Uwe Grünings *Vierstromland hinter Eden* (1986). Dieser Roman nimmt eine eigentümliche Stellung in der DDR-Literatur ein, man könnte ihn als

45 Viele SF-Autoren haben komplexe kosmische (oder zukünftige) Welten entworfen. Solange dort nicht gezaubert wird, also reale oder vermeintliche Naturgesetze herrschen, zählen diese Werke nicht zur Fantasy.

eine Art autonomes Herzogtum bezeichnen. Der Klappentext, hier ein Auszug, stellt das Werk recht gut vor:

> Charenton und St. Goar, zwei durch den Fluß Gjöll voneinander getrennte Städte, bilden das Vorland des geheimnisvollen siebten Kontinents Behemoth, Lord Arthur Wellesley, auf der Suche nach dem irdischen Paradies, dem Vierstromland hinter Eden, begibt sich mit seinem Begleiter Friedrich Teutsch in das Innere des merkwürdigen Landes. Ihre Reise wird mehr als eine Abenteuerfahrt, denn eine alte Überlieferung scheint sich zu bewahrheiten: Danach hat Gott, bevor er die Erde schuf, Vorwelten geformt, und, weil er sie nicht wieder zurücknehmen konnte, aus ihnen Behemoth gebildet. Teutschs und Lord Arthurs Weg führt durch mythische Urwelten und phantastische Landschaften.

Grüning, ein Lyriker und Essayist mit christlichem Hintergrund, hat in diesem Roman Bilder in reicher Fülle, auch traumhafte Sequenzen ausgestreut, die sich einer einfachen Entschlüsselung entziehen. Die Reise durch äußere Gegebenheiten, die Queste der beiden Gefährten, wird zu einer Reise in die eigene Innenwelt. Das Buch ist insgesamt religiös getönt. Man kann vielleicht gewisse Parallelen zu C. S. Lewis' Perelandra-Trilogie ziehen und auch zu David Lindsays *Reise zum Arcturus* (1920).

Als zweites möchte ich ein Werk anführen, das in einigen Passagen der Fantasy am nächsten kommt, den Novellenzyklus *Die Zaubermenagerie* von Waldtraut Lewin und ihrer Tochter Miriam Margraf, erschienen 1987. Die neun Geschichten in diesem Zyklus sind locker miteinander verflochten, und sie bauen auf einem früheren Band der beiden Autorinnen auf: *Märchen von den Hügeln* (1986). Vordergründig geht es um ein vertrautes, eigentlich abgenutztes Sujet: Eine junge karrierebewußte Frau soll stärker fühlen lernen, sich ihrer Subjektivität öffnen. Doch gleich in der ersten Geschichte reisen wir ins Wunderbare: Die Straße, auf der die Heldin fährt, ändert ihren

Illustration zu *Die Zaubermenagerie* von Waldtraut Lewin und Miriam Margraf

Verlauf, ihr Auto stößt mit einem Zirkuswagen zusammen, aus dem Löwen und Harpyien entweichen. Die Verletzte wird in einen verwunschenen Turm gebracht, mit Kräutertee und Besprechungen traktiert, und sie liest in alten geheimnisvollen Manuskripten, die sie in eine Vorexistenz als »Halbelbenjungfrau« Leontine einführen.

Aus einem dieser Manuskripte, der »Chronik des Hügellandes«, möchte ich hier zitieren, weil Einflüsse deutlich werden:

> Die Lange Dunkelheit. Als noch keiner der Eldar die Hügel oberhalb des Stromes, nach dem sie sich später benannten, betreten hatte, schlief das Land im Schatten der Nacht.

> Nur die Zwerge lebten damals schon dort, und das einzige Licht, das sie kannten, war das Feuer in den unterirdischen Schmieden, denn sie waren sehr kunstfertig in der Verarbeitung von Metallen. Ihr Fürst Tardak-Aridon hütete das Land in Frieden bis zur Ankunft der Elbin Aina-Aglar, [...] war, obgleich sie den Sonnenaufgang bewirkt und ein neues Zeitalter begründet hatten, von Aina-Aglar und ihrem Bruder Tar-Cyriatan, dem Elbenfürsten (auch Glorion Ingildor geheißen), ein Zwist zwischen Elben und Zwergen entstanden, der erst nach beinahe einem Jahrtausend durch Tardak-Aridon mit der Zurückgabe des Reifes gänzlich beseitigt wurde. [S. 31 f.]

Die Elben oder »das schöne Volk«, wie man sie damals nannte, hatten die Gabe, Leid zu lindern, und sie lebten verträglich mit den Menschen zusammen. Doch die Koexistenz zerbricht, und als der Magier Darenna die Menschen mit den Segnungen der Technik beschenkt, verlassen die Elben nach und nach das Land.

Nun, manches dürfte hier jedem Fantasy-Freund nur allzu bekannt vorkommen. Im Unterschied zu Tolkien operieren Lewin und Margraf jedoch mit zwei Zeitebenen. Auch wirkt die Binnenhistorie in die Gegenwart hinein, denn einige der handelnden Personen haben eine elbische Vergangenheit, so daß es zu zahlreichen magischen und anderweitig phantastischen Verwicklungen kommt.

Die Zaubermenagerie fand trotz oder gerade wegen dem recht freien Spiel mit der Phantasie eine durchweg günstige Aufnahme. Von der engen Funktionalisierung der Literatur, die im Konzept des Sozialistischen Realismus angelegt ist, haben sich die Autorinnen, aber auch Leser und Rezensenten weitgehend verabschiedet. Wie heißt es bei Lewin und Margraf: »Sie lesen die Geschichten zu sehr auf ihren Nutzeffekt hin. So wird nie was draus.« [S. 97]

Freie Bahn der Phantasie!

Das Phantastische hat in den jüngsten Jahren einen festen Platz in der DDR-Literatur erlangt. Im Verlaufe der Zeit mußte es sich gegen festverankerte Vorurteile durchsetzen. Für Bertold Brecht stand der Nutzeffekt im Vordergrund. Phantastische Verfremdung lag durchaus in seinem Sinne, aber bitte nur, wenn sie erkenntnisorientiert eingesetzt wurde. Das bloß Bizarre, das nicht zu neuen Einsichten führt, lehnte Brecht ab. Noch heute stößt man bisweilen auf die Meinung, daß speziell die unheimliche Phantastik gegen Rationalität und gegen Erkenntnis gerichtet sei: Übernatürliches gibt es nicht, Zauberei kann es nicht geben, deshalb kann es auch keinen Riß in der Welt geben. Wie kommen dann die Literaten dazu, Zweifel an der Realität anzustacheln oder mit Zauberei zu hantieren? Außerdem wird oft eingewandt, daß die Fantasy ein völlig falsches Bild vormoderner Gesellschaften vermittle, das nicht im Einklang mit der historischen Erkenntnis steht. Dieser Einwand hat eine gewisse Berechtigung – aber welcher Leser erwartet, daß ein Fantasyroman das Mittelalter oder die Vorzeit historisch korrekt darstellt? Da hat selbst der historische Roman seine Schwierigkeiten.

Doch die Zeiten ändern sich, die Vorurteile schwinden und Autoren wie Verlage entdecken Stück um Stück die weiten Länder der phantastischen Literatur. Ich stimme daher dem SF-Autor Ernst-Otto Luthardt zu, der in dem Essay »Sehnsucht nach Realität« (1987) einen recht optimistischen Ausblick gibt:

> Was stoffthematischen Neuerwerb betrifft, hat sich phantastische Literatur nie zurückgehalten und wird es auch künftig nicht tun, liefe es doch ihrem aufgeschlossenen Charakter in die Quere. Daß sie sich als relativ junges episches Geschöpf von ihren älteren Geschwistern manches abgeguckt hat – liegt darin etwa ein Makel? Und fruchtbar ist sie doch auch; Fantasy heißt ihr jüngstes, mitunter recht altmodisch gewickeltes Kind. Für einen Verzicht auf

Fortpflanzung gibt es weder Not noch einen anderen zwingenden Grund. [S. 57]

Ich danke für Ihre Aufmerksamkeit.

Anmerkungen

I

Als ich am 12. Mai 1988 auf dem »Zweiten Kongreß der Phantasie« in Passau einen Vortrag über die phantastische Literatur in der DDR hielt, kam es mir vor allem darauf an, dem westdeutschen Publikum einen lebendigen Eindruck von der breitgefächerten und vielfältigen »nichtwissenschaftlichen« Phantastik zu vermitteln. Dabei konnte ich mich nur auf eigene Leseerfahrungen und einen Beitrag von Erik Simon in *Lichtjahr 5* stützen. Mehr als einige Einblicke und ein grober Überblick waren unter diesen Umständen nicht möglich, irgendeine Art von Vollständigkeit hätte ich zwar gern angestrebt, sie lag aber jenseits meiner Möglichkeiten – zumal in der Dreiviertelstunde, die mir zur Verfügung stand.

Die hier abgedruckte Fassung beruht auf einer Transkription des Vortrags, die von Franz Schröpf vom EDFC vorgenommen wurde, und auf meinen Vortragsnotizen. Ich habe das Transkript gründlich redaktionell überarbeitet, bisweilen gestrafft und an Stellen, wo sich dies anbot, geringfügig ergänzt. Den Duktus der Rede habe ich weitgehend beibehalten. Die Fußnoten sind ausnahmslos neueren Datums.

II

Die Science Fiction der DDR ist mittlerweile gut untersucht. Für die »nichtwissenschaftliche« Phantastik existieren jedoch bis heute keine brauchbaren Übersichtswerke. Auch die bisher einzige Bibliographie, die sog. »Korrekturfassung« von Bianca Birk aus dem Jahr 1999, ist wenig hilfreich, und die Germanistik scheint sich zwar für einzelne Autoren, nicht aber für das Feld der DDR-Phantastik in seiner Gesamtheit zu interessieren. Schon durch den begrenzten zeitlichen Rahmen konnte ich damals nicht alles ansprechen, was aus meiner Sicht noch der Erwähnung wert gewesen wäre. Das betrifft etwa den Autor Rolf Schneider. Sein Erzählungsband *Nekrolog. Unernste Geschichten* erschien 1973, zwei Jahre vor *Blitz aus heiterm Himmel*, und steht damit ganz am Anfang des Phantastik-Aufschwungs in der DDR. Als ein treffendes Bild für das Genre lese ich heute die erste Erzählung »Imagination«: Ein pensionierter Offizier erdenkt sich einen Burschen. Die Phantasieperson, zuerst nur eine blasse, aufs bloße Reagieren beschränkte Vision, gewinnt immer mehr Leben, gibt Widerworte, entwickelt einen eigenen Willen und triumphiert schließlich über ihren Erzeuger.

III

Rolf Schneider hat fünf Jahre später, 1978, eine Anthologie phantastischer Geschichten unter dem Titel *Das schöne Grauen* herausgegeben. Sie bietet ein breites Spektrum klassischer und moderner Autoren: von Wilhelm Hauff und Alexander Puschkin bis zu Alfred Andersch, Muriel Spark und Irmtraud Morgner. Entgegen der offiziellen Verlautbarung, daß der Sozialistische Realismus das Unheimliche und speziell den Horror ablehne, erschienen doch praktisch während der gesamten Existenz der DDR immer wieder Sammelbände mit unheimlicher Phantastik, etwa *Nächtliche Gesellschaft. Geschichten um Zauberer, Dämonen und Gespenster* (1959), *Die Traumflöte. Märchen, Grotesken, Legenden und andere nicht geheure Geschichten* (1979), *Der Vampir. Gespenstergeschichten aus aller Welt* (1981) und *Die Nebeldroschke. Deutschsprachige Gespenstergeschichten* (1982). Zu Recht schreibt der Herausgeber Herbert Greiner-Mai im Nachwort zu dem letztgenannten Band: »Solange es Kunst gibt, wird das Wunderbare Beachtung und Gestaltung finden – und mit dem Wunderbaren auch dessen Schattenseite: das Unheimlich-Gespenstische.« [S. 437]

IV

Manches wurde mir erst nach dem Ende der DDR bekannt, etwa die lange und dramatische Vorgeschichte der Anthologie *Blitz aus heiterm Himmel,* über die Karl-Heinz Jakobs in seinem Essay »Lob der Zensur« berichtet. Edith Anderson, eine in die DDR übersiedelte US-amerikanische Kommunistin, hatte bereits 1970 fünfzehn Autoren eingeladen, sich jeweils in die Situation des anderen Geschlechts zu versetzen. Der zuständige Hinstorff-Verlag bekam aber Bedenken. Anderson selbst war wegen einer USA-Reportage, die nicht mit jeder Formulierung auf der offiziellen Linie der dortigen Kommunistischen Partei lag, in den Ruf des Linksabweichlertums geraten. Auch der Verlag befand sich, seit er Ulrich Plenzdorfs *Die neuen Leiden des jungen W.* veröffentlicht hatte, in einer etwas heiklen Situation und hätte das Buchprojekt am liebsten fallengelassen. So fanden sich Gründe, es immer wieder zu verzögern – bis Edith Anderson, unterstützt vom Schriftstellerverband der DDR, mit einer Klage drohte. Am Ende bestand die Zensurbehörde, die Hauptverwaltung Verlage und Buchhandel, darauf, daß Irmtraud Morgners Erzählung »Die gute Botschaft der Valeska in 73 Strophen« nicht aufgenommen würde. Vom Perspektivwechsel und von der Intension her unterscheidet sich Morgners Story nicht wesentlich von den anderen; ich müßte raten, was speziell die Hauptverwaltung einzuwenden hatte. Morgner baute den Text daraufhin in ihren »Montageroman« *Leben und Abenteuer der Trobadora Beatriz nach Zeugnissen ihrer Spielfrau Laura* ein, wo er problemlos erscheinen konnte, und zwar 1974, noch vor der Anthologie.

V

Selbstverständlich fand auch das wohl berühmteste Fantasy-Werk des 20. Jahrhunderts, J. R. R. Tolkiens *Der Herr der Ringe,* seinen Weg in die DDR – meist als Schmuggelware. Es wurde hier gelesen, nein, verschlungen – und zeitigte durchaus Wirkungen in der einheimischen Phantastik. Ein einschlägiges

Beispiel sind die beiden zusammengehörigen Bände *Märchen von den Hügeln* (1986) und *Die Zaubermenagerie* (1987) von Waldtraut Lewin und ihrer Tochter Miriam Margraf. Im Vortrag bezog ich mich ausschließlich auf den zweiten Band, über den ich gerade eine Rezension für den *Quarber Merkur. Franz Rottensteiners unillustrierte Literaturzeitschrift* verfaßte.[46] Aber bereits im ersten Band *Märchen von den Hügeln* greifen die beiden Autorinnen recht unverfroren auf die private Mythologie Tolkiens zurück. Lang und breit lassen sie sich über das »Schöne Volk« der Elben und deren Geschichte aus, und sie bauen als beiläufige Reverenz den Namen des Autors ein: Ein »Meister Tolkien« lehre, daß die Elben von Natur aus sehr vergeßlich seien. (Sind sie nicht. Lehrt der Meister nicht.) Wer Tolkien gelesen hatte, erkannte, wie dreist sich die beiden Autorinnen bei dem Schöpfer von Mittelerde bedienten. In einer Rezension zu *Die Zaubermenagerie* merkte die westdeutsche Rezensentin Gabriele Otto an: »Poor Mr. Tolkien!«

VI

Als ein Autor, der vorwiegend in der Science Fiction zu Hause ist, habe ich besonders auf die Grenzgänger zwischen der »Supermacht« der SF und den Fürstentümern der »unwissenschaftlichen« Phantastik geachtet. Die Zwischenüberschrift im Vortrag suggeriert, daß diese zeitweiligen Emigranten vorzugsweise in den Gefilden des Horrors gewildert hätten. Das trifft aber in der Regel nicht zu, nicht einmal für Rolf Krohn. Auch Erik Simons erste Exkursion in die Phantastik, die Story »Die Cherubim und das Rad« (1979), ist dort nicht anzusiedeln, ebensowenig die Erzählung »Die Germelshausen-Manuskripte«, die Angela und ich gemeinsam mit Erik unter dem Pseudonym Simon Zwystein verfaßt haben. Die Gefilde der Fantasy haben wir damals mit den ersten Erzählungen aus dem späteren Spera-Zyklus – »Der Held im gläsernen Berg« und »Das

46 Siehe die Rezension S. 178.

Wunderelixier«, beide in *Lichtjahr 4* (1985) – Schritt um Schritt erkundet. Später haben wir mit dem Roman *Der Traummeister,* der trotz verlagsbedingten Verzögerungen immerhin noch einige Monate vor der deutschen Einheit erschien, unseren eigenen kleinen Fantasy-Stadtstaat begründet.

VII

Den Vortrag hielt ich, wie eingangs bemerkt, im Mai 1988. Bis zum Oktober 1990 weitete sich das Angebot an Phantastik, insbesondere internationaler, noch einmal aus, u. a. mit einer dreibändigen Ausgabe Edgar Allan Poe und dem im Vortrag angekündigten Lovecraft-Band. Romane und Erzählungen von noch relativ jungen Autoren wie Kerstin Hensel (*Hallimasch,* 1989) und Jens Sparschuh (*KopfSprung. Aus den Memoiren des letzten deutschen Gedankenlesers,* 1989) oder auch ein Sammelband »unwirklicher Geschichten« *Das Auge der Schlange* (1988) zeugen davon, wie quicklebendig die phantastische Literatur der DDR war, während der Staat seinem Untergang entgegenstolperte.

Erwähnte Werke von DDR-Autoren

Agricola, Erhard: *Im Banne der zaubermächtigen Kirke.* Rudolstadt: Greifenverlag 1987.

Anderson, Edith (Hrsg.): *Blitz aus heiterm Himmel.* Rostock: Hinstorff 1975.

Apitz, Renate: *Hexenzeit.* Rostock: Hinstorff 1986.

Bach, Hans: *Germelshausen, 0.00 Uhr.* Berlin: Neues Leben 1985.

Bobrowski, Johannes: »Mäusefest«, in: *Die Rettung des Saragossameeres.* 1976.

Christ, Richard: »Der alte Mann und der Baum«, in: *Die Rettung des Saragossameeres.* 1976.

Erpenbeck, John (Hrsg.): *Windvogelviereck. Schriftsteller über Wissenschaften und Wissenschaftler.* Berlin: Buchverlag Der Morgen 1987.

Fries, Fritz Rudolf: *Verlegung eines mittleren Reiches. Aufgefundene Papiere, herausgegeben von einem Nachfahr in späterer Zeit.* Berlin und Weimar: Aufbau-Verlag 1984.

Geißler, Frank: *Tausend Jahre bis zur Morgendämmerung. Wissenschaftlich-phantastische Erzählungen.* Berlin: Neues Leben 1989.

Greuner, Ruth (Hrsg.): *Die Traumflöte. Märchen, Grotesken, Legenden und andere nicht geheure Geschichten.* Berlin: Buchverlag Der Morgen 1979.

Grüning, Uwe: *Vierstromland hinter Eden.* Berlin: Union Verlag 1986.

Hammer, Klaus (Hrsg.): *Der Holzwurm und der König. Märchenhaftes und Wundersames für Erwachsene.* Halle und Leipzig: Mitteldeutscher Verlag 1985.

Heiduczek, Werner: *Die seltsamen Abenteuer des Parzival.* Berlin: Neues Leben 1974.

Heiduczek, Werner: »Der kleine häßliche Vogel«, in: *Die Rettung des Saragossameeres.* 1976.

Hensel, Kerstin: *Hallimasch. Erzählungen.* Halle und Leipzig: Mitteldeutscher Verlag 1989.

Heym, Stefan: »Der alte Pelzmantel«, in: *Die Rettung des Saragossameeres.* 1976.

Heym, Stefan: *Der kleine König, der ein Kind kriegen mußte und andere neue Märchen für kluge Kinder.* München: Goldmann 1979; Berlin: Buchverlag Der Morgen 1985.

Hüttner, Hannes: *Herakles. Die zwölf Abenteuer.* Berlin: Kinderbuchverlag 1979.

Jakobs, Karl-Heinz: »Quedlinburg«, in: *Blitz aus heiterm Himmel.* 1975. Auch enthalten in K.-H. Jakobs: *Fata Morgana. Phantastische Geschichten.* Berlin: Neues Leben 1977.

Jakobs, Karl-Heinz: »Pasewalk«, in: K.-H. Jakobs: *Fata Morgana.* 1977. Auch enthalten in der Anthologie *Die Tarnkappe.* 1978.

Kirsch, Rainer: »Erste Niederschrift« in: *Die Tarnkappe.* 1978.

Kirsch, Sarah: »Blitz aus heiterm Himmel« in: *Blitz aus heiterm Himmel.* 1975.

Köhler, Erich: *Der Krott oder Das Ding unterm Hut*. Rostock: Hinstorff 1976.

Krohn, Rolf: »Die Kündigung«, in: R. Krohn: *Begegnung im Nebel. Phantastische Erzählungen*. Berlin: Das Neue Berlin 1985.

Krohn, Rolf: »Das Labyrinth«, in: R. Krohn: *Begegnung im Nebel*. 1985.

Lewin, Waldtraut / Margraf, Miriam: *Märchen von den Hügeln*. Berlin: Kinderbuchverlag 1986.

Lewin, Waldtraut / Margraf, Miriam: *Die Zaubermenagerie*. Ein Novellenkranz. Berlin: Neues Leben 1987.

Meinck, Willi: *Das Ramayana nach dem Epos des Valmiki*. Berlin: Neues Leben 1976.

Morgner, Irmtraud: »Die gute Botschaft der Valeska in 73 Strophen«, einmontiert in den Roman I. Morgners *Leben und Abenteuer der Trobadora Beatriz nach Zeugnissen ihrer Spielfrau Laura*. 1974.

Morgner, Irmtraud: *Leben und Abenteuer der Trobadora Beatriz nach Zeugnissen ihrer Spielfrau Laura*. Berlin und Weimar: Aufbau 1974.

Morgner, Irmtraud: *Amanda. Ein Hexenroman*. Berlin und Weimar: Aufbau 1983.

Mucke, Dieter: »Grünes Licht«, in: D. Mucke: *Die Sorgen des Teufels. Satirische Märchen und Geschichten*. Berlin: Eulenspiegel 1979.

Mucke, Dieter: »Die Sorgen des Teufels«, in: D. Mucke: *Die Sorgen des Teufels*. 1979.

Schneider, Rolf: »Imagination«, in: R. Schneider: *Nekrolog. Unernste Geschichten*. Rostock: Hinstorff 1973.

Schneider, Rolf: »Schmetterlinge«, in: *Die Rettung des Saragossameeres*. 1976.

Schneider, Rolf (Hrsg.): *Das schöne Grauen*. Berlin: Neues Leben 1978.

Schnitzler, Sonja / Wolter, Manfred (Hrsg.): *Die Tarnkappe*. Berlin: Eulenspiegel 1978.

Simon, Erik: »Die Cherubim und das Rad«, in: E. Simon: *Fremde Sterne. Phantastische Geschichten.* Berlin: Das Neue Berlin 1979.

Simon, Erik: »Der Graue«, in: E. Simon: *Mondphantome, Erdbesucher. Phantastische Geschichten.* Berlin: Das Neue Berlin 1987.

Simon, Erik (Hrsg.): *Lichtjahr 4. Ein Phantastik-Almanach.* Berlin: Das Neue Berlin 1985.

Skirecki, Hans: »Bitte, nach Ihnen«, in: H. Skirecki: *Altmännersommer und andere Geschichten.* Berlin: Eulenspiegel 1976.

Sparschuh, Jens: *KopfSprung. Aus den Memoiren des letzten deutschen Gedankenlesers.* Berlin: Buchverlag Der Morgen 1989.

Steinmüller, Angela und Karlheinz: »Der Held im gläsernen Berg« , in: *Lichtjahr 4*. 1985.

Steinmüller, Angela und Karlheinz: »Das Wunderelixier«, in: *Lichtjahr 4*. 1985.

Steinmüller, Angela und Karlheinz: *Der Traummeister. Phantastischer Roman.* Berlin: Das Neue Berlin 1990.

Walther, Joachim: »Oben hinaus und nirgends an«, in: *Windvogelviereck*. 1987.

Walther, Joachim / Wolter, Manfred (Hrsg.): *Die Rettung des Saragossameeres. Märchen.* Berlin: Buchverlag Der Morgen 1976.

Weller, Walter: »Konz im Glück«, in: *Die Rettung des Saragossameeres*. 1976.

Willkomm, Elke: *Hexensommer*. Berlin: Buchverlag Der Morgen 1984.

Wolf, Christa: »Selbstversuch. Traktat zu einem Protokoll«, in der Zeitschrift *Sinn und Form*, Nr. 2/1973. Auch enthalten in Chr. Wolf: *Unter den Linden. Drei unwahrscheinliche Geschichten.* Berlin und Weimar: Aufbau-Verlag 1974 und in *Blitz aus heiterm Himmel*. 1975.

Zschuckelt, Lother / Grosse, Peter / Richter, Helmut (Hrsg.): *Das Auge der Schlange. Unwirkliche Geschichten.* Halle und Leipzig: Mitteldeutscher Verlag 1988.

Zwystein, Simon: »Die Germelshausen-Manuskripte«, in der Zeitschrift *Neue Deutsche Literatur*, Nr. 12/1985.

Sekundärliteratur

Birk, Bianca: *Gesamtbibliographie der Phantastischen Literatur der DDR. Korrekturfassung.* Wetzlar: Phantastische Bibliothek 1999.

Fühmann, Franz: »Das mythische Element in der Literatur«, in: F. Fühmann: *Essays, Gespräche, Aufsätze 1964–1981.* Rostock: Hinstorff 1986, S. 82–140.

Greiner-Mai, Herbert: »Nachwort«, in: H. Greiner-Mai (Hrsg.): *Die Nebeldroschke. Deutschsprachige Gespenstergeschichten.* Berlin: Das Neue Berlin 1982, S. 429–437.

Jakobs, Karl-Heinz: »Lob der Zensur«, in: Richard Zipser (Hrsg.): *Fragebogen: Zensur. Zur Literatur vor und nach dem Ende der DDR.* Leipzig: Reclam 1995, S. 184–200.

Kasper, Karlheinz (Hrsg.): *Sachwörterbuch für den Literaturunterricht. Klassen 9 bis 12.* Berlin: Volk und Wissen, 6. Auflage 1987.

Luthardt, Ernst Otto: »Sehnsucht nach Realität«, in: Olaf R. Spittel (Hrsg.): *Science-fiction. Essays.* Halle und Leipzig: Mitteldeutscher Verlag 1987, S. 53–61.

Otto, Gabriele: »Waltraud [sic!] Lewin and Miriam Margraf: Die Zaubermenagerie. Ein Novellenkranz«, *GDR Bulletin* Vol. 14: Iss. 2. (1988) https://doi.org/10.4148/gdrb.v14i2.867

Simon, Erik: »Die Schwester des Märchens. Einige Konturen der Fantasy«, in: E. Simon (Hrsg.): *Lichtjahr 5. Ein Phantastik-Almanach.* Berlin: Das Neue Berlin 1986, S. 36–46.

Walther, Joachim / Wolter, Manfred: »Nachbemerkung«, in: J. Walther / M. Wolter (Hrsg.): *Die Rettung des Saragossameeres. Märchen.* Berlin: Buchverlag Der Morgen 1976, S. 358–361. Das als Motto verwendete Zitat steht auf Seite 360.

Mit den Digedags in den Weltraum

Zukunftsbild und Realität im *Mosaik von Hannes Hegen*

Es wird uns schon irgendeine spannende Geschichte einfallen, wenn wirklich nichts passiert.

Dag auf der Rückseite von *Die Digedags in Amerika*

Die einzige Comic-Heftserie der DDR

Wie fieberte ich in meinen Kinderjahren jeden Monat den neuen »Digedags« entgegen! An Kiosken waren die aufregenden, bunten Hefte, offizieller Namen *Mosaik von Hannes Hegen*, blitzschnell verschwunden, und wenn ich nicht einen freundlichen Buchhändler gekannt hätte, wäre ich wohl manchmal leer ausgegangen.

Die »Digedags« waren in der DDR eine Institution, so bekannt und verbreitet wie im Westen die Micky-Maus-Hefte. Was Wunder, sie waren der einzige Comic, nein: die einzige Bilderzeitschrift, die sich die DDR leistete. Das *Mosaik* hatte auf dem abgegrenzten Markt keinerlei Konkurrenz, wenn man von Schmuggelware und Bildergeschichten in Kinderzeitschriften wie *Frösi* und *Atze* und den Cartoons absieht, die in Tageszeitungen erschienen.[47] Nach offizieller Lesart waren Comics

47 *Frösi*, ursprünglich *Fröhlich sein und singen*, und *Atze* waren Kinderzeitschriften, die vom Verlag Junge Welt, dem Zeitungsverlag der FDJ, herausgegeben wurden. Die kleinformatige Bilderzeitschrift *Atze* wurde fast nur wegen der Mäuse-Comic-Serie »Fix und Fax« gekauft; sie enthielt

eine Ausgeburt der US-amerikanischen Unkultur, Bestandteil eines Kulturimperialismus, der dazu gedacht war, die Köpfe der Arbeiter- und Bauernkinder aufzuweichen und die amerikanische Lebensweise – mit Onkel Dagobert und Co. – zu exportieren. Wehe, man wurde in der Schule mit einem Micky-Maus-Heft erwischt!

In einer Zeit, in der verbissene Abwehr- und Abgrenzungskämpfe gegen alles bürgerlich-westlich Dekadente, gegen Formalismus und Kosmopolitismus tobten, Jeans, Jazz und Rockmusik verpönt waren, hob der Verlag Neues Leben[48] eine Bildergeschichten-Serie aus der Taufe. Genau dieser Abwehrkampf erklärt die Entstehung des *Mosaik*: Hier sollte eine Lücke geschlossen werden, um dem Klassenfeind kein Eindringen zu ermöglichen. Als im Jahr 1955 der Satirezeichner Johannes Hegenbarth dem Verlag seine Idee einer Bilderzeitschrift für Kinder vorstellte, rannte er damit offene Türen ein, denn die Verlagsleitung hatte kurz vorher den Auftrag erhalten, den Heften aus dem Westen etwas entgegenzusetzen.

Künstlerisch und inhaltlich war das *Mosaik* dank Hannes Hegen, so Hegenbarths Künstlername, alles andere als ein Lückenbüßer. Hegenbarth hatte u. a. an der Wiener Hochschule für Angewandte Kunst studiert und sich bereits durch Karikaturen für DDR-Zeitschriften wie *Frischer Wind*, den Vorläufer des *Eulenspiegels*, hervorgetan. Er verstand es, in kurzer Zeit

---

auch andere Bildergeschichten bzw. illustrierte Prosatexte, doch sämtlich ohne heftübergreifende Handlung. Der Karikaturist Erich Schmitt veröffentlichte ab 1953 kurze, meist aus vier Bildern bestehende Geschichten in Zeitungen und Zeitschriften. Sie trugen häufig SF-Charakter (*Kollege Blech*, 1965; *Karl Gabels Weltraumabenteuer* 1973, erweitert als *Karl Gabels sämtliche Weltraumabenteuer* 1980) und wurden bald auch gesammelt herausgegeben (u. a. *Das dicke Schmitt-Buch* 1968, zahlreiche Nachauflagen). Ebenfalls der SF zuzuordnen sind die zwischen 1956 und 1960 in der Zeitschrift *Unser Robinson* erschienenen SF-Bildgeschichten *Käpt'n Bramsegels Abenteuer* von Franz Kerka.

48 Der Verlag Neues Leben war von Anfang an der »Verlag der jungen Generation«. Einer seiner Gründungsgesellschafter war der damalige FDJ-Chef Erich Honecker.

kreative und handwerklich versierte Mit- und Zuarbeiter um sich zu scharen. Sie entwarfen Figuren, verfertigten Skizzen und sorgten für die Kolorierung. Lothar Dräger beispielsweise, ausgebildet als Opernsänger, übernahm Recherchen, arbeitete an Exposés und textete.[49]

Litten die ersten Hefte noch unter einem groben Zeichenstil und einer kunterbunten Handlung, nahm es das *Mosaik*-Kollektiv nach meiner Einschätzung bald schon mit Hergé oder Goscinny/Uderzo auf. Das *Mosaik* bot eine in Zyklen organisierte durchgängige Handlung mit viel Situationskomik und Slapstick-Szenen und mit zugleich verschrobenen und überzeugenden Figuren. Dank den übersichtlichen Tableaus, der klaren Linienführung und der schnörkellosen Erzählweise kann man das *Mosaik* als ein Beispiel für die *Ligne claire* ansehen.

Auf Drängen des Verlags erwarb Hegenbarth ein Haus in Berlin-Karlshorst als Arbeitsstätte für das *Mosaik*-Kollektiv, das so in räumlicher Distanz zu den Verlagschefs agieren konnte. Hegenbarth, gewitzt durch frühere Erfahrungen, sicherte sich die Rechte an den Hauptfiguren. In den Vertragsverhandlungen mit dem Verlag setzte er für sich Konditionen durch, wie sie wohl nur in einer kurzen Periode politischer Lockerungen möglich waren. Er operierte fortan als ein künstlerischer Privatunternehmer, der seine Spielräume zu nutzen verstand, diese mit Hartnäckigkeit verteidigte und, wo immer möglich, sogar ausweitete.

Von der Südsee und dem antiken Rom in den Weltenraum

Natürlich war das *Mosaik* vom ersten Heft an Mangelware. Doch die Nummer 1 (*Die Jagd nach dem Golde*) bekam ich gar

49 Dräger schrieb für das *Mosaik* auch gereimte Texte wie das »Krokodilslied« aus Nr. 11 (*Der Aufruhr im Dschungel*, Oktober 1957), die wie gut singbare Parodien auf zeitgenössische Schlager wirken.

nicht in die Hand;[50] meine Sammlung beginnt mit Heft 7 (*Die große Explosion*) vom Juni 1957, also just mit der Ausgabe, wo die Serie dank vergrößertem Team von vierteljährlicher auf monatliche Erscheinungsweise umgestellt wurde. Wie ich lauerten die anderen Leser, zumeist Schüler, auf jede neue Nummer und zitterten tagelang aus Furcht, das ersehnte Heft zu verpassen: Da erleben die drei von Hannes Hegen erfundenen kindhaften Kobolde Dig, Dag und Digedag – Sammelbezeichnung »die Digedags« – Abenteuer irgendwo im Orient, sie haben Kämpfe mit Piraten und Kraken zu bestehen, sie verirren sich in die Südsee, führen kurzzeitig ein Robinson-Dasein und geben mit einem Südsee-Zirkusschiff ein Gastspiel im antiken Rom. Dort decken sie prompt eine Verschwörung gegen den Cäsar Celsius auf, wehren den ersten Luftangriff der Geschichte ab (die Fallschirmtruppen der Verschwörer werden mit Katapulten ins belagerte Rom geschossen), kneifen von der Fremdenlegion aus (der römischen, wohlbemerkt), setzen Piratenschiffe in Brand und helfen aufständischen Fischern, die römische Flotte zu besiegen. So hätte es immer weitergehen können.

Wie ärmlich wäre mein Bild der Antike ohne die Digedags! Aus den Heften lernte ich, daß im antiken Alexandria Ktesibios und Heron Luftpumpen und dergleichen Apparate herstellten,[51] ich erfuhr, wie man sich im antiken Rom die Zeit vertrieb, und selbst die antike Komödie wurde mir so nachdrücklich nahegebracht, daß ich im Freundeskreis noch heute Reime aus den Heften zitiere: »Nicht länger bleibe zugedeckt, was unter einer Decke steckt.« Gut, dergleichen steht nicht bei Plautus oder Terenz …

---

50 In Heft 1 werden die Digedags als »Kobolde« eingeführt. Sie pausieren in den »Tierheften« Nr. 3 und 5, die ähnlich Disneys Zeichentrickfilmen vermenschlichte Tiere durch witzige Alltagssituationen schicken. Die Serie mußte in ihrem Anfangsjahr erst noch ihre Linie finden.

51 Dies allerdings erst aus Heft 46 vom September 1960 (*Erfindungen nicht gefragt*). Was an diesen antiken technischen Geräten auf historischen Fakten beruhte und was das Team des *Mosaik* erdacht hatte, konnte ich damals natürlich nicht unterscheiden.

Doch mit einem Mal werden Dig und Dag aus der Antike herausgerissen. Sie begeben sich gemeinsam mit dem Gelehrten Sinus Tangentus auf eine Expedition in die Sahara und werden dort in eine Rakete gelockt, die sogleich startet. – Das geschieht in Nummer 25 (*Die Entführung ins All*) vom Dezember 1958, ein Jahr nach Sputnik 1 und in einer Zeit anhaltender Kosmosbegeisterung.

Als gerade einmal Achtjähriger freute ich mich, daß es nun auf in den Weltraum ging! *Mosaik*-Forscher haben nach 1990 die politischen Hintergründe aufgeklärt: Die »Römer-Serie« war vielen Funktionären trotz Kritik am Militarismus und rebellierenden Fischern zu unpolitisch; es fehlte das Perspektivbewußtsein, das ständige Herausstreichen der Überlegenheit des Sozialismus. Vor allem aber hatte die DDR-Führung Anfang 1957 eine schärfere politische Gangart beschlossen, die mit heftigem Kampf gegen westliche kulturelle Einflüsse (Stichwort »Schund und Schmutz«) und verstärkter Zensur verbunden war. Der Verlag Neues Leben setzte einen Chefredakteur für die Serie ein, dessen hauptsächliche Aufgabe darin bestand, das eigenwillige Team um Hegenbarth politisch auf Vordermann zu bringen. Den Anforderungen der Funktionäre kam das *Mosaik*-Team unter anderem dadurch entgegen, daß man die Hefte mit Beilagen versah, die Lothar Dräger in Eigenregie produzierte. Ich habe diese vierseitigen und graphisch wie inhaltlich einfarbigen Extra-Comics zum Thema »Klaus und Hein erzählen aus dem Pionierleben« damals – heute sage ich: leider – einfach weggeworfen.

Mit dem Start ins All ändert sich der Charakter der Serie. An die Stelle humoristisch aufgeladener Abenteuer an exotischen Schauplätzen oder in einer vergangenen Epoche treten Erlebnisse zuerst im Weltraum, dann in einer sehr nahen Zukunft. Der Spaß weicht zugunsten der Populärwissenschaft, die bisweilen ganze Doppelseiten einnimmt, ein Stück weit zurück. Die irrwitzigen mechanischen Erfindungen, die die Digedags selbst konstruieren,[52] haben weitgehend ein Ende; die technischen Wunder der unmittelbaren Zukunft – Verkehrsmittel, Staudämme, Automatenrestaurants, Großindustrie – bestimmen nun das Bild.

Ab Heft 38 erhalten auch die Beilagen im einfarbigen Druck eine andere Funktion. Sie berichten nun nicht mehr aus dem Pionierleben, sondern beleuchten, »Steinchen an Steinchen« betitelt, die Abenteuer zusätzlich populärwissenschaftlich. Natürlich darf auch der politisch-ideologische Kontext nicht fehlen. Waren die Digedags ursprünglich als orientalische Kobolde mit Knollennasen und einer Neigung zum Schabernack auf die gezeichnete Welt gekommen, so verwandelten sie sich nun in bisweilen noch etwas unreife, doch wißbegierige

52 Der auf den Namen »Rasende Seemühle« getaufte Einbaum aus Heft 8 verfügt über einen Mast mit Windmühlenflügeln, die die Schaufelräder an den Seiten des Boots antreiben. Je mehr Gegenwind, desto schneller geht es voran!

Menschlein, die weder erwachsen noch völlig Kind sind – in mancher Beziehung eine DDR-Variante von Hergés Tim.

Konfrontation im Kosmos

Was konnte ich nicht alles dank Hannes Hegen im Kosmos erleben! In den »Weltraum-Heften« von Nr. 25 bis 28 begab ich mich mit Dig, Dag und Sinus Tangentus in einem superfortschrittlichen Raumschiff auf eine Exkursion zu fernen Gestirnen. Ich stattete mit ihnen dem Mond einen Besuch ab, sprang dort auf der Suche nach der kostbaren, ultradünnen Mondluft durch die schroffen Kraterlandschaften, rettete einen Raumfahrer, der sich am Kraterrand verstolpert hatte. Dann erhielten wir ein Notsignal von einem havarierten Raumschiff, das auf dem Mars notlanden mußte. Und schon ging es zum Roten Planeten mit seinen Sandwüsten und lebensgefährlichen Sandstürmen, um den Raumschiffbrüchigen Hilfe zu leisten, obwohl diese zum feindlichen Großneonischen Reich gehörten. Die aber revanchierten sich prompt, indem sie das überlegene Raumschiff kapern wollten! Zum Glück konnten das Dig und Dag dank einem Magnetkran über dem Eingangsschott verhindern.

Technisch waren Hannes Hegen und sein Team absolut auf der Höhe ihrer Zeit. Aufschlußreich ist ein Blick auf die Raumschiffe. Die Rakete, mit der Dig, Dag und Sinus Tangentus in Heft 25 ins All entführt werden, besitzt die klassische, von der A4 her bekannte Form eines spindelförmigen Geschosses mit Heckflossen.[53] Das Raumschiff der feindlichen Macht hat sein Vorbild im Entwurf eines Mondschiffs, das die Gruppe um Wernher von Braun propagierte: eine Kugel für die Mannschaft als Kopf, Reihen von kugelförmigen Treibstoffbehältern in einem Stahlträger-Skelett und darunter die Antriebsaggregate.

53 Auch Hergé benutzt die archetypische Form der A4 in den Alben *Reiseziel Mond* (1953) und *Schritte auf dem Mond* (1954).

Mosaik Nr. 26:
Notlandung auf dem Mars

Hegen und sein Team waren mit diesem Modell gut vertraut: Sie hatten die Ausstattung des Bands *Auf dem Weg zu fernen Welten. Ein Buch von der Weltraumfahrt* übernommen, den der Verlag Neues Leben 1958 publizierte. Die Abbildungen in diesem Sachbuch und in den Heften der Weltraumserie stimmen in genereller Anmutung und vielen Details überein, und ganz offensichtlich hatte sich das »Kollektiv unter Leitung von Hannes Hegen«, wie es im Impressum des Sachbuchs heißt, von einschlägigen westlichen Publikationen wie etwa *Station im Weltraum* (1953) inspirieren lassen. Auch die radförmige Orbitalstation, an der in Heft 28 (*Alarm in der Raumstation*) noch eifrig herumgebaut wird, entspricht ganz den damals aktuellen Entwürfen.[54] Das Kollektiv um Hegen brauchte nur die so

54 Sowohl das Mondschiff von Brauns als auch die radförmige Raumstation waren 1958 in den Kinos der DDR zu sehen, wenn dort der populärwissenschaftliche sowjetische Film *Der Weg zu den Sternen* (Regie: Pawel Kluschanzew) gezeigt wurde.

anschaulichen wie überzeugenden Illustrationen von Chesley Bonestell in den Comic zu übertragen und das großneonische Raumschiff mit einer Besatzung zu versehen, die sich getreu dem Klischeebild der imperialistischen Yankees verhielt und passende Namen trug: vom feigen Vash Lap bis zum cholerischen Kommandanten Gun Nohar.

Der Gegenentwurf, das voluminöse goldgelbe Raumschiff RS-X1 der fortschrittlichen Außerirdischen von der Republikanischen Union, ist ein reines Phantasieprodukt. Mehr breit als hoch und mit einem allenfalls ästhetisch funktionalen Ringflügel versehen, wirkt es wuchtig und doch zugleich elegant, wenn auch beileibe nicht so elegant wie der »Kosmokrator« aus dem zwei Jahre später gezeigten Film *Der schweigende Stern*. Eine detailreiche Rißzeichnung des Raumschiffs – im Stile der Rißzeichnungen in den Büchern Wernher von Brauns – offenbart, daß man zwar an eine »astronautische Rechenzentrale«, einen Aufenthaltsraum und sogar eine »Zahnstation« dachte, dafür aber den Platz für Treibstoff einsparte. Nun wohl, RS-X1 flog ja, wie in der Rißzeichnung am Reaktor zu erkennen, mit Atomantrieb.

Nur am Rande sei vermerkt, daß es sich bei den Außerirdischen vom Planeten Neos um Menschen handelt; monströse Aliens findet man in den Heften nicht, ja noch nicht einmal knuddelige Exo-Haustiere. Fremdartige Intelligenzwesen paßten nicht in den sozialistischen Kosmos. Noch herrschte in der DDR wie in der Sowjetunion die Vorstellung, daß die »Brüder in der Vernunft«, vernunftbegabte Lebewesen im All, als Krone der Evolution anthropomorphe Gestalt haben müßten. Für das *Mosaik*-Team war dieser Gedanke jedoch irrelevant. Man kombinierte Abenteuer und Humor und behandelte Themen, die die Leser ansprachen. Sie mußten nur an einen fiktiven Schauplatz verlegt werden, in den Orient, ins antike Rom, in den Weltraum oder eben auf den Planeten Neos.

Spionage und Sabotage, auch im Weltall

Im Hintergrund führte die FDJ Regie. Ihr Auftrag war ein Doppelter: ein ideologischer und ein bildungspolitischer.[55] Zum einen erlaubte es die Handlung, daß Dig, Dag und Sinus Tangentus astronomische Zusammenhänge oder auch das Rückstoßprinzip erklärt bekamen. Zum anderen waren, gleich durch welche Geschichtsepoche oder Himmelsgegend die Digedags gerade abenteuerten, Unterdrückte und Unterdrücker, Freund und Feind deutlich gezeichnet.

Schon damals als Kind wunderte ich mich, wenn auch nur kurz, über ein Detail: Sympathieträger im fortschrittlichen Raumschiff ist der Erste Offizier Bhur Yham. Der oberste Schurke, ein Undercover-Agent des kapitalistischen Großneonischen Reiches, heißt Peer Tyla – und der ist der Kommandant des Raumschiffs! Unglaublich! – Das erfuhr ich als Leser gleich in Heft 25 (*Die Entführung ins All*), wo Peer Tyla per Funk mit Gun Nohar paktiert. Enttarnt wird der Missetäter aber erst am Ende von Heft 27 (*Die neue Sonne*), als er die Konstruktionsunterlagen von RS-X1 aus dem Raumschiff-Tresor stiehlt. Nirgendwo sonst in der frühen DDR-SF, in keinem der utopischen Betriebsromane, hat ein Schurke die höchste Leitungsposition inne. Übertrieb hier das Team um Hannes Hegen? Man wird an die letzten Jahre der Stalin-Ära erinnert, wo in mehreren sozialistischen Staaten die jeweiligen Parteiführer als CIA-Agenten oder Mitglieder zionistisch-imperialistischer Weltverschwörungen »entlarvt« und wie der Generalsekretär der tschechoslowakischen KP Slánský hingerichtet wurden. In der DDR verliefen die Machtkämpfe, insbesondere die von Ulbricht gesteuerte Kampagne gegen ein vermeintliches Verschwörerzentrum in den obersten Parteirängen, dank Stalins Tod für die Betroffenen viel glimpflicher.

---

55 Für den Verlag spielten selbstredend wirtschaftliche Aspekte eine herausragende Rolle. Der Verlag fuhr mit den äußerst populären Heften dank riesigen Auflagen (zuerst 150 000, bald 250 000, später bis zu 660 000 Exemplare pro Nummer) hohe Gewinne ein. [Friske, S. 94]

In den *Mosaik*-Heften darf Peer Tyla weiterhin als Spion vom Dienst, wenn auch bald in niedrigerer Position, sein Unwesen treiben. Er wird ertappt, bricht aber sein Versprechen, sich zu stellen, entführt Dig, Dag und Sinus Tangentus – letzteren als hervorragenden Wissenschaftler! – und bereitet später ein Sprengstoff-Attentat auf einen neu errichteten Staudamm vor, das im letzten Augenblick vereitelt wird.

Vorher noch wartet das *Mosaik* mit einer eher pflichtgemäß vorgebrachten Warnung vor dem Atomkrieg auf. Wie in der DDR-SF jener Jahre wird die Systemkonfrontation samt der Gefahr eines alles vernichtenden nuklearen Schlagabtauschs in den Weltraum verlagert. In Heft 27 (*Die neue Sonne*) hat sich die Bevölkerung des erkaltenden Planeten Nucleon selbst ausgelöscht. Die Zerstörungen sind den Trümmerlandschaften des Zweiten Weltkriegs in Europa nachempfunden, nicht Hiroshima oder Nagasaki.[56] Die Tour durch die zerbombte Stadt führt Dig und Dag geradewegs zur Ruine des ehemaligen Börsengebäudes. Dort verraten die Aktienkurse, wo die Urheber der Katastrophe zu suchen sind: in den Rüstungskonzernen. Die Kraft des friedlichen Atoms wird gleichfalls vorgeführt. Ein Atomwissenschaftler von Nucleon hat als Vermächtnis einen Satelliten hinterlassen, der den Planeten als neue Sonne erwärmen soll. Künstliche Himmelslichter kannte ich bereits aus der utopischen Literatur. In Heinz Viewegs *Die zweite Sonne* spendet eine über der Arktis schwebende Mini-Sonne Licht und Wärme für den hohen Norden. Viewegs Roman erschien 1958, also etwa zu der Zeit, als das *Mosaik*-Team Heft 27 konzipierte.

Selbst die ästhetischen Kontroversen jener Jahre dringen in die *Mosaik*-Hefte. Die Raumfähre, mit der Peer Tyla Dig, Dag und Sinus Tangentus entführt hat, stürzt in Heft 29 (*Auf dem Neos verschollen*) über der Republikanischen Union ab. Für kurze Zeit

---

56 Viel überzeugender demonstrierten die Kulissen des Films *Der schweigende Stern*, der ein Jahr später, im Januar 1960 in die Kinos kam, die nukleare Zerstörungswucht: geschmolzene Bauwerke, auf den Wänden Schatten der zerstrahlten Venusbewohner. Im Film wurde das Grauen sichtbar.

Mosaik Nr. 29: Nächtliche Metropole

verschwinden die Helden von der Bildfläche. Glücklicherweise kommt ihnen ein Reporter zufällig auf die Spur und entdeckt sie in einem Künstleratelier, wo sie an abstrakte Plastiken gefesselt sind. Diese durchaus zeitgenössisch-modern wirkenden Figuren hat Mac Gips geschaffen, ein Spion des Großneonischen Reichs, der sich als Bildhauer tarnt. In einer dieser Plastiken hat Mac Gips sogar ein Funkgerät verborgen. Hätte man den klassenfeindlichen Charakter der, wie es damals hieß, formalistischen Kunst überzeugender entlarven können?[57] – Vielleicht verschaffte sich Hannes Hegen so Freiräume für propagandistische Abstinenz, für burleske Szenen und für gelegentliche deftige Karikaturen auch der Sympathieträger?

57 Anfang der 1950er Jahre führte die SED eine Kampagne gegen Künstler, die sich den Vorgaben des Sozialistischen Realismus nicht unterordnen wollten. Die modernen, abstrakten Stilrichtungen wurden des »Formalismus« bezichtigt, der als bürgerlich, dekadent, gesellschaftsfeindlich, letztlich antisozialistisch verdammt wurde. Dagegen setzte die Kulturpolitik das Ideal der Volkstümlichkeit. Im April 1959, als Heft 29 erschien, war der Höhepunkt der Kampagne längst überschritten. Ähnlich der Entlarvung Peer Tylas als feindlicher Agent wirkt die Zerstörung der Mac Gipsschen Plastiken wie ein Echo auf die letzte Phase der Stalinzeit.

Das Kollektiv zeichnet den Planeten als eine Erde der nahen Zukunft, ja, als eine idealisierte Zukunfts-DDR. Merkwürdigerweise aber beschwört in mir die nächtliche Neos-Metropole mit ihren von Leuchtreklamen erhellten Straßenschluchten, mit dem quirligen Fußgängerverkehr, den Geschäften, Hotels, Banken und den riesigen Werbebotschaften auf den Hochhauswänden das Bild eines idealisierten Westberlins der 1950er Jahre herauf.

Durch die Landschaft des Siebenjahresplans

Dig und Dag durchstreiften in den folgenden Heften von Nr. 30 (Mai 1959) bis Nr. 44 (Juli 1960) auf dem Planeten Neos die gesamte DDR-Aufbaulandschaft: Eisenhüttenwerke, Chemiekombinate, Erdölverarbeitung, Flugzeugbau, Produktion von Aluminium[58] – ganz so wie es der Siebenjahresplan vorsah.[59] Auffällig ist, daß der Planet Neos weniger futuristisch wirkt als die Zukunftsbilder in der DDR-SF derselben Jahre, die wir im Band *Vorgriff auf das Lichte Morgen* analysiert haben. In der Welt von Neos gibt es keine Roboter, keine Elektronengehirne, auch keine Weltraumabenteuer mehr. Immerhin: Vorgeführt werden selbstfahrende Autos, Verkehrsknotenpunkte mit vielen Ebenen, die unvermeidliche Einschienenbahn und – sozusagen als Kennzeichen für Zukunft – immer

58 Das »Digedanium« der Hefte ist ein Metall »härter als Stahl und leichter als Aluminium« (Heft 32, S. 7). Seine Entdeckung durch Dig und Dag gibt Anlaß, die Aluminiumgewinnung aus Bauxit auf einer Doppelseite populärwissenschaftlich zu erklären.

59 Im Oktober 1959 beschloß die Volkskammer der DDR einen sog. Siebenjahresplan – rückwirkend von Anfang 1959 bis Ende 1965. Ziel war es, durch eine extrem rasche und konsequente Modernisierung der Volkswirtschaft Westdeutschland zu überholen, in der Produktion wie auch bei der Konsumtion pro Kopf. Nach dem Mauerbau wurde der unrealistische Plan abgebrochen. Die Neos-Serie paßt genau in die Anfangsjahre des Siebenjahresplans – und wurde wie dieser, aber früher, eingestellt.

wieder Bildtelefone.[60] All dieses Standard-Repertoire einer nahen Zukunft findet sich beispielsweise auch im gleichzeitig entstandenen Sachbuch *Unsere Welt von morgen*. Im Unterschied zu *Auf dem Weg zu fernen Welten* wurde dieser Band, obwohl er auch im Verlag Neues Leben erschien, nicht vom »Kollektiv unter Leitung von Hannes Hegen« ausgestattet.

Der Wechsel von der Weltraum-Zukunft zur planetarischen Beinahe-Gegenwart ist an den Namen der Personen abzulesen. An die Stelle von konstruierten Benennungen in den Weltraum-Heften wie Bhur Yham und Peer Tyla[61] treten sprechende, oft alliterierte Namen wie Rasmus Rotter für den »rasenden Reporter«, der Dig und Dag aus der Gefangenschaft im Atelier von Mac Gips befreit. Diese Namen, fast möchte man sie Etiketten nennen, helfen bei der Charakterisierung der Figuren: Man kann sich gleich denken, daß Dr. Knilch in Heft 32 (*Der Blitz als Entdecker*) intrigiert und betrügt. Oft wirken diese Namen sehr platt und kalauerhaft – Gustl Gurkenklau in Heft 44 (*Geheimakte KF 3 verschwunden*) ist ein Gemüsedieb, der Kleingärten heimsucht. Durch diese Personennamen und durch die Benutzung von Dialekt erhalten die Neos-Hefte ein typisch deutsches Flair, das dank gelegentlichem plattdeutschen oder bayrischen Zungenschlag nicht einmal DDR-spezifisch ist.

Wie alle Comic-Autoren schöpfte das *Mosaik*-Team aus dem unendlichen Bilderschatz der Realität, um nicht zu sagen: der Aktualität. Der Bathyskaph »Trieste« des Tiefseeforschers Auguste Piccard nimmt, etwas knubbeliger geformt, in Heft 31 (*Unternehmen Garnele*) Dig und Dag mit auf eine Untersee-Expedition. Harry Belafonte verleiht in Heft 36 (*Harte Schule*) Tonio Turbo, dem Fluglehrer von Dig und Dag, Gesicht und

60 Das Bildtelefon stellt die markanteste technische Vision in den Neos-Heften dar – in einer Zeit, in der Telefonanschlüsse (mit Wählscheibentelefonen) nur nach jahrelangem Warten zugeteilt wurden. Die breit abgebildeten Industrieanlagen gehören dagegen in die Realität der Epoche.

61 Meist genügt im Raumschiff die Berufsbezeichnung Arzt oder Funker. Individuell charakterisiert wird das namenlose Begleitpersonal nicht.

Gestalt. In Heft 39 (*Ein rätselhafter Fund*) ist auf einem Flugplatz der DDR-Passagierjet Baade 152, der nie Einsatzreife erreichte, klar zu identifizieren. – *Mosaik*-Liebhaber können die Liste fast beliebig verlängern.

Ein utopischer Betriebs-Comic?

Allerdings springt eine bemerkenswerte Inversion der Reihenfolge ins Auge. Wie wir im Band *Vorgriff auf das Lichte Morgen* dargestellt haben, bestand die SF der DDR in den 1950er Jahren vorwiegend aus utopischen Betriebsromanen mit irdischen Schauplätzen; daran schloß sich eine Phase mit Dominanz der Weltraumthematik an. Beim *Mosaik* verläuft die Entwicklung entgegengesetzt: Zuerst erleben die Digedags Abenteuer im Kosmos, danach geht es hinab auf einen Planeten, wo der technisch-wirtschaftliche Aufbau in einer nahen Zukunft als Hintergrund für die kunterbunte Handlung dient. Man ist geneigt, hier in Analogie vom »utopischen Betriebs-Comic« zu sprechen. Wohlbemerkt: Mit einigen Jahren zeitlichem Versatz.

Technische Abenteuer verbinden sich in den auf Neos spielenden Heften mit der für den utopischen Betriebsroman typischen Spionage- und Sabotagehandlung, die in vielen Nummern die Basis für die Handlung bildet: Diebstahl von Unterlagen und Materialproben, Entführung von Wissenschaftlern, Sprengstoffanschläge. Obwohl das Team um Hegen jegliches platte Politvokabular tunlichst vermeidet, paßt das Konzept in das Schema des Perspektivbewußtseins: Die gesellschaftlich fortschrittlichen Neos-Republikaner sind selbstverständlich technisch überlegen. Sie werden deshalb ausspioniert und angegriffen, aber sie vereiteln immer wieder alle Störversuche der Großneonier.

Was aber fehlt, sind jegliche Hinweise auf Sozialismus oder Kommunismus oder gar einen Sozialismus à la DDR: Kein Kind trägt ein Pionierhalstuch (außer natürlich in den Beilagen

»aus dem Pionierleben«), nirgends taucht ein Parteifunktionär auf. Nicht einmal Gewerkschaften werden erwähnt. Daß die Betriebe »volkseigen« sind und sich nicht in der Hand von Kapitalisten befinden, wird zwar nirgendwo explizit erklärt, versteht sich aber aus dem Kontext von selbst. Die Hefte bieten damit ein weichgespültes, fast schon idyllisches Idealbild der DDR der Aufbaujahre.[62] Implizit wird auch, wie sich an der Vielfalt der Dialekte ablesen läßt, die Wiedervereinigung vorausgesetzt.

Gesellschaftlich gibt sich die Welt des Neos farblos bis unpolitisch. Der damalige Chefredakteur Hans Ehrhard bemerkte dazu in einem internen Schreiben überaus kritisch: »Die Serie handelt schon seit fünfzehn Monaten auf dem Neos, einem unbekannten anonymen Planeten mit Bewohnern ohne Gesellschaftsordnung.« [Kramer, S. 10] Im utopischen Betriebsroman kamen die Autoren in der Regel nicht um konkrete Schauplätze und gesellschaftliche Institutionen herum; politisch konkret ist in den auf Neos spielenden *Mosaik*-Heften nur der Gegner. Darin ähneln sie durchaus einigen frühen utopischen Romanen wie etwa H. L. Fahlbergs *Erde ohne Nacht* (1956) oder Heinz Viewegs *Ultrasymet bleibt geheim* (1955), die gesellschaftspolitisch vage bleiben.

Auf den zweiten Blick fällt auf, daß die Bürger der Republikanischen Union in keiner Weise dem Ideal des sozialistischen Zukunftsmenschen oder auch nur dem Bild des idealen DDR-Bürgers entsprechen, der die Zehn Gebote der sozialistischen Moral und Ethik verinnerlicht hat.[63] Selbstverständlich gibt es

62 Nirgendwo hängen die für die DDR jener Jahre typischen Propagandaplakate, Transparente oder Fahnen – was wohl die Leser des *Mosaik*, gelinde gesagt, befremdet und den Gegnern der »Digedags« Ansatzpunkte für Polemik geliefert hätte.

63 Diese »Gebote« wurden 1958 auf dem 5. Parteitag der SED verkündet. Sie beinhalteten hauptsächlich politische Punkte, schlossen aber auch kleinbürgerliche Tugenden wie Sparsamkeit, Disziplin und eine »saubere und anständige« Lebensweise ein. Eine Rolle im Leben der Menschen spielten sie nie.

unter ihnen edle, großzügige und gewissenhafte Gestalten.[64] Aber auch im Comic gilt, daß sich mit Edelmenschen allein kaum eine spannende Fabel aufbauen läßt. Daher wimmelt es in den Heften von kleinen Ganoven und Gaunern, von Egoisten und geldgierigen Leuten, von verschrobenen Forschern und manischen Sammlern. In gewissen Sinne ist dies ein Qualitätsmerkmal: War die RS-X1 noch großenteils von namenlosen Pappkameraden bemannt, so sind auf Neos die Personen stärker ausgearbeitet. Kleine Macken machen auch Sympathieträger realer – solange sie nicht bis zur Karikatur übertrieben werden.[65] Mitunter benehmen sich nun selbst Dig und Dag um der Handlungskomik willen extrem unreif. In den Heften 36 (*Harte Schule*) und 42 (*Erdölpiraten*) prügeln sie sich sogar wegen Nichtigkeiten.

Wie Touristen durch die Erdgeschichte

Mit dem Heft 38 vom Januar 1960 übernahm der Verlag Junge Welt vom Verlag Neues Leben die Herausgeberschaft. Damit geriet die Heftserie unter eine noch engere Kontrolle durch die FDJ, die in den Zeitungsverlag Junge Welt kräftiger hineinregierte als in den Buchverlag Neues Leben. Hegenbarths Team konterte durch Exposés, die kräftig alle Tasten des ideologischen

64 Bei denen allerdings – schon um der Handlung willen – mitunter Edelmut in schlecht nachvollziehbare Naivität umschlägt, wie etwa als sich Bhur Yham darauf verläßt, daß Peer Tyla, durch ein Ehrenwort gebunden, die RS-X1 nicht verlassen wird.

65 Was ebenfalls Hans Erhard erboste, der die »inhumane« Karikierung monierte – selbst bei den Fieslingen. Sein Fazit anhand des Bildes vom angeblichen Menschen der Zukunft ist vernichtend: »Hier wird ganz deutlich, daß die Digedags zum Hindernis für eine wirklichkeitsnahe Gestaltung unserer Zukunft werden.« [Kramer S. 11] Die Forderung, die »wirkliche«, also eine der Propaganda entsprechende Zukunft auszumalen, wurde zu jener Zeit auch immer wieder an die utopische Literatur gestellt [Steinmüller, S. 99 f.]. Man hört förmlich, wie mißgünstige Funktionäre beim Durchblättern der Hefte aufstöhnten: »Und das soll unsere Zukunft sein!« [vgl. S. 77]

Klaviers anschlugen, und realisierte dann eigenwillig Storys, die sich weit vom Exposé entfernten und den Vorstellungen des Teams von Abenteuer und Humor entsprachen.

Angesichts einer gewissen Enge in der technisch fortgeschrittenen, doch ansonsten recht konturlosen Zukunft und bei sich wiederholenden Handlungsmustern und wohl auch, um nicht enger an die propagandistische Kandare genommen zu werden, wichen Hannes Hegen und seine Mitarbeiter wieder in die Historie aus. Einen passenden Vorwand schuf sich das Team durch eine zweite Weltraumreise, auf die Bhur Yham, nunmehr selbst Kommandant, in Heft 45 (*Ziolkowski weist den Weg*) vom August 1960 Dig und Dag einlädt. Während der langen ereignislosen Interstellarpassagen des supermodernen Raumschiffs XR 8 erzählen nun die Digedags über mehrere Hefte hinweg von ihren früheren irdischen Abenteuern mit Technikpionieren. In Heft 45 beginnen sie, passend zur offiziellen Propaganda vom Aufbruch in den Kosmos, mit dem russischen Raketenpionier Konstantin E. Ziolkowski. Berichte über andere Erfinder und Erfindungen folgen. Recht ausführlich wird insbesondere die Geschichte der Dampfkraft vom antiken Alexandria bis ins 19. Jahrhundert nacherzählt.

In kurzen, über je zwei Hefte laufenden Zwischenspielen unternehmen Dig und Dag mit den reichlich schrulligen Forschern der XR 8 Erkundungstouren auf fremden Planeten. Nun wird – entsprechend dem Bildungsauftrag – die Evolution des Lebens hübsch chronologisch vorgeführt, so wie sie auf der Erde abgelaufen ist. Dabei wird die Naturgeschichte durch burleske Szenen mit der urzeitlichen Flora und Fauna interessant gemacht. In der Erdurzeit, wo die Welt noch unbelebt ist, stehen tölpelhafte Aktionen und Klamauk im Vordergrund. Nach der ersten Landung verirrt sich das die Expedition begleitende Film-Team auf einer Welt mit Dauerregen und Vulkanen. Auf dem nächsten Planeten stürzen Dig und Dag in einen Algensee und werden prompt für fremdartige Lebensformen gehalten. Bald konstruieren sie aus einem Schreibtisch ein Boot und veranstalten eine Weltraum-Lotterie. Auf einem weiteren Planeten treiben sie ihren Schabernack mit Riesenlurchen und Rieseninsekten. Schließlich begegnen sie Affenmenschen und metsüchtigen Urmenschen, die mit Sauriern zusammenleben! Die eigentliche Handlung erschöpft sich zumeist in Situationskomik und purem Slapstick mit Viechern und Forschern.

Nein, vor Absurditäten und Anachronismen scheuten Hannes Hegen und sein Kollektiv nie zurück, wenn sich nur damit eine turbulente Szene realisieren ließ. Das war schon in der Neos-Serie mit einem aus der Zeit gefallenen Geburtstagskränzchen am Anfang von Heft 29, mit Taschen-Kuckucksuhren und dergleichen mehr so. Doch der Beginn von Heft 56 (*Schreibtisch ahoi!*) vom Juli 1961 löst heute bei mir ein verständnisloses Kopfschütteln aus: Die Besatzung des Raumschiffs XR 8 besteht nur aus Männern. Einzige Ausnahme sind zwei Putzfrauen, die die Papierkörbe leeren! Nach der Landung auf einem urzeitlichen Planeten schleppen sie die Schreibtische aus den Raumschiffbüros ins Freie, um den Frühjahrsputz zu erledigen!

Drei Jahre vorher hatten im Raumschiff RS-X1 die durchaus zahlreichen Frauen noch halbwegs gleichberechtige Positionen inne, wenn auch nicht gerade in der höchsten Leitungsebene, eher in der medizinischen Abteilung. Ein Name war schon bei den männlichen Besatzungsmitgliedern die Ausnahme, bei den weiblichen gab sich das Kollektiv nie die Mühe, nicht einmal bei der sehr progressiv gezeichneten Leitungsassistentin von RS-X1, der einzigen Frau, die mit eigenem Text zu Wort kommt. Immerhin erfahren wir viel später in Heft 40 (*Tatort Papageienstraße 12*) ganz beiläufig, daß sie Siria Kysur heißt und mittlerweile mit Bhur Yham verheiratet ist. Sie begleitet ihn jedoch nicht auf den Flug der XR 8.[66] Woher dieser absurde Rückschlag

66 Irritierenderweise ist Siria Kysur abgebildet, als die neuerliche Weltraumreise in der Beilage zu Heft 37 angekündigt wird. Der Text von Lothar Dräger spart sie aber aus: »saßen sie alle zusammen: die Digedags, der Raumschiffkommandant Bhur Yham und Ingenieur Knips.«– Man darf mutmaßen, daß das Team um Hannes Hegen ihr ursprünglich noch eine Funktion auf der zweiten Weltraumreise zugedacht hatte.

Beilage zu *Mosaik* Nr. 37

für die Emanzipation rührt, bleibt mir rätselhaft. Offensichtlich war die gesellschaftliche Stellung der Frauen keinem der Beteiligten wichtig, nicht dem Kollektiv um Hannes Hegen, das munter seine Klischeevorstellungen ausmalte, nicht dem Verlag und wohl auch nicht den meist jugendlichen Lesern. – Oder im Gegenteil: Erik Simon verdanke ich die Vermutung, daß die Abwesenheit der Frauen auf der zweiten Expedition darauf zurückzuführen sein könnte, daß in den klamaukhaften Abenteuern auf den Urzeit-Planeten jede Person diskreditiert würde, wie im DDR-Kabarett aber Frauen nicht verspottet werden durften.

Doch auch die Darstellung der männlichen Expeditionsteilnehmer zog heftige Kritik auf sich. Als angebliche Menschen der Zukunft hätten sie doch dem Ideal entsprechen sollen! Hans Ehrhard, der zu dieser Zeit die Serie als Chefredakteur betreute, monierte in dem erwähnten internen Schreiben an den unter seiner Verantwortung entstandenen Heften: »Gerade das Gegenteil von kommunistischen Wissenschaftlern propagiert ›Mosaik‹: Hier sind die Professoren trottelhaft, fachidiotisch und lebensfremd dargestellt.« [Kramer, S. 11] Wohl wahr! Da kratzen die kühnen Forscher wie ordinäre Touristen ein »Ich

Mosaik Nr. 73

war hier« in die Felsen fremder Planeten. Statt ihren Forschungen nachzugehen, spielen sie Skat. Nur eben »lebensfremd« sind sie nicht: Die Leser konnten sich und ihre Nachbarn und Zeitgenossen in ihnen wiedererkennen. – Aber was zum Teufel, fragte ich mich damals, haben Filmregisseure, Bergsteiger und Putzfrauen in einem Raumschiff zu suchen?

Die erdgeschichtlichen Epochen kommen ungefähr so ins Bild, wie sie auch in Sachbüchern[67] beschrieben wurden – wenn die Slapstick-Handlung nicht gerade anderes erforderte. Allenthalben lockern halbwegs witzige oder zumindest witzig gemeinte Ideen die populärwissenschaftlichen Bildergeschichten auf: Wie überlistet man Lurche? Wie reitet man auf dem Rieseninsekt Meganeura oder auf einem Pteranodon durch die Lüfte? Wie und wozu eigentlich zeichnet man Tierstimmen auf? Gravierend wird die Eigenwilligkeit des Teams in Heft 73 (*In grauer Vorzeit*), wo Urmenschen, die mit ihren Hörnerhelmen ein germanisches Gepräge an den Tag legen, mit domestizierten

67 Mir persönlich sind schon damals Ähnlichkeiten zu dem opulenten Bildband *Tiere der Urzeit* von Josef Augusta und Zdeněk Burian aufgefallen. Noch stärker hat sich das *Mosaik*-Team bei der westdeutschen Publikation *Die Welt in der wir leben* [Barnett] bedient.

Sauriern zusammenleben – wie etwa gleichzeitig in der TV-Serie *Familie Feuerstein.*[68]

Mit dieser Verfälschung der Evolutionsgeschichte, die man sonst nur von evangelikalen Fundamentalisten oder in billigen Saurier-Urmensch-Cartoons (etwa von Erich Schmitt) erwartet hätte, wurde der Bildungsauftrag klar konterkariert. Auch hier ließ der Verlag das Team gewähren. Mochten immer wieder Funktionäre wie Ehrhard die Hefte kritisieren, mochten sie Attacken starten, um der Bilderzeitschrift den Todesstoß zu versetzen, das *Mosaik* hatte Leser und Fürsprecher auch unter dem DDR-Führungspersonal, und die Absatzzahlen sprachen aus Verlagssicht eindeutig zu seinen Gunsten.

Ende der Bildungsreise

Erdgeschichtlich waren die Digedags mit dem Heft 73 vom Dezember 1962 an die historische Zeit herangekommen. Die Zukunft in Gestalt des fernen Planeten Neos war nun schon lange Vergangenheit. Bereits seit Heft 46 (*Erfindungen nicht gefragt*) hatte der Leser mit den Digedags, alternierend mit den erdgeschichtlichen Planetenheften, unterhaltsame Bildungsreisen durch die Geschichte unternommen. Ab Heft 74 (*Jeder einmal Vizekönig von Peru*) sind die Digedags fortlaufend historisch unterwegs.[69] Lose verbunden durch die Thematik Dampfmaschine – Eisenbahn – Erfindungen geht es durch das 19. Jahrhundert nach Peru, Holland, Prag, Dresden, Berlin, Kiel, Wien, Venedig …

Ab Heft 90 (*Das Tournier von Venedig*) vom Mai 1964 startet eine neue, durchgängig konzipierte und erzählte Serie, die mich

68 *The Flintstones* lief ab September 1960 im amerikanischen Fernsehen; *Mosaik*-Heft 73 erschien zwei Jahre später. Das westdeutsche Fernsehen brachte die Serie *Familie Feuerstein* erst ab 1966.

69 Der Geschichtsunterricht in der DDR-Schule drehte sich vorwiegend um den Klassenkampf in allen historischen Epochen. Manches von dem, was sonst noch passiert war, erfuhr ich aus dem *Mosaik*. So gesehen, haben die Hefte ihren Bildungsauftrag durchaus erfüllt!

und die anderen Leser ins Mittelalter zurückversetzte. Neuer Gefährte der Digedags ist der streitsüchtige und trink*un*feste Ritter Runkel von Rübenstein, der auf Anhieb die Herzen vieler *Mosaik*-Leser gewann. Mit ihm reisen Dig und Dag von Venedig über zahlreiche Zwischenstationen zu seiner Heimatburg, wo ihn seine Liebste erwartet. Die drei werden in Intrigen, Turniere, Stierkämpfe und Seeschlachten verwickelt, schlagen sich durch die Levante bis in den Orient und sammeln unterwegs sogar den verschollenen Digedag ein. Erst in Heft 151 von 1969 erreichen sie Burg Rübenstein.

In dem nächsten langen Zyklus durchstreifen Dig, Dag und Digedag Nordamerika zur Zeit Mark Twains und der Sklavenbefreiung. So nehmen sie etwa als Zeitungsreporter an einem Dampfboot-Rennen auf dem Mississippi teil. Natürlich setzen sie sich für die Sklaven ein, die Fronten sind klar, doch tut dies der Story keinen Abbruch. Und für uns, die wir damals die Hefte verschlangen, öffnete sich jenseits aller Indoktrination ein Fensterchen zur Welt. Arbeitete auch Hannes Hegen sein Fernweh ab? Während die DDR-Bürger maximal bis an die Schwarzmeerküste und in die Mongolei oder auch einmal nach Kuba fahren durften, durchstromerten an ihrer Statt die Digedags die gesamte Welt. Nach Nord- und Südamerika gelangen sie wieder in den Orient, und da endet nach einem Dutzend Heften mit Nummer 223 (*Fatimas Heimkehr*) ihre Reise mit einer Rückkehr in das Phantasiereich, aus dem sie einst als Kobolde gekommen waren. Die Leser, die weitere Abenteuer erwartet hatten, wurden von dem unangekündigten Ende absolut überrascht.[70] Aus meiner Aufmerksamkeit allerdings waren die Digedags schon früher, irgendwann in Amerika, entschwunden.

Im Jahr 1974 trennten sich Hegenbarth und der Verlag Junge Welt. Wahrscheinlich hatte der hartnäckige Privatunternehmer in den Vertragsverhandlungen überreizt. Wahrscheinlich

70 Überrascht wurde sogar der Verlag! Ehe die ersten Abrafax-Hefte erschienen, druckte der Verlag mehrere Monate lang Hefte vom Beginn der Ritter-Runkel-Serie nach.

waren manche Funktionäre heilfroh, den Sturkopf endlich loszuwerden. Mit Hannes Hegen verschwanden die Digedags, sein geistiges Eigentum, daher das plötzliche Ende. Die Abrafaxe, entworfen von Lothar Dräger und den verbliebenen Experten aus dem *Mosaik*-Kollektiv, sollten sie ersetzen. Für eine gewisse Kontinuität war so gesorgt. Allerdings schneiden in meiner Erinnerung die »Abrafaxe« vor allem im Vergleich zu den ersten *Mosaik*-Heften, den römischen und den im Weltraum spielenden, schwächer ab. Gewiß, im Rückblick überstrahlen die Lektüreerlebnisse der Kindheit alle späteren.

Die »Digedags« sind ein Stück ostdeutscher Identität. Heute kann man die Hefte auch als einen Kommentar auf die Geschichte der DDR lesen – freilich nicht von vorn, von der Bühne, sondern aus der oberen Seitenloge, wo zu allem ernsthaften Geschehen gewitzelt und gefrotzelt wird und man mit den Gedanken oft völlig woanders ist.

Literatur

Augusta, Josef / Burian, Zdeněk: *Tiere der Urzeit.* Prag: Artia / Leipzig und Jena: Urania 1956.

Barnett, Lincoln und LIFE-Redaktion: *Die Welt in der wir leben: Die Naturgeschichte unserer Erde.* München und Zürich: Droemer/Knaur 1956.

Böhm, Karl / Dörge, Rolf: *Auf dem Weg zu fernen Welten. Ein Buch von der Weltraumfahrt.* Berlin: Neues Leben 1958.

Böhm, Karl / Dörge, Rolf: *Unsere Welt von morgen.* Berlin: Neues Leben 1960.

Fahlberg, H.L.: *Erde ohne Nacht. Technischer Zukunftsroman.* Berlin: Das Neue Berlin 1956.

Friske, Matthias: *Die Geschichte des »Mosaik« von Hannes Hegen: Eine Comic-Legende in der DDR.* Berlin: Lukas Verlag, 3., durchgesehene und ergänzte Auflage 2010.

Hegen, Hannes: *Die Digedags in Amerika.* Berlin: Junge Welt 1992. Das als Motto verwendete Zitat steht auf der Rückseite.

Kramer, Thomas: *Das Mosaik FanBuch. Zweiter Teil.* Berlin: Dietz 1994.

Schmitt, Erich: *Adam und Evchen / Kollege Blech.* Berlin: Eulenspiegel-Verlag 1965.

Schmitt, Erich: *Das dicke Schmitt-Buch.* Berlin: Eulenspiegel-Verlag 1968.

Schmitt, Erich: *Karl Gabels sämtliche Weltraumabenteuer.* Berlin: Eulenspiegel-Verlag 1980.

Schmitt, Erich: *Karl Gabels Weltraumabenteuer.* Berlin: Eulenspiegel-Verlag 1973.

von Braun, Wernher, und Mitarbeiter: *Station im Weltraum.* Frankfurt a. M.: S. Fischer 1953.

Steinmüller, Angela und Karlheinz: *Vorgriff auf das Lichte Morgen. Essays zur DDR-Science-Fiction.* Berlin: Memoranda 2023.

Vieweg, Heinz: *Ultrasymet bleibt geheim. Zukunftsroman.* Berlin: Neues Leben 1955.

Vieweg, Heinz: *Die zweite Sonne. Wissenschaftlich-phantastische Erzählung.* Halle (Saale): Mitteldeutscher Verlag 1958.

Das Mosaik von Hannes Hegen: Überblick über die Neos- und Weltraumhefte

Heft	Monat/ Jahr	Titel	Thema
25	12/58	Die Entführung ins All	Raumflug Erde – Neos
26	1/59	Notlandung auf dem Mars	
27	2/59	Die neue Sonne	
28	3/59	Alarm in der Raumstation	
29	4/59	Auf dem Neos verschollen	Auf dem Neos: Spione und Saboteure
30	5/59	Der Staudamm am Schwarzen Fluß	
31	6/59	Unternehmen Garnele	Supermetall Digedanium
32	7/59	Der Blitz als Entdecker	
33	8/59	Digedanium – Metall vom Meeresgrund	
34	9/59	Geheimsache Digedanium	
35	10/59	Die große Flugschau	Flugwesen in Vergangenheit und Zukunft
36	11/59	Harte Schule	
37	12/59	Maschine CB-5 auf dem Prüfstand	
38	1/60	Maschine CB-5 in Gefahr	
39	2/60	Ein rätselhafter Fund	
40	3/60	Tatort Papageienstraße 12	Auf der Spur eines Spions
41	4/60	Das Geheimlabor im Stollen 5	
42	5/60	Erdölpiraten	
43	6/60	Elefant gesucht	
44	7/60	Geheimakte KF 3 verschwunden	
45	8/60	Ziolkowski weist den Weg	Start zum neuen Raumflug / Über den Raumfahrtpionier

51	2/61	Im Zeichen des Wassermanns	Planet Archaikon (Erdfrühzeit / Archaikum)
52	3/61	Die Entdeckung des Algensees	
56	7/61	Schreibtisch ahoi!	Planet Proterokon (Proterozoikum und Devon)
57	8/61	Schwein muß man haben	
61	12/61	Der Lurch mit der Brille	Planet Karbones (In der Saurierzeit / Karbon)
62	1/62	Im Lande der Saurier	
66	5/62	Die Tierstimmenjäger	Vierter Planet (Miozän / Eiszeit)
67	6/62	Auf Affenfang im Gletschereis	
72	11/62	Die verschlüsselte Botschaft	Letzter Planet (Bei Affen- und Urmenschen)
73	12/62	In grauer Vorzeit	

Rezensionen

Arne Sjöberg: Die stummen Götter. Utopischer Roman

Berlin: Buchverlag Der Morgen 1978

Arne Sjöberg: Andromeda. Utopischer Roman

Berlin: Buchverlag Der Morgen 1983

Wer über die Höhepunkte der DDR-SF schreibt, kommt um Arne Sjöberg und seine beiden Romane nicht herum. Als 1978 *Die stummen Götter* erschien, versetzte das Buch die Leser in Begeisterung. Noch zwanzig Jahre später nahm der Roman in einer Umfrage unter ostdeutschen SF-Freunden einen vorderen Platz ein. *Andromeda* setzte 1983 die Erfolgsgeschichte im doppelten Sinne fort, vom Inhalt her und in der Lesergunst. Sjöberg bot nicht die gewohnten, altbackenen Weltraumabenteuer. Er kombinierte viel *sense of wonder* mit einer spannenden Handlung und einer eindrucksvollen düsteren Stimmung.

Von Anfang an fesselt Sjöberg in *Die stummen Götter* seine Leser: Ein Expeditionsteam landet auf einem Planeten der Sonne Spica. Es soll eine Basis von extrem fortgeschrittenen Außerirdischen, die man nach der Bezeichnung des Planeten Tantaliden nennt, erforschen. Doch der Roman beginnt nicht mit Untersuchungen, sondern wie ein Krimi. Vier Raumfahrer verschwinden. Eine unbekannte Kraft, die sich in atmosphärischen Schlieren manifestiert, holt sie aus ihren Raumanzügen. Sind sie tot? Oder wurden sie an einen unbekannten Ort entführt? Und wo bleiben die Tantaliden? Und weshalb wächst um das Expeditionslager herum eine Mauer aus einem mysteriösen, unzerstörbaren Super-Material?

So sah der Erstkontakt mit den Außerirdischen in den SF-Romanen von DDR-Autoren bislang nicht aus. Trafen irdische Kosmonauten auf hochentwickelte »Brüder in der Vernunft«, verlief die Begegnung relativ konfliktlos, denn diese Aliens sollten ja nach der marxistisch-leninistischen Lehre in einer klassenlosen, also friedfertigen Gesellschaft leben. Allenfalls konnten die Raumfahrer auf rückständigen Planeten in Klassenkämpfe verwickelt werden. In den 1970er Jahren verabschiedeten sich viele Autoren zumindest in ihren Storys allmählich von dieser Vorstellung. Grundsätzliche philosophische und moralische Fragen traten in den Vordergrund: Wie soll man sich verhalten, wenn man mit etwas absolut Fremdartigem konfrontiert wird? Sind die herkömmlichen irdischen Maßstäbe noch brauchbar? Was macht den Menschen aus?

Flüssig, eingängig und spannend geschrieben verriet der Text des Romans, daß hier kein Neuling, sondern ein versierter Autor am Werk war. Hinter dem schwedisch klingenden Pseudonym verbarg sich der Leipziger Jürgen Brinkmann, der, als *Die stummen Götter* erschien, bereits zwei Gegenwartsromane und einen Kriminalroman verfaßt hatte. Sein erstes Buch *Frank Mellenthin. Roman einer Wandlung* war stark autobiographisch gefärbt und schilderte die Erlebnisse eines jungen Mannes in den Wirren der Nachkriegszeit. Auch der Krimi *Monsieur bleibt im Schatten* fand viel Anklang; Brinkmann verfaßte ihn gemeinsam mit einem weiteren Leipziger Autor, Werner Schmoll, in diesem Fall unter den Pseudonymen Paul Evertier (für Brinkmann) und Jean Taureau (für Schmoll), womit sie den Lesern ein französisches Autorenteam vorgaukelten. Später folgten weitere Krimis und Gegenwartsromane.

In *Die stummen Götter* schildert Sjöberg, wie eine Expedition in einer fremdartigen, totbringenden Welt in eine Sackgasse läuft. Von der Stimmung und der Dramatik her drängt sich ein Vergleich mit den Romanen *Atomvulkan Golkonda* von Arkadi und Boris Strugazki (DDR: 1961) und *Der Unbesiegbare* von Stanisław Lem (DDR: 1967) auf. Stilistisch ist Sjöberg mit seiner so nüchternen wie eindringlichen Schreibweise näher bei Lem. Explizit zollt er seinem Vorbild Tribut: Eine Waffe, der »Weyr-Werfer«, heißt so wie in *Der Unbesiegbare*. Eine weitere Parallele: Frauen findet man im Roman Sjöbergs mit seiner militärisch organisierten Männerwelt so wenig wie bei Lem.

Ebenfalls wie in *Der Unbesiegbare* wollen die Forscher Sjöbergs nach ergebnislosen Spekulationen dem Rätsel auf den Grund gehen, wenn es sein muß, mit brachialer Gewalt. Sie fühlen sich von einer unbekannten feindlichen Macht bedroht, sind auf alles gefaßt und rüsten sich dementsprechend aus. Aus dem Orbit verfolgt ihr Raumschiff das Geschehen auf dem Boden. Mit überaus robusten Panzerfahrzeugen brechen sie zu einem gewaltigen Turm auf, dem einzigen bekannten Bauwerk des Planeten. Ähnlich Rohan, der Hauptperson bei Lem, spielt der Ich-Erzähler eine Sonderrolle. Er, ein Journalist, zweifelt am Sinn des martialischen Vorgehens.

Vor den Augen der Expeditionsteilnehmer entfaltet sich eine karge Gebirgslandschaft. Unterwegs stoßen sie auf ein Bergwerk der Tantaliden – und prompt entführen die Schlieren wieder zwei Männer. Doch diesmal gelingt es den Forschern, die Quelle des angeblichen Angriffs zu identifizieren: zylinderförmige Gebilde. Wo immer sie fortan auf diese Apparate treffen, zerstören sie diese. Was folgt, ist eine dramatische Eskalation.

Der Turm ist erreicht. Man versucht, mit Gewalt einzudringen, was neue Opfer kostet. Nun greift man auf die stärkste Waffe zurück – und der Turm vernichtet die Panzerfahrzeuge. Der Erzähler überlebt und mit ihm ein Schwerverletzter. Das Raumschiff sendet Retter. Wieder bezahlen es Männer mit ihrem Leben. Daraufhin beschließt der Kommandant, den Turm zu vernichten. Der Schlagabtausch resultiert in der totalen Katastrophe: Das Raumschiff verglüht. Allein der Erzähler überlebt. Für ihn öffnet sich der Turm.

Wie im Detektivroman wird am Ende die Erklärung geliefert. Was der Leser längst ahnt, offenbart sich dem Helden im Turm: Die Schlieren retten Menschen vor den erratischen

Energieausbrüchen von Spica. Er findet seine Kameraden (bei einigen nur Körperhälften) in Stasiskammern.

Sjöberg, geübt als Krimiautor, hat es verstanden, einen Spannungsbogen zu setzen, ihn immer wieder durch kleine Hinweise zu verstärken und alles in einem explosiven Schluß – samt überraschender Enthüllung – kulminieren zu lassen. Allerdings, absolut überraschend kommt der Schluß für den Leser nicht, der längst vermutet, daß die Schlieren die Raumfahrer irgendwie in Sicherheit bringen. Desto irrwitziger, ja dümmlich muß das ausschließlich von militärischer Logik bestimmte Handeln erscheinen – mit einer unausweichlichen, fast gerecht wirkenden Katastrophe am Ende.

Interpretiert man *Die stummen Götter* als Kritik an militärischem Denken, könnte der Roman die Kontroversen der 1980er Jahre vorwegnehmen, die Polemik der DDR-Propaganda gegen die »Hochrüstung« des Westens. Doch dies paßt nur auf den ersten Blick. Eine pazifistische Botschaft war in der DDR-Literatur generell unerwünscht und wird auch von Sjöberg nicht vorgebracht. Er kritisiert ein uneinsichtiges, unreflektiertes Handeln und insbesondere die Übertragung irdischer Maßstäbe in unirdische Situationen. Bei der Konfrontation mit dem absolut Fremdartigen sind Borniertheit und Ignoranz tödlich. Die Expeditionsteilnehmer kämpfen gegen die uralten Maschinen der Tantaliden, etwas, das sie nicht verstehen und nicht verstehen wollen, sosehr sie auch über die Tantaliden spekulieren. Damit führt Sjöberg ein Konfliktmuster für den Erstkontakt, das sich in der DDR-SF damals gerade erst etablierte, zur Konsequenz: Die Menschen interpretieren bei der Begegnung mit den Außerirdischen Ereignisse oder Situationen falsch. Das Mißverständnis trägt die Handlung, es zieht gravierende Folgen nach sich. Bei Sjöberg erreicht die resultierende Katastrophe geradezu kosmische Dimensionen.

Die Tantaliden selbst bleiben von Anfang bis Ende geheimnisvoll. Andere Autoren investieren viel Phantasie in eine mehr oder weniger detaillierte Schilderung der Außerirdischen. Bei

Sjöberg zerstört keine Beschreibung die Aura des Mysteriösen, die die allgewaltigen, entrückten »stummen Götter« umgibt. Der Bezug zum Mythos von Tantalus wäre hier allerdings nicht nötig gewesen; er wirkt aufgesetzt.

Sjöbergs zweiter SF-Roman *Andromeda* (1983) schließt direkt an *Die stummen Götter* an. Der einzige Überlebende, der Ich-Erzähler, wird von den Tantaliden in eine weit entfernte Welt entrückt, auf einen verbrauchten, ausgelaugten, von den Tantaliden verlassenen Planeten, der sich irgendwo in der Andromeda-Galaxis befindet (was wie üblich völlig irrelevant ist, nur die Distanz versinnbildlichen soll). Mehr noch als in *Die stummen Götter* beherrscht eine düstere Endzeitstimmung den Roman: In der kargen Landschaft brechen ausgehöhlte Berge in sich zusammen; was einst Stadt war, ist verfallen. Dennoch schlägt der Held sich durch, erkundet notgedrungen die Umwelt, sinniert dabei über sich, sein Leben, seine Erfahrungen. Er ist ein Robinson auf einer fremden Welt, ohne die geringste Aussicht, je zurückzufinden.

Daß er überhaupt überlebt, hat er der »Großen Amöbe«, einem riesigen, von den Tantaliden erschaffenen Gallert, zu verdanken. Diese Amöbe nimmt die Rolle des Freitag in der Robinsonade ein. Der Ich-Erzähler kann sich mit ihr telepathisch verständigen, ohne sie wäre er verloren, in ihr reist er auf der Suche nach den Tantaliden von Planet zu Planet – wie in einem Raumschiff! Schließlich findet er die Rückzugswelt der Tantaliden und wird, wie nicht anders zu erwarten, enttäuscht. Die allmächtigen außerirdischen Götter haben sich tief in die Unterwelt des Planeten zurückgezogen und alles aufgegeben. Ihr Dasein dreht sich nur noch um die »Abschlußfrage«. Wie ist das Universum beschaffen? Ist es endlich und abgeschlossen oder unendlich und offen? Im ersten Fall, einem endlichen Universum, gibt es für sie nichts mehr zu erkennen, nicht mehr zu hoffen, ihr Streben, ihre Existenz hat jeglichen Sinn verloren. »Alpha gleich Omega« als Grund für die Selbstaufgabe einer zur maximalen Höhe entwickelten Intelligenz!

Man fühlt sich an die »große Frage nach dem Sinn des Leben, dem Universum und dem ganzen Rest« erinnert, die Douglas Adams just zur selben Zeit in Umlauf brachte. »42« ist definitiv die bessere Antwort.

Wie der Held wird auch der Leser an dieser Stelle enttäuscht. Der ursprüngliche *sense of wonder* verfliegt, die Aura des Geheimnisvollen, die die Tantaliden umgab, löst sich auf, was bleibt, ist banale Mystik.

Sjöberg sah wohl selbst, daß sein Roman so nicht enden konnte und auch ideologisch angreifbar geworden wäre; er setzt einen Kontrapunkt, bietet eine Alternative, einen Gegenentwurf zu den Tantaliden: Als der Planet zerplatzt, wird der Ich-Erzähler von den »Lautlosen Goldenen« gerettet. Diese Außerirdischen leben für die Bewegung, die Veränderung, sie schaffen rastlos, kennen kein endgültiges Ziel. So ist letztlich ein positives Ende gesichert: Sie holen den Helden auf ihren grünen und friedvollen Planeten. Von dort aus öffnet sich ihm ein Blick auf die sich in der Milchstraße ausbreitende Menschheit.

Es folgt noch eine kurze »Nachbemerkung des Herausgebers«, der gemäß beide Romane als Botschaft aus einer fernen Zukunft gelten sollen. Inhaltlich hat diese nachgereichte Rahmung keine Funktion; sie ist unnötig und wirkt ein wenig altmodisch.

Ein dritter SF-Roman Sjöbergs wurde 1990 vom Buchverlag Der Morgen angekündigt. *Die Bedrohung*, so der Titel, sollte schildern, wie sich auf einem fernen Siedlungsplaneten nach einer kosmischen Katastrophe ein totalitäres Regime mit einer kleinen Oberschicht herausbildet. Vielleicht hätte diese Antiutopie sogar einen interessanten DDR-Bezug gehabt? Weil der Verlag zusammenbrach, wurde das Buch nicht veröffentlicht.

Mit den beiden Romanen um die »stummen Götter« und mit der kosmologisch-philosophischen Erzählung »Kein Weg zurück« (1986), seiner einzigen SF-Story, hat Sjöberg einen originellen und auch literarisch herausragenden Beitrag zur DDR-SF geleistet.

Gottfried Meinhold: Weltbesteigung. Eine Fünftagefahrt. Roman

Berlin: Das Neue Berlin 1984

Selten nur verbirgt sich unter den Büchern, die in der DDR noch immer altväterlich-gravitätisch als »utopischer Roman« verkauft werden, das, was der Untertitel verspricht. Freilich, utopische Momente fließen in die SF der DDR häufig ein: da wird das Geld abgeschafft oder die Erde von einer wohlmeinenden Weltregierung administriert, doch dies bleibt für gewöhnlich Beiwerk, bildet lediglich die fast schon selbstverständliche Kulisse, vor der beliebige Themen behandelt werden. Nicht so bei Meinhold. *Weltbesteigung* ist eine veritable Utopie, die klassischen Baumustern erstaunlich eng folgt. Cargéla, so der Name der zu besteigenden Welt, liegt auf Antarktika in der für Utopien typischen insularen Abgeschlossenheit und ist ein auch architektonisch abgekapselter, autarker Stadtstaat, der Besuchern – Kandidaten auf künftige Bürgerschaft – nur ausnahmsweise den Zutritt gestattet. Über eine Spanne von fünf Tagen verfolgt der Leser die Bemühungen von vier Top-Wissenschaftlern und einem ebenfalls nicht cargélensischen Reiseführer, die Höhen Cargélas zu erklimmen, also sich über diese Welt ein Bild zu machen, sich mit ihr anzufreunden und sich für oder gegen sie zu entscheiden. Ähnlich den klassischen Utopien rollt ein Sightseeing-Programm ab, untermauert durch lange Diskussionen und die Bekanntschaft mit Welt-Insidern, insbesondere verlockend-unerreichbaren Cargélenserinnen.

Die südpolare Gelehrtenrepublik empfängt die Neuankömmlinge mit einem Schock. Hier, wo die Wissenschaft Ideale und Ziele bestimmt (S. 183), herrschen Perfektion, Helligkeit, Rationalität. Redundanzen – auch im Gespräch – sind als Zeitverschwendung verpönt, jeder Satz enthält ein Maximum an Information. Sich einzustimmen fällt da schwer, und wer sich vorschnell der Reizflut exponiert, bricht zusammen. Der

Mensch von draußen ist dem cargélensischen Intensiv-Leben nicht gewachsen. Selbst die Einheimischen, heißt es an einer Stelle (S. 93), erkaufen sich die gedrängte Fülle jeden Augenblicks mit rascherem Altern.

Cargéla ist utopische Stadt auch von der Größe des Entwurfs her, und die Schilderung nimmt bisweilen enzyklopädische Breite an. Hier ballt sich, was Wissenschaft und Technik vermögen, im industriellen Bereich und in dem der Freizeit, die nicht dem Müßiggang, sondern der geistig-konzentrierten Zerstreuung dient. Doch das Maschinenwerk, die Fabrikationsstätten, die die Welt-Touristen besuchen, die Hardware der Utopie, ist der geringere, uninteressantere Teil; den wichtigeren könnte man mit Selbstvervollkommnung überschreiben, oder wie es der Autor ausdrückt: mit dem »Möglichkeitsüberschuß« (S. 271) für den Menschen, der »Überwindung der individuellen Beschränktheit« (S. 155 f.). Diese ist freilich leichter proklamiert als vorgeführt.

Noch jede wackere neue Welt hat nach einem ihr angemessenen Menschentyp verlangt; folgerichtig gleitet die Wissenschaftseuphorie hinüber in die Utopie vom Homo superior. »Wir machen einen neuen Menschen aus Ihnen« (S. 242), verspricht der Repräsentant Cargélas dem Guide, der die Bürgerschaft anstrebt und sich doch nur in den hellsten, konzentriertesten Momenten zu jenem intellektuellen Höhenflug aufschwingen kann, der allein den Zutritt zum Wissenschaftsparadies öffnet. Leben heißt für die geistigen Übermenschen Cargélas vor allem anderen denken und dies auf andere Weise, auf einem höheren Niveau (S. 221). Äußerung des Denkens ist wiederum die Sprache, also erstaunt es nicht, daß der Sprachwissenschaftler Meinhold die Aufgabe der cargélensischen Schule im Training des Sprachvermögens sieht (S. 224 f.). Allerdings gelingt es ihm nicht immer, die überragenden Fähigkeiten der Cargélenser überzeugend zu gestalten. Das bloße Hin- und Herwuchten von Kategorien in den unablässigen Diskussionen ist eher Beweis von Intellektualität als von Intellekt, und allzuoft gerät die behauptete bedingungslose Liebe zur Wahrheit, die in Cargéla das höchste Gesetz sei (S. 420), im Diskurs zu blanker Rhetorik.

Allein mit einem Training seiner kleinen grauen Zellen ist der neue Mensch noch nicht geformt. Geschulte, sensibilisierte Sinnesorgane sind unabdingbare Voraussetzung für den besonderen Bewußtseinszustand, den er anstrebt, der »mathematische, trennscharf denkende, differenzierende, hellwache, zielstrebige Homo sapiens cargelensis, der souveräne Problemlöser« (S. 351).

Nur allmählich und unterschwellig keimt Kritik an dieser durchperfektionierten Welt auf. Die Erblast der klassischen Utopien – hypertrophierte Rationalität – drückt, ein leises Unbehagen meldet sich an, wird vom Glanz Cargélas vorübergehend zerstreut, formiert sich wieder, bricht jedoch nie aus, nicht einmal zum Schluß. Kriminalität gibt es nicht. Was die Ordnung stören könnte, ist abgeschafft. Als einer der Besucher eine Fahrkabine durch Eingabe einer unsinnigen Richtungscodenummer »mißbraucht«, erfährt er, daß dem Rückfall durch »injiziertes Gewissen« (S. 264 f.) vorgebeugt werde. Mag dem Leser, aufgeschreckt durch Diskussionen um genetische Manipulation, dabei eine Gänsehaut über den Rücken laufen, Autor und Protagonisten verhalten sich wie schon im Fall der nötigen psychophysischen Angleichung an Cargéla frappierend kühl und distanziert, akzeptieren als »weltgemäß«, was nicht als menschgemäß gelten sollte. Gerade diese relative Folgenlosigkeit läßt vermuten, daß es sich bei dieser Szene trotz aller sprachlichen wie inhaltlichen Geschlossenheit des Romans um ein nicht völlig ins Werkganze assimiliertes Spannungselement handelt, das zwar zu Cargéla gehört, aber nicht bis in die letzte Konsequenz durchdacht wurde.

Auffälliger noch springt eine andere Szene als potentieller Fremdkörper ins Auge: der Black-Out, das kurzzeitige Versagen der Energieversorgung (S. 396). In einer durch und durch perfekten Welt hat der Zufall nichts zu suchen, er ist ins Reich der Kunst verbannt (S. 417). Auch bei dem Black-Out beruhigt man sich schnell: Es sei ein Probealarm gewesen, der die

Cargélenser vielleicht daran erinnern soll, daß es keine absolute Sicherheit gibt (S. 398). Erstaunlicherweise wird dieser ungeheuerliche, enthüllende Vorfall kaum diskutiert, nicht einmal als Beweis dafür angeführt, daß der Zufall letztlich doch nicht total eliminierbar ist. Daher beschleicht mich der Verdacht, daß die Szene in ihrer Konsequenzlosigkeit weniger der inneren Logik des Werks geschuldet ist als der realen Möglichkeit eines Black-Outs in unserer technischen Zivilisation. Ich lese die Szene auch als einen fernen, schwachen Nachhall auf E. M. Forsters klassische Erzählung »The Machine Stops« (1909), die ebenfalls in einer in sich geschlossenen Kunstwelt-Maschinerie mit rein intellektuell tätigen Bewohnern spielt.

Schließlich, zum Ende der Fünftagefahrt, müssen die Protagonisten Farbe bekennen, müssen sie ihre Eindrücke einschätzen, Cargéla bewerten. Sehr unterschiedlich reagieren sie auf das Welt-Angebot: den einen zerreißt es zwischen dem Wunsch dazuzugehören und dem, doch draußen zu bleiben, der andere verschreibt sich den erlebten Idealen. Am sympathischsten wirkt die Entscheidung des einen, der Cargéla aus gewonnener Überzeugung den Rücken kehrt. Doch in der Vielfalt der Stellungnahmen kommt das Kernproblem nur am Rande und nur abstrakt philosophisch zur Sprache: Was ist Zweck, was Mittel, Mensch oder Technik (S. 347 f.)? Es scheint fast, als ob der Autor selbst, von der Großartigkeit seiner Welt geblendet, ihre widersprüchlichen und bisweilen inhumanen Züge nicht näher herausarbeiten wollte. Schlägt denn seine Utopie nicht in Anti-Utopie um, in eine wackere neue Welt, deren Bürger ob ihres Intellekts Durchschnittsmenschen Minderwertigkeitskomplexe einjagen, in der der Mensch lediglich als ein informationsverarbeitendes System betrachtet und als solches perfektioniert wird, eine Welt, die diejenigen Kinder, die ihren Standards nicht entsprechen, davonschickt?

Meinholds Roman steht, und das ist ein seltener Vorzug, sowohl jenseits einer bisweilen verordneten Wissenschaftseuphorie als auch jenseits einer modischen Fortschrittsfeindschaft. Vielleicht können Utopien unserer Epoche nicht anders sein als der Fortschritt selbst, der ambivalent, janusgesichtig, verlockend und erschreckend zugleich ist, Möglichkeiten eröffnet und verschüttet, sich einer Pauschalbewertung entzieht. Vielleicht entsteht nur so ein produktives Verhältnis zu den Potenzen von Wissenschaft und Technik. Dennoch sollte hier auch Kritik ansetzen. Meinholds Clarté ist wie sein Stil zu köpfisch, zu sehr sprachrational. Was jenseits der Rationalität liegt, wird von ihm nicht gedacht, nicht geträumt, höchstens ahnend gestreift: »Es ist mehr Wahrheit in einer Welt, als mathematisierbar ist« (S. 355). Sein Roman treibt das Paradigma des Rationalismus zu einem Extrem – setzt zaghaft an, es zu hinterfragen – und bleibt ihm letztlich doch verhaftet. Meinhold führt uns in die eiskaltgroßartigen Gefilde eines scientistischen Antarktika, auf eine »Weltbesteigung«, die wegen der Steilheit ihrer Begriffs-Berge oft viel Anstrengung und Zähigkeit erfordert.

Rolf Krohn: Begegnung im Nebel.
Phantastische Erzählungen

Berlin: Das Neue Berlin 1985

Wie viele Science-Fiction-Autoren entstammt der 1949 geborene Rolf Krohn dem SF-Fandom. Die ersten von ihm publizierten Storys, meist kurze Ideengeschichten, verleugnen diese Herkunft nicht. In ihnen wird mit den Requisiten des Genres gespielt; sie finden sich großenteils in der für die Entwicklung der SF-Kurzgeschichte in der DDR wichtigen Debütanten-Anthologie *Begegnung im Licht* von 1976 wieder. Seither hat Krohn zwei historische Romane in einer Jugendbuchreihe veröffentlicht und mehrere Erzählungen in diversen Sammelbänden untergebracht. *Begegnung im Nebel* vereinigt drei bereits früher erschienene und sieben neuen Storys. Der Band ist schon deshalb der Aufmerksamkeit wert, weil Krohn in ihm nicht nur

die gewohnten SF-Töne anschlägt, sondern einerseits recht eingängige SF-Stoffe mit einem antiken Hintergrund amalgamiert (ohne allerdings in Fantasy-Bahnen zu schlittern) und andererseits erste zaghafte Schritte in Richtung *weird fiction* unternimmt, was in der DDR-Phantastik wie allgemein für DDR-Autoren Seltenheitswert besitzt.

Wer sich die interessanteren und stimmungsvolleren Erzählungen für den Schluß aufsparen will, tut gut daran, den Erzählungsband von hinten aufzuschlagen, denn in den drei unter der Sammelüberschrift »MORGEN?« rubrizierten konventionellen SF-Storys kommt Krohn nicht voll zum Zuge. Krohn erzählt dann am überzeugendsten, wenn er die Antike wieder heraufbeschwört oder das Alltägliche mit dem Außergewöhnlichen konfrontiert. Dies fällt besonders in der schwächsten Geschichte des Bandes, »Mein Lied«, auf, wo eine auf den Patienten abgestimmte psychotherapeutische Musik das Gewissen eines freigesprochenen Mörders weckt. Abgesehen davon, daß die Idee nicht sonderlich neu ist und hier lediglich in SF-Gewand auftritt, bleibt die Story nüchtern und vorhersagbar und der Hintergrund, die USA, wirkt schematisch und blaß – kein Vergleich mit Krohns Imperium Romanum!

In »Cora« erfährt der Held nach einem Autounfall, daß seine Freundin ein Android ist, den zu reparieren kaum verlohne. Er überdenkt seine Erinnerungen – er lernte sie als zurückhaltende und weltfremde Professorentochter kennen – und setzt sich für die Wiederherstellung ein. Diese Story, obzwar erzählerisch gelungen, gerät durch ihre Botschaft, daß Roboter auch Menschen seien und hübsche Robotermädchen allemal, in die Nähe des Kitsches.[71] Auch in »Das Triom« fordert Krohn Menschenrechte für ein künstliches Wesen, diesmal für ein krakenartiges Produkt verbotener genetischer Experimente, das Schwierigkeiten hat, sich verständlich zu machen. Dabei postuliert er die moralische Verantwortlichkeit des Menschen für das Wohlergehen der von ihm geschaffenen intelligenten Geschöpfe. Diese nicht unsympathische, doch reichlich naive Botschaft wird recht vordergründig vorgebracht, das diskursive Element verselbständigt sich.

Inhaltlich wie gestalterisch überzeugender sind dagegen die vier unter der Rubrik »GESTERN?« zusammengefaßten Erzählungen. Krohns jahrelange Beschäftigung mit der klassischen Antike zahlt sich in ihnen aus. Interessanterweise hat es Krohn verstanden, fast unmerklich vom rein historischen Roman zur Historio-SF hinüberzuwechseln. So ist der Roman *Das Grab der Legionen* (Verlag Neues Leben, 1979) noch ein historischer Abenteuerroman mit lebendigem römisch-iberischem Hintergrund; *Das Labyrinth von Kalliste* (Verlag Neues Leben, 1983)

71 Das Manuskript von »Cora« war 1973 ein Grund – nicht der gewichtigste – für Rolf Krohns lebenslangen Ausschluß vom Studium an allen Hoch- und Fachschulen der DDR: Man warf dem Autor an der TU Dresden allen Ernstes vor, er unterstelle in seiner Erzählung, daß die Frauen in der DDR Roboter seien. – Anm. d. Hrsg.

muß man bereits als eine kryptohistorische Fiktion einordnen, die im Dämmer der kretisch-minoischen Frühzeit spielt und geschickt Forschungslücken durch Spekulationen füllt. Man könnte hier von einer angedeuteten *parallel history* sprechen, auch ein ferner Nachhall des Atlantis-Themas ist zu vernehmen. Was diesen zweiten Abenteuerroman noch näher zur SF rückt, ist der starke »technologische« Aspekt: die Rolle, die das »Supermetall« Oreichalkum[72] für die Handlung spielt. Fast ein wenig zu modern muten die damit verknüpften Rohstoffprobleme und Technologietransferfragen an.

Ein ähnlich technologisches Motiv verleiht der längsten in der Antike angesiedelten Erzählung »Die Söhne des Feuers« einen unverkennbaren SF-Touch. Etruskische Separatisten haben in den Höhlen des Vesuvs das Schießpulver erfunden und hoffen, mit dieser Wunderwaffe Roms Herrschaft abzuschütteln. Ein Agent des kaiserlichen Geheimbüros kommt ihnen auf die Schliche. Doch er hat eigene Absichten, träumt von einer allgemeinen Volksherrschaft und sehnt sich zugleich nach dem trauten Familienleben. Die Story gipfelt in einer SF-typischen Pointe: Die Pulvervorräte explodieren, der Vulkan bricht aus. Man schreibt das Jahr 79. Was so gerafft nach einem antik aufgemotzten Thriller klingt, liest sich als eine reizvolle Rebellen- und Liebesgeschichte, die die landläufigen ahistorischen Spartakusklischees vermeidet.

Auch die Erzählung »Der Arzt« gäbe den Stoff für einen Thriller ab, diesmal mit Gruselmomenten: Außerirdische nutzen in der hispanischen Provinz eine Seuche, den Heißen Tod, aus, um mit ihren Elixieren ausgewählte Infizierte in Scheintod zu versetzen, vom Friedhof zu holen und als Kolonisten auf einen Planeten zu verfrachten, auf dem die Außerirdischen selbst nicht überleben können, wohl aber Erdmenschen. Das könnte eine SF-typische Haupt- und Staatsaktion mit viel stimmungstötendem

72 Oreichalkos, »Berg-Erz«, ist die altgriechische Bezeichnung für Messing. Bei Krohn handelt es sich um Eisen.

Sachwortgeprassel werden, doch Krohn läuft nicht in diese Falle, die Perspektive entscheidet. Durch die Wahl eines »eingeborenen« Narrators, eines ehemaligen Leibarzts Cäsars, der sich in der Provinz verbirgt, vermeidet Krohn alles High-Tech-Brimborium. Zusätzlich zum menschlichen Konfliktstoff gewinnt er so die Möglichkeit, die Handlung streckenweise detektivisch aufzubauen. Die Erzählung mündet in die Utopie des Neuanfangs auf fremder Welt, die zu kolonisieren Krohn offenbar die im Errichten von Kastellen erfahrenen römischen Legionäre für besonders geeignet hält.

Ebenfalls im römischen Milieu angesiedelt ist die Titelerzählung »Begegnung im Nebel«. Unter der Maske eines Architekten, beschäftigt beim Aquäduktbau, hat sich ein zeitreisender Forscher in Hispanien eingenistet. Legionäre führen ihm einen merkwürdig verwachsenen Menschen vor, den sie an der Küste aufgelesen haben: einen Außerirdischen, dessen Raumschiff, wie es sich herausstellt, durch die Zeitreiseexperimente havarierte. Wie ist dem Fremden zu helfen? Vorerst durch einen Job bei den Bauarbeiten und, als dies zu brenzlig wird, indem man ihn in die Gegenwart des Zeitreisenden schickt. Der aber muß infolge eines Versehens in der Zeit des Kaisers Tiberius zurückbleiben, womit er dank seinem Baumeisterposten und seinen beiden hübschen Sklavinnen offenbar gar kein so schlechtes Los zieht.

Auch diese Erzählung zehrt insbesondere von der üppig ausgemalten Antike – samt betrügerischem Baukassenverwalter. Überhaupt schwingt in den im römischen Reich angesiedelten Erzählungen Krohns untergründig stets eine geheime Sehnsucht nach der Vergangenheit mit, deren häßliche Seiten Krohn jedoch keineswegs verschweigt. Fraglich ist für mich allerdings, ob bei aller eingängiger Glätte der Schilderung Krohns Römer nicht bisweilen zu modern denken, beispielsweise wie in der Story »Der Arzt« Wunder und Erklärungen, die über ihren Horizont hinausgehen, zu bereitwillig akzeptieren. Natürlich erleichtert es gerade diese Modernität im Denken den Lesern, sich einzufühlen.

In einer nicht-irdischen Antike spielt die Story »Die vierte Tür«. Hier wird ein Gelehrter von seinem Fürsten dazu abkommandiert, das Geheimnis eines soeben eroberten Tempelturms zu ergründen, den die Götter hinterließen, als sie auf einem Feuerstrahl in den Himmel zurückkehrten. Dieser Turm enthält sechzehn nacheinander angeordnete Gemächer. An jeder Tür wird dem, der Eintritt begehrt, eine Frage gestellt. Von Raum zu Raum steigen die Anforderungen, wird ein immer höherer Stand der Naturerkenntnis vorausgesetzt. Auf jede richtige Antwort hat man zudem selbst eine Frage frei. Den Priestern des besiegten Reiches war es nur gelungen, die ersten drei Türen zu durchqueren. Der Gelehrte ist erfahren genug, die vierte Frage, die nach der Gestalt der Welt, richtig zu beantworten. Er erkennt, welch weiter Weg noch vor seiner Menschheit liegt und wie nützlich die Fragen und Antworten des Turmes dabei sein können. Erst im letzten Raum werden sich die Götter, die für ihn keine Götter mehr sind, offenbaren.

Wiederum ist die Perspektive entscheidend. Gerade weil der Leser Bescheid weiß, die Natur der Götter ahnt, verfolgt er mit Interesse, ja Spannung, wie der Gelehrte – auch in diesem Fall ein »eingeborener« Narrator – dem Geheimnis auf die Schliche kommt, in welche Gedankengänge er sich dabei verwickelt. Eine Pointe ist bei einer solchen Erzählweise nicht unbedingt erforderlich: Krohns Held zieht am Ende eher ein philosophisches Fazit. – Die Grundidee trägt bis zur letzten Zeile. Von Struktur, Stimmung und Geisteshaltung her ein kleines Meisterwerk, hat mich diese Erzählung an manche amerikanische SF des Golden Age erinnert. Wie Asimov in der Story »Nightfall« stellt Krohn die Wertschätzung astronomisch-physikalischen Wissens ins Zentrum.

Die drei unter der Überschrift »HEUTE?« angesiedelten Erzählungen sind dagegen SF höchstens in dem Sinne, daß sich in ihnen Raum und Zeit auf fremdartige Weise verschlingen. So beobachtet in der Kurzgeschichte »Der Haltepunkt« der Passagier einer selten befahrenen Eisenbahnstrecke durch das

Triebwagenfenster, wie ein Mann eine Frau erschlägt. Es ist eine Art Fata Morgana, die jeder sieht, der zum ersten Mal an dieser Stelle vorüberfährt. Wie schon anderen, die dem Geheimnis nachforschten, bringt das geisterhafte Geschehen dem Helden Unglück: Er inspiziert den Schauplatz, schläft ein, laute Stimmen wecken ihn, ein Mann erschlägt eine Frau, der Held stellt ihn. Als er wieder zu Bewußtsein kommt, bezichtigt man ihn des Mordes. Eine psychopathologische Deutung bietet sich an, doch trägt sie auch? Das Phantastische erwächst in dieser Erzählung nicht allein aus dem unheimlichen Geschehen, sondern ebensosehr aus den flimmernden Deutungsmöglichkeiten, die allesamt nicht ganz aufgehen.

Bei den anderen beiden unter »HEUTE?« rubrizierten Storys entfällt durch eine objektivere Erzählhaltung die psychopathologische Deutbarkeit. Sowohl in »Die Kündigung« als auch in »Das Labyrinth« ragt eine Fremdwelt sporadisch und punktuell in unseren Alltag hinein. Ein Lektor kündigt, weil sein Autor die phantastischen Geschichten nicht erfabuliert, sondern sich von fremden Wirklichkeiten inspirieren läßt. Durch die Fenster seines Arbeitszimmers erblickt der Autor Sümpfe mit Sauriern, mittelalterliche Burghöfe und wirre Dämonenwelten. Schlimmer noch: Das Speisezimmer befindet sich im antiken Rom an der Via Flaminia und eine Dämonin hat sich den Autor zum Medium erkoren. Er soll ihre verunsichernde, nicht auf einen Punkt zu bringende Botschaft in die Welt tragen. Schließlich angelt sich eine weitere Dämonin den hausbackenen Ex-Lektor, um mit seiner Hilfe phantastische Malerei unter die Leute zu bringen. Vorbereitung – worauf? Eine leise Ironie schleicht sich bisweilen zwischen die Zeilen. Wer will, mag auch Krohns Wunschvorstellung vom Autorendasein in dieser Erzählung entdecken und sie als programmatisch betrachten. Oder sie als bloßes Spiel mit zusammenhanglosen Bildern und Motiven deuten. Leider verzichtet Krohn darauf, die Story zu einem wirklich fulminanten Ende zu führen. Von der Grundidee her ähnelt sie H. P. Lovecrafts Erzählung »Pickmans Modell«, jedoch ohne das schleimig-unheimliche Grauen des Amerikaners.

In »Das Labyrinth« vermittelt ein typisches Requisit der phantastischen Literatur den Zugang zum Unheimlichen: eine Tür, solider Stahl, klinkenlos, mit heimtückischen Schnappriegeln. Wer durch sie tritt, wenn sie wieder einmal in der Täfelung der Wand erscheint, wird in einer »bittersüßen« Zwischenwelt mit dem Charme verfallender Parks oder Friedhöfe gefangen und verhungert. Stellvertretend für den Faden Ariadnes fällt dem Helden ein Taschentuch auf die Schwelle; er rettet ein halbverhungertes Mädchen in unsere Realität. Sie stammt, Sprache und Kleidung verraten es, aus einem Parallelwelt-Deutschland. Der Fall wird polizeikundig. Als die Tür das nächste Mal aufklafft, steht ein Einsatzkommando bereit. Nun könnte gewöhnliche SF abrollen, doch Krohn weiß, wo die Story zu enden hat. Man erfährt nichts über die hypothetischen Drahtzieher an den Schalthebeln der Türen. Das Rätsel wird trotz einigen Andeutungen nicht in SF-Manier hinwegerklärt und entzaubert, der »Riß in der Welt«, Kennzeichen für Phantastik nach Roger Caillois, bleibt bestehen.

Krohns *weird fiction* ist offensichtlich nicht so sehr an deutschen als vielmehr an amerikanischen Modellen geschult. Bisweilen haucht ein Lovecraft-Schauer durch das Labyrinth, allerdings ohne daß ein Lovecraftscher Horror sich einstellen würde. Bierce wird namentlich erwähnt, Dämonin Lilith könnte Bradburys Schreibmaschine entsprungen sein, auch über der Story »Der Haltepunkt« liegt ein Hauch Bradburyscher Melancholie. Im Gegensatz zu so mancher Begegnung im übergrellen Neonlicht, das alles blaß und stumpf werden läßt, finden Krohnsche Begegnungen tatsächlich in dem Nebel statt, der ver- und umhüllt, der ahnen läßt und nur bisweilen kurze traumhafte Einblicke gewährt und eben deshalb seinen Erzählungen einen eigentümlichen Reiz verleiht.

Waldtraut Lewin / Miriam Margraf: Die Zaubermenagerie. Ein Novellenkranz

Berlin: Neues Leben 1987

Fantasy aus der DDR? Nein, Fantasy im engeren Sinne (*heroic fantasy*) existierte bis dato in der DDR tatsächlich nicht; dafür jedoch erfreuen sich phantastische Motive in der DDR-Literatur wachsender Beliebtheit. Die beiden Autorinnen, Waldtraut Lewin und ihre Tochter Miriam Margraf, beschränken sich allerdings nicht auf einzelne phantastische Motive. Ihnen ist mit dem Band *Die Zaubermenagerie* ein beachtliches Stück phantastischen Fabulierens geglückt, das in Erzählhaltung wie Buntheit einen Vergleich mit Vorbildern aus der deutschen Romantik standhält.

Wie in der phantastischen Literatur nicht unüblich, beginnt das Buch mit einer Reise ins Wunder. Eine junge, erfolgsgewohnte Frau gerät mit ihrem schicken Wagen auf eine sonderbare Umleitung. Die sehr alte Straße hat ein paar Launen und ändert ihren Verlauf, und die Heldin fährt plötzlich durch einen herbstlichen Wald, in dem die normale Uhrzeit nicht mehr gilt, geradewegs in einen Zusammenstoß mit einem Zirkuswagen. Sie, die alle Empfindungen und alle Erinnerungen abgestreift und ihr Leben verplant hat, sieht sich plötzlich mit dem Unglaublichen konfrontiert. Löwen und Harpyien entweichen aus dem Zirkuswagen; sie wird in einen verwunschenen Turm aufgenommen, wo man Waffeln ißt, in die Opale eingebacken sind, wo es Kammern mit wunderlichem Gerümpel gibt und verstaubte Manuskripte, die sie, die Heldin, persönlich betreffen und längst Vergangenes in ihr wach werden lassen.

Auf zwei Ebenen spielt sich das Geschehen ab: Waldtraut Lewin erzählt davon, wie die Frau schmerzlich Schritt um Schritt wieder fühlen, weinen und lachen und sich erinnern lernt; Miriam Margraf steuert in längeren Novellen Vorgeschichte und Vorgeschichten bei. Man erfährt von den Elben, die in der Gegend siedelten, von der Kleinen Königin und ihrem

Illustration zu *Die Zaubermenagerie* von Waldtraut Lewin und Miriam Margraf

Wundergarten, vom mächtigen Zauberer Darenna. Die Zeitebenen verschwimmen, der Zauberer hantiert mit Reagenzgläsern. Was geschieht, geschieht in einer Epoche der Motorräder und vergifteten Bäche, und dennoch treten Elbenfürsten und Drächinnen auf, und ihr bloßes Erscheinen rückt das Erzählte in ein unbestimmtes Zauberland – wie sich ja auch bei E. T. A. Hoffmann Zeitgenössisches und Zeitlos-Märchenhaftes zauberisch überkreuzen. Zuletzt, als der Turm brennt, nimmt die Frau ihre elbische Vergangenheit an, ist wieder Leontine, das Löwenmädchen der Erzählungen, das fähig ist, die Menschen mit seinem Gesang zu bezaubern und aus der sachlichen Enge unserer Gegenwart zu (er)lösen.

Es wäre nicht sinnvoll, allen Verschlingungen der Handlung hier nachzugehen; das Geflecht ist dicht und doch nicht recht greifbar. Zu lose sind die einzelnen Fäden bisweilen verknüpft, und manches läßt sich allenfalls erahnen. Wer den vorhergehenden Erzählungsband von W. Lewin und M. Margraf *Märchen von den Hügeln* (Kinderbuchverlag Berlin 1986) nicht kennt, hat es ohnehin schwerer, sich zurechtzufinden. Zudem ist keineswegs jedes Textstück genügend abgerundet und in sich geschlossen, um die Bezeichnung »Novellenkranz« zu rechtfertigen, aber dies wird den Leser, der sich im Zaubergarten des Buches verirrt hat, kaum berühren. Gleichfalls wird der Leser (zumal einer, der nicht in der DDR wohnt) kaum in Versuchung geraten, Verschlüsseltes zu entschlüsseln. Die hügelige Gegend, in der das überwuchernd phantastische Geschehen seinen Lauf nimmt, ist ein idealisiertes Sachsen, festzumachen vielleicht am »Weißen Hirsch«, jenem über der Elbe thronenden Stadtteil Dresdens, in dem sich neben noblen Villen auch das Institut des über die Landesgrenzen hinaus bekannten Professors von Ardenne befindet. Wer will, mag in ihm den Namenspaten des recht ambivalent geschilderten Zauberers Darenna erblicken.

Überhaupt scheinen sich die Wertungen gedanklich an den Polen einer Achse zu gruppieren: Hier die feinsinnigen Elben, die die unberührte Natur kennen und schätzen und mit ihrer Musik, Opernarien zumeist, die Menschen beglücken. Sie stehen für Phantasie und Gefühl. Und dort, am anderen Ende der Achse, Lärm und Technik und Menschengewühl. Dieser Pol ist verkörpert in Darenna mit seinen zum Mißbrauch einladenden Erfindungen und seiner gefühllosen Sachlichkeit, die er auch der Heldin oktroyiert hat. Die Kritik der Romantik am seelenlosen Maschinenwesen wiederholt sich hier.

Doch auch andere Töne lassen den Leser aufhorchen, deuten auf einen unerwarteten Einfluß hin. »Band-ranke-gwaith! Duathdandeloth!« ruft die Schaustellerin die Harpyien (S. 23), ähnliche Elbenlaute mit keltischem Anklang finden sich an mehreren Stellen, die Elben selbst tragen Namen wie Tardak Aridon und Aina-Aglar und werden »das schöne Volk« genannt. Eine »Chronik des Hügellandes«, die die Heldin in einem Stapel Makulatur entdeckt, berichtet (ab S. 31) vom Zwist der Zwerge und der Elben, der erst durch die »Zurückgabe des Reifes« gänzlich beseitigt wird, und vom allmählichen Auszug der Elben … Nun muß man nicht unbedingt Darenna mit Sauron identifizieren, doch deuten Wortschöpfungen und Inhalte dieser Chronik darauf hin, daß für sie Motive aus Tolkiens *Herr der Ringe* Pate gestanden haben. Stilistische Anleihen gibt es allerdings lediglich in der »Chronik«.

Geradezu penetrant wirkt dagegen der Rückgriff auf Opern, angefangen von italienischen Namen bis hin zum Zitat von Arientexten.[73] Nicht allein durch diese passagenweise etwas zwanghafte Poetisierung des Textes erinnert die Phantastik der *Zaubermenagerie* stärker an die von Zauberopern mit ausuferndem Kulissen- und Requisitenwerk als an potentielle Fantasy-Vorbilder. Die Betonung des Musikalischen als Kern des Musischen verleiht dem Buch durchaus Reiz und Atmosphäre und rückt es in die Nähe Hoffmannscher Romantik. Es fehlen allerdings Hoffmanns bizarr-satirische Obertöne. Romantische Ironie ist kaum im Ansatz erkennbar. Aber dies hieße wohl auch, das Thema der Selbstfindung durch Phantasie überzustrapazieren.

Andreas Melzer: Killerbaby

München: Heyne 1993

Andreas Melzer kam zu spät, um noch einer der Großen der DDR-SF zu werden. Der doppelte Paukenschlag, mit dem er 1990 die SF-Szene betrat, verhallte fast ungehört im Getöse des Umbruchs – auch des ostdeutschen Buchmarkts. Als erster und einziger der »Utopen«, wie man die SF-Autoren der DDR bisweilen nannte, debütierte Andreas Melzer gleich mit zwei

73 Die Affinität zur Oper hat biographische Gründe: Bevor Waldtraut Lewin freischaffende Schriftstellerin wurde, war sie zwölf Jahre lang als Musikdramaturgin, Opernübersetzerin und Regisseurin am Landestheater Halle tätig. Außerdem haben Lewin und Margraf 1984 die Biographie *Georg Friedrich Händel. Ein Sachse unter Angelsachsen* veröffentlicht.

Bänden voller spritziger und pointierter, unterhaltsamer und absolut »westfähiger« Kurzgeschichten. *Hinter den drei Sonnen* erschien im Verlag Das Neue Berlin, *Vorstoß nach Andromeda* im Verlag Neues Leben. Vorher hatte er von 1984 bis 1986 bereits vier Erzählungen in den *Lichtjahr*-Anthologien publiziert.

Die Titelstory des zweiten Bandes »Vorstoß nach Andromeda« liest sich nachgerade als Abgesang auf einen nie realen Sozialismus: Ein Raumschiff auf dem Flug nach Andromeda wird von einem später gestarteten, doch technisch überlegenen überholt. Doch schon nähert sich das nächste, noch später abgeflogene Schiff. »Je länger man wartet, desto rascher gelangt man ans Ziel.« Das letzte Schiff sammelt die Besatzungen der früheren ein. Operation Andromeda abgeblasen, weil sinnlos. Jungs, es geht zurück nach Hause, zur Erde.

Nun, da die Operation DDR-SF abgeblasen wurde, ist Andreas Melzer als einer der wenigen Überlebenden vom Heyne-Verlag eingesammelt worden. Glück gehabt: »Wer ein gutes Gedächtnis hat, wird sich möglicherweise erinnern, daß im Jahr 1433 muslimischer Zeitrechnung überdurchschnittlich viele Verlagshäuser einem staubigen Bombentrichter Platz machten.«

Der Satz stammt aus Melzers *Killerbaby*, seinem ersten (und einzigen) Roman, einem Zukunftsthriller, der ohne alle futuristische Science auskommt. Die Handlung läßt sich rasch andeuten: Auf der Welt herrscht ein ziemliches Chaos (nicht wirklich schlimmer als das derzeitige); die USA sind auseinandergebrochen, Rotterdam ist ein Emirat. Für Ordnung sorgt ein internationales Killer-Syndikat, beherrscht von dem Waffennarren Grait Pa, der vor lauter Kanonen kaum laufen kann, aber immer noch schneller zieht als Lucky Luke. Sorgen macht ihm nur zweierlei: sein mißratener, weil nicht schußfester Sohn Johnny, ein Verlierertyp und blasser Held des Romans, und der katastrophale Umsatzeinbruch in den Niederlanden. Da mordet eine unsichtbare Konkurrenz zu Dumpingpreisen. Die Schlußfolgerung, Problem 1 durch Problem 2 zu lösen (oder umgekehrt), liegt nahe. Also setzt, von Grait Pa beauftragt, Johnny die Whiskyflasche ab, jettet mißmutig nach Rotterdam, und fortan pflastern – ohne sein Zutun – Leichen seinen Weg. Tja, Leute, die Kinderkriminalität. Da radelt so ein Fratz auf einem Mountain-Bike vorbei, die stechend grauen Augen verheißen nichts Gutes …

Wer wen wann warum und wie oft, soll hier nicht verraten werden. Melzer hat eine flotte Schreibe, bisweilen zu flott. Seitenhiebe auf die Gegenwart und witzige Details pflastern seinen Text häufiger als besagte Leichen die Straßen Rotterdams, ein Snack bei »McDuck«, und schon geht es weiter bis zum unvermeidlichen Showdown. Unter dem Tempo leidet der Tiefgang, allmählich schmeckt das Ganze nach Fastfood, die Personen bleiben Pappkameraden, bunt angemalt, aber flach, für opulent ausgemalte Szenen ist einfach keine Zeit, lediglich die Handfeuerwaffen werden liebevoll wie in einem Prospekt hergezeigt. Ein paar Bemerkungen à la Chandler mit einem zusätzlichen Schlag von neudeutschem Zynismus obendrauf genügen eben nicht. Wenigstens nicht für einen Roman. Etwas mehr Sitzfleisch, Mr. Melzer! – Aber vielleicht irrt hier mein Hausmacherkost gewohnter Geschmack, und Melzer trifft einen von Reality-TV geprägten Zeitgeist? Oder reagiert der Autor schlicht den weitverbreiteten Nach-Wende-Frust ab? Schreibt flink und grimmig einen in Raum und Zeit von Tombstone ins künftige Emirat Rotterdam verlagerten und notdürftig als »SF« getarnten Western?

Wie dem auch sei: Melzers Killerburger ist ein Happen, der späteres Suchtverhalten nicht ausschließt, und er wird serviert mit einem stechend grauen Blick aus den Ruinen des Ostens auf einen coolen und mörderischen Westen.

Karl-Heinz Tuschel: Der Mann von IDEA. Berlin: 33 Jahre nach der Klimakatastrophe

Berlin: GNN Verlag 1995

Post-doomsday novels heißen auf gut Amerikanisch Romane, die nach dem jüngsten Tag der Menschheit spielen, nach dem Atomkrieg, dem Asteroideneinschlag oder der weltweiten Seuche. Sie malen genüßlich die Zerstörungen der Umwelt aus und enden bisweilen mit der Neubegründung des Menschengeschlechts durch eine neue Eva und einen neuen Adam. Nun hat zum ersten Male ein ostdeutscher SF-Autor einen Post-doomsday-Roman veröffentlicht. Globale Katastrophen durfte es bekanntlich in der DDR nicht geben, oder allenfalls auf fernen Planeten, jetzt sind sie möglich geworden, und Karl-Heinz Tuschel hat die Chance genutzt.

Dreiunddreißig Jahre nach dem »Overturn«, wie Tuschel in seinem eigentümlichen Englisch den Zusammenbruch der Biosphäre und der Industriezivilisation nennt, nähert sich ein Mann dem zerstörten Berlin, das allerdings nicht vollends entvölkert ist. Tuschels Held Ross – ein Agent der IDEA – ähnelt ein wenig den »Progressoren« aus den Romanen von Arkadi und Boris Strugazki, jenen Personen, die ausgestattet mit fast übermenschlichen Fähigkeiten auf fremden Planeten verdeckt forschen und den gesellschaftlichen Fortschritt behutsam fördern. Ross verfügt nicht nur über einen trainierten Körper und ein eidetisches Gedächtnis, er »wittert« die Emotionen seines Gegenübers, entschlüsselt winzige Hinweise in Rede und Körpersprache, er vermag andere subtil durch Bewegungen und Sprache in hypnotische Zustände zu versetzen und zu beeinflussen, er meditiert und steht allabendlich mit seinem Meister im fernen Grönland in einem telepathischen Kontakt. Kein Wunder, daß die Kids einer Kinderbande, auf die er zuerst stößt, in ihm sehr schnell den Mesche sehen, was Tuschel von Messager, Boten, herleitet, was aber viel eher, auch vom Hoffnungspotential her, auf Messias hindeutet.

Damit wären die Voraussetzungen für den typischen Plot eines SF-Western gegeben: Der Held erkundet die Stadt, besiegt diverse Banden, gewinnt Freunde, gerät in Konflikt mit den finsteren, geheimen Machthabern der Stadt, wird vielleicht sogar ins Gefängnis geworfen, entkommt dank seinen überlegenen Fähigkeiten, erledigt den Oberfiesling, befreit die Menschen und zieht weiter (normaler Schluß), heiratet und wird seßhaft (Happyend) oder wird selbst zum neuen Diktator (realistisches Ende). Tuschel folgt dem Muster über große Strecken und vermeidet dennoch allzu Triviales. Sein Held Ross schließt Freundschaft mit einer Bauernkommune im Norden Berlins, entgeht Mordanschlägen, forscht nebenbei nach seiner Mutter und seinem ermordeten Vater, entschärft Konflikte mit einer Späher-Bande aus Dresden, begibt sich endlich in die Höhle des Löwen, zum Polizeichef Grau alias Earl Grey, der in den Ruinen des zerstörten Kanzleramtes residiert. Der Showdown wird allerdings hinausgeschoben. Ross paktiert vorübergehend mit Earl Grey, doch als dieser seine Freundin foltert und ermordet, lockt Ross Earl Grey in einen Hinterhalt und läßt Killerbienen auf ihn los. Am Ende ist Ross selbst ein geschlagener Mann, der Schuld auf sich geladen und seine telepathischen Fähigkeiten verloren hat.

Die Stärke des Romans ist zugleich eine seiner Schwächen. Die klaren Handlungsstrukturen verlieren sich in Anläufen zu weiteren Abenteuern, in partiellen Wiederholungen. Der Auftrag des Helden, auch in Berlin eine Sektion der IDEA zu gründen, bleibt so verschwommen wie diese Organisation selbst: IDEA, das ist die »International Detachment of Engineers Army«, was immer das heißen möge, eine nichthierarchische, halb geheime und halb illegale Vereinigung von Wohlmeinenden, die die Welt retten wollen. Motive wie das der drei Ringe der ehemaligen Berliner Führer des Clubs der Ingenieure (des Vorläufers von IDEA) tauchen auf und werden ungenutzt beiseite gelassen. Ziellosigkeit über manches Kapitel ist die Folge. Es scheint so, als habe Tuschel typische Strukturen und Motive von Abenteuer-SF erst heraufbeschworen, um Spannung zu stiften, sie dann als klischeebeladen und trivial erkannt und schnell darauf verzichtet, weiter mit ihnen zu arbeiten.

Dennoch ist *Der Mann von IDEA* ein interessanter und lesenswerter Roman, der eine nicht völlig unplausible Welt nach der real möglichen Klimakatastrophe im Detail schildert: die zahlenmäßig reduzierte, auf niedrigstem Lebensniveau dahinvegetierende Menschheit, die toten Wälder und die Gletscher im Erzgebirge, den Zerfall der Gesellschaft und die Ansätze zu einem neuen Zusammenleben.

Olaf R. Spittel (Hrsg.): *Die Zeit-Insel. SF-Erzählungen aus einem Land, das es mal gab*

Berlin: Neues Leben 1991

Der Anspruch ist groß. »Diese Anthologie steht damit am Ende einer literarischen (und gesellschaftlichen) Epoche. Für den Herausgeber ist die Verlockung groß, dies für einen Glücksfall zu halten, da seine Anthologie nun nie mehr der Aktualisierung bedarf; sie wird nicht veralten und ist wahrscheinlich das letzte Wort in der Sache.« (S. 469)

Daß diese Anthologie überhaupt gedruckt wurde, stellt an sich schon eine Leistung dar, denn in den Jahren 1990 und 1991 kämpften die ehemaligen DDR-Verlage auf dem geöffneten Buchmarkt um ihr Überleben. Die meisten von ihnen ließen die einheimische Science Fiction nicht wie heiße, sondern wie unverkäufliche faule Kartoffeln fallen. Autoren zogen sich zurück, versuchten sich umzuorientieren, viele verstummten. Insofern bildet die Anthologie einen Abschluß. Sie besticht durch ihre Breite und ihre Qualität und bietet ein gelungenes Abschiedsbild für die SF-Erzählung der DDR.

Der Herausgeber Olaf R. Spittel, selbst Verlagslektor, SF-Spezialist und Autor, hat den Band noch vor dem Mauerfall konzipiert. Sein Ziel war es, das Beste aus vierzig Jahren zu sammeln und alle aus seiner Sicht wichtigen Autoren mit je einer Story zu präsentieren. Interessanterweise überstand seine ursprüngliche Auswahl die Umwälzungen im Lande, auch den Wegfall von allen zensierenden Eingriffen. Lediglich eine einzige Story fügte Spittel hinzu; welche, verrät er nicht.[74] Aber das bedeutet nicht, daß er nur handzahme, systemkonforme Texte zusammengetragen hätte, eher das Gegenteil. Unwillkürlich fragt man sich, ob derselbe Band schon früher unter restriktiveren Bedingungen hätte erscheinen können. Eine müßige Spekulation. Aber eines wird klar: In dieser Anthologie spiegelt sich die Abenddämmerung der DDR deutlich wider.

Der Band beeindruckt mit insgesamt 34 Erzählungen, die aus der Feder von 38 Autoren stammen, unter ihnen vier eingespielte Autorentandems. Wer Rang und Namen in der DDR-SF hatte, bekommt seinen Auftritt: Gerhard Branstner, Johanna und Günter Braun, Klaus Frühauf, Rolf Krohn, Alfred Leman, Gert Prokop, Erik Simon, Michael Szameit – um nur einige zu nennen.

Vierzig Jahre, wie der Herausgeber behauptet, deckt das Buch jedoch nicht ab, sondern nur drei Jahrzehnte, exakt die Zeit von 1958 bis 1988. In den ersten zehn Jahren nach Gründung der DDR erschienen nur sehr wenige SF-Storys, typischerweise technikzentrierte Hefterzählungen aus der nahen Zukunft, die zu Recht vergessen sind. Allenfalls Günter Krupkats »Gefangene des ewigen Kreises« von 1956 hebt sich davon ab. Doch Spittel hat eine andere Story Krupkats aufgenommen: »Insel der Angst« (1969). Eine nachvollziehbare Wahl, wie mir scheint. Was allerdings fehlt, ist der Abgesang der DDR-SF in den Jahren 1989/1990, also zwischen Konzipierung des Bandes und seiner Publikation. Daher vermißt man Erzählungen von Autoren,

74 Höchstwahrscheinlich handelt es sich um Dittfelds »Flug ohne Cockpit«. Vgl. dazu S. 86 im Essay »Die befohlene Zukunft«. Es ist auch die einzige Erzählung, die zuvor nicht in der DDR erschienen war (wohl aber 1988 in der BRD). – Anm. d. Hrsg.

die damals am Anfang ihrer Karriere standen: Andreas Melzer, Frank Geißler und vor allem Karsten Kruschel. Letzterer zählt zu den sehr wenigen SF-Autoren, die ihre Laufbahn in der DDR begannen und über die Umbruchzeit hinweg bis auf den heutigen Tag produktiv blieben.

Sinnvollerweise schließt die Anthologie auch Mainstreamautoren ein, die gelegentlich einen Abstecher in die SF unternahmen. Hier ist vor allem Franz Fühmann zu nennen, dessen Band *SAIÄNS-FIKTSCHEN* (1981) mit seinen sarkastisch-bitteren Storys seinerzeit eine Sensation darstellte. Auch hat Spittel erfreulicherweise die Kurzprosa von Günter Kunert und Rainer Kirsch berücksichtigt. Christa Wolfs vielfach abgedruckte Erzählung »Selbstversuch« vermißt man nicht wirklich, dasselbe gilt für Anna Seghers' »Sagen von Unirdischen«, aber eine der Geschichten von Karl-Heinz Jakobs oder Wolfgang Sämann hätte den Band durchaus bereichert. Nun wohl, man kann nicht alles haben. Daß nicht sämtliche SF-Autoren, die nur ausnahmsweise einmal eine Erzählung schrieben, zum Zuge kommen, versteht sich von selbst. Ebenso, daß das weite Feld der SF-Kinderliteratur ausgeblendet bleibt. Unter den Autoren, die eigene Erzählungssammlungen veröffentlichten, fehlen lediglich Wolfram Kober und Frank Töppe. Gravierende Lücken erzeugt das nicht.

Alles in allem wird der Band dem Anspruch gerecht, zugleich Qualität und Vielfalt zu bieten und »wichtige« Autoren zu repräsentieren – was immerhin einen beachtlichen Anteil aller SF-Autoren der DDR bedeutet. Dennoch bleibt die Frage nach den Auswahlkriterien offen. Welche Autoren betrachtet man als »wichtig«? Die mit dem größten Output? Den höchsten Auflagen? Diejenigen, die von den Rezensenten gelobt – oder überhaupt wahrgenommen – wurden? Bei westdeutschen Autoren hätte man sich die Storys herauspicken können, die mit einem SF-Preis ausgezeichnet wurden. Solche Preise gab es in der DDR jedoch nicht, wenn man von dem nur 1988 und 1990 verliehenen Traumfabrikant-Preis absieht. Völlig richtig bekennt Spittel daher im Nachwort, daß seine Auswahl subjektiven Charakter trägt. Man muß seinen Wertungen nicht in jedem Fall folgen. Im einzelnen kann man bei dieser oder jener Story überlegen, ob nicht eine andere Erzählung desselben Autors einen kräftigeren Leseeindruck hinterlassen hätte. Geschenkt. Tatsächlich sind alle aufgenommenen Texte lesenswert und auf ihre eigene Weise interessant.

Der Herausgeber hat die Erzählungen chronologisch nach Erscheinungsjahr angeordnet. Ob sich durch die Aufeinanderfolge auch nur ein vager Eindruck davon ergibt, wie sich die SF-Story in der DDR entwickelt hat, ist mehr als fraglich. Hier hätte der Herausgeber selbst eingreifen und etwas sagen können, vielleicht auch die Autoren – und sei es beispielhaft – einordnen. Doch Spittels Nachwort »Die Science-fiction als Überlebensform der literarischen Utopie oder Die Kollision einer Science-fiction-Anthologie mit der Revolution« ist leider eine Enttäuschung. Spittel schildert seine Anstrengungen bei der Zusammenstellung der Anthologie, bleibt jedoch jedes konkrete Detail zu Autoren und Erzählungen, zu Strömungen in der DDR-SF oder Entwicklungsetappen schuldig. Statt dessen erklärt er das Spannungsfeld von Utopie und Antiutopie und bezieht sich explizit auf Ernst Bloch, der in den 1950er Jahren der Utopie ein baldiges Ende vorhergesagt hatte. Wie später Karsten Kruschel in seiner Dissertation über die DDR-SF konstatiert Spittel, daß sich Utopisches und Dystopisches in zunehmendem Maße vermischten, ambivalente Bilder entstanden.

»Und ich stellte plötzlich fest, daß dieser so oft geschmähte Literaturbastard Science-fiction ein einziger Protest gegen die DDR-Wirklichkeit war. In Form der Satire, in Form einer Antiutopie, als Groteske oder als Problemgeschichte – immer war die DDR-SF nur verständlich vor dem Hintergrund der Unzulänglichkeiten ihres Herkunftslandes.« (S 461 f.)

Das stimmt zwar prinzipiell, ist aber dennoch eine ziemlich einseitige Sicht, die den reinen Lesegenuß ausblendet. Da Spittel alles nur unter dem Gesichtspunkt Utopie – Antiutopie betrachtet, kommt bei ihm das spielerische Element der SF zu kurz, das, was sein Lektor-Kollege Ekkehard Redlin einmal »Entpflichtung im Nirgendwo« genannt hat. Bei einer auch nur groben Skizzierung, wie sich die SF-Story unter DDR-Bedingungen entwickelt hat, wäre der gesamte Strang humoristischer und spielerischer Gedankenexperimente vielleicht nicht unter den Tisch gefallen. Als Leser einer Anthologie, die als endgültiges Standardwerk angepriesenen wird, hätte man zumindest einen Überblick erwartet: wie der Weg weg von den technisch orientierten längeren Erzählungen in den Anfangsjahren über etliche Storys von Weltraumfahrt und Außerirdischen hin zu einer rapiden Vergrößerung der Vielfalt sowohl der Stile als auch der Inhalte führte – spätestens ab *Das Gastgeschenk der Transsolaren* von Alfred Leman und Hans Taubert (1973); und wie sich in den 1980er Jahren neben humoristischen und satirischen Storys auch dezidierte SF-Detektivgeschichten und Mischformen mit Fantasy etablierten. Wenn man es so will: Das Genre mauserte sich und wurde erwachsen.

Doch zurück zum Anfang: Solange keine weitere allumfassende Anthologie der besten SF-Erzählungen aus der DDR erscheint, ist *Die Zeit-Insel* wirklich das letzte Wort.

Wenn Grenzen und Köpfe sich öffnen

Die SF der DDR vor und nach der Revolution

Der Ruf »Auf die Straße! Auf die Straße!« klingt noch in meinen Ohren. An jenem siebten Oktober, dem 40. Jahrestag, saß ich geruhsam im Sessel und verfolgte in den ARD-Nachrichten, wie Geschichte geschieht – und da geschah Geschichte vor unserer Haustür! Menschen, eine dunkle Menge, zogen im Dämmerschein funzliger Laternen die Stargarder Straße / Berlin-Prenzlauer Berg entlang; wir eilten die Treppe hinab, hinaus in die Nacht …

Haben wir, die Zunft der »Utopen« in unserem Land, versagt, da wir den gewaltfreien Umbruch nicht vorhersahen? Haben wir versagt, da wir unsere Leser nicht oder nicht deutlich genug auf die Vision einer menschenfreundlichen Gesellschaft einschworen? Oder haben wir nach Maßgabe unserer Möglichkeiten mitgewirkt?

Literatur kann über die Gesellschaft hinausweisen, in der sie entsteht. Sie vermag ihre Mängel zu benennen, ihre Verbrechen anzuprangern, ihre Krankheiten zu diagnostizieren. Sie vermag Gegenbilder zu entwerfen, Hoffnungen einzufordern, Wünsche auszumalen. Hat dies die SF der DDR – viel gedruckt und viel gelesen – getan? Hier ist ein differenziertes Urteil nötig, denn es gibt, uneingestandenermaßen, schon lange keinen Konsens unter den Autoren mehr. Weder in den literarischen Qualitätsansprüchen, noch im Gesellschaftsbild. Versuchen wir das Spektrum zu durchmustern. Es reicht von autoritär bis systemkritisch.

1. Extrem: Alexander Krögers *Die Engel in den grünen Kugeln* (1986). Außerirdische wollen die Erde erobern. Diese ist abgerüstet, wehrlos. Tapfer kämpfen Truppen im Stile des Zweiten

Weltkriegs gegen die Aggressoren. Militärische Organisation ist gefragt und mehr noch: Führernaturen, die sich über zu lasche, halbherzige Befehle ihrer Vorgesetzen hinwegsetzen und im entscheidenden Moment auf eigne Faust eine Atombombe zünden – SF aus der Zeit des »kleinen kalten Krieges« während der Nach-/Hochrüstungskontroverse. Ein Grundzug dieses, wie auch ähnlicher Bücher von Ansorge u. a. besteht darin, daß in ihnen mit militärischen Befehlsstrukturen geliebäugelt wird, demokratische Prozeduren allenfalls als hinderlich erscheinen, latente Militanz und Haß auf das Andersartige, also Feindbilder, verbreitet werden. Merkwürdigerweise ist in dieser Beziehung der Unterschied zu mancher westlichen SF gar nicht so groß. Eine Gefahr, gleich für welches System, geht von dieser Spielart SF nicht aus, allenfalls eine Gefahr für die Demokratie.

2. Extrem: Eigentlich sollte hier ein Buch von Günter und Johanna Braun, *Das Kugeltranszendentale Vorhaben*, das Beispiel bilden. Doch da dieser Roman vor der »Wende« nicht in der DDR erscheinen durfte, greife ich auf Michael Szameits *Drachenkreuzer Ikaros* (1987) zurück. Neben einem Übermaß an Abenteuerlichem steht hier Kritisches, ja Satire: Tageslosungen, die jeden Sinn verloren haben, werden an die Kuppeln projiziert, die die Städte vor der vergifteten Atmosphäre schützen. Eine Art Stasi, der »Medizinische Observationsdienst«, jagt Menschen, die durch die allen verordnete genetische Optimierung anders geworden sind, zu schnell leben … Szameits Buch ist kein geschlossener antiutopischer Entwurf, doch steckt es voller bald ironischer, bald bissiger Anspielungen, fängt ein gutes Stück der stickig-dumpfen Atmosphäre unter unserem *ancien régime* ein – und ist insofern typisch für die bessere DDR-Literatur dieser Epoche, eine Literatur, die es vermochte, den Stachel etwas tiefer ins Hirn zu treiben, eine Literatur, in der das Individuum mit verhärteten gesellschaftlichen Strukturen konfrontiert wurde und sich erst einmal die eigene subjektive Freiheit erkämpfen mußte. Obwohl Szameits Heldin zum Schluß aufbegehrt, ist *Drachenkreuzer Ikaros* kein direkter Aufruf zur

Revolution, wohl aber einer zum Nachdenken: So, wie es ist, kann es nicht bleiben.

Diagnose, Kritik, wenn auch bisweilen inkonsequent, Denkanstoß – das ist schon sehr viel! In mehr oder weniger verhüllter Form war manches möglich. Doch wo Grundaxiome berührt wurden, da schnitt die Schere die merkwürdigsten Muster. Grundaxiome? Um die handelte es sich ja oft gar nicht! Einer unserer Lektoren hatte sich in der für viele Intellektuelle typischen Selbstironie ein Erinnerungszettelchen unter die gläserne Schreibunterlage geschoben. Tabuisierte Wörter waren da vermerkt: »Bürokratie«, weil es die ja unter Erich Honecker nicht gab, »Generationskonflikt«, denn im Verlag der FDJ hatte die junge Garde des Proletariats keine Schwierigkeiten mit der alten. Über Generationskonflikte schreiben konnte man schon, nur bitte: nicht das Wort! »Sowjetmenschen immer positiv darstellen. Russen, als Vorfahren der Sowjetmenschen, auch immer positiv darstellen.« Und nach dem Jahr 2000 war in der Zukunft, zumindest in der kommunistischen Zukunft dieses einen Verlages, das Geld abgeschafft. Über dergleichen Beckmesserei haben wir, selbst wenn sie uns in die Quere kam, oft gelacht.

Die folgenreicheren Wirkungen hat die Schere im eigenen Kopf, die eingefahrene Denkweise, das oktroyierte Weltbild, das sich verinnerlicht hat, die Angst davor anzuecken. Aber kennt man das nicht auch anderswo? Malt man nicht auch anderswo den jeweiligen politischen Gegner gern schwarz in schwarz und die eigenen, guten Leute engelsweiß? Literarische Qualität leidet unter Schwarzweißzeichnungen. Aber auch den Durchschnittsleser stieß eine zu grobschlächtige und parteiische Figurenzeichnung oft ab. Daß die meisten Raumschiffkommandanten russische Namen trugen und die Bösewichter in der Regel englische, wirkte schon geraume Zeit antiquiert. Und wenn sich – wie in Tuschels *Leitstrahl für Aldebaran* (1983) – eine Besatzung im Kampf gegen die Natur eines fremden Planeten zusammenraufen mußte und der Kommandant sie auf der vorletzten Seite lobte: »Kommunisten bewältigen alles«, dann hatte das, wie ein Fan sagte, »verheerende« Auswirkungen bei den Lesern. Geradezu abstrus wurde es, wenn sich bei einer zehnköpfigen Besatzung noch eine Parteigruppe aus vier, fünf Genossen konstituierte, die erst einmal unter sich über den weiteren Kurs beriet. Abstrus, doch gar nicht so unrealistisch. Glücklicherweise blieben dergleichen selbstparodistische Romane in der Minderzahl.

Blicke ich zurück, dann sehe ich bei aller Themenvielfalt durchaus Defizite, Defizite, die unter dem alten realsozialistischen Regime notwendig entstehen mußten. 1956 konnte Werner Bender in seinem Kinderbuch *Messeabenteuer 1999* noch einen Hochgeschwindigkeitszug zwischen Leipzig und München schildern – eine Vision, die heute wieder sehr real, vielleicht gar zum Termin verwirklichbar erscheint. Nach dem Bau der Mauer jedoch fiel Deutsches aus der Deutschen Demokratischen SF heraus. Allenfalls ein wenig sächsisches oder Mecklenburger Lokalkolorit bei Hüfner oder thüringisches bei Luthardt, ein paar Städtenamen bei anderen Autoren, zwei, drei löbliche, zumeist hilflose Versuche Raschs oder Tuschels mit der »Nahphantastik« – viel mehr findet man nicht. Fast sollte man sagen: Unser Land war als Schauplatz für Zukunft nicht geeignet. Die ummauerte Enge trieb die Autoren in den Weltenraum oder in eine nebulöse Zukunft. Das mußte den Büchern nicht unbedingt zum Schaden gereichen; gekonnte Verfremdung hilft, Banalitäten zu vermeiden, schafft verallgemeinerungsfähige Modelle. Ein anderes Defizit schmerzt mich mehr: das des genuin Utopischen.

War in den fünfziger Jahren die DDR-SF noch allgemein der heroischen Illusion einer sozialistischen Zukunft verpflichtet, so verwischten sich deren Konturen immer mehr. Fatalerweise bewahrheitete sich eine Vorhersage des alten Engels: nach der »Entwicklung des Sozialismus von der Utopie zur Wissenschaft« war für die sozialistische Utopie kein Raum mehr, es sei denn, sie hielt sich streng an die Vorgaben der angeblichen Wissenschaft, sprich: an das von der SED propagierte Zukunftsbild. Was davon abwich, was über den Siebenjahresplan oder den abstrakten Katheder-Kommunismus allzusehr hinausging, das war suspekt. Also reduzierte sich die Zukunftsvision von Anfang an auf Technisches, das den Autoren für gewöhnlich auch am meisten lag: mit 1000 PS und 500 Stundenkilometern zu den lichten Höhen des Kommunismus. Wo soziale Phantasie gefragt gewesen wäre, beschränkte man sich auf wenige Stichworte, frei nach dem Lehrbuch des Marxismus-Leninismus: jedem nach seinen Bedürfnissen, Weltsowjet. Es genügte ja, der Leser bekam eine grob gezeichnete Kulisse, vor der die mehr oder weniger abenteuerliche Handlung abrollte.

Wo blieben die alternativen Ansätze? Sie gab und gibt es schon. Immer dort, wo Einzelne, seien es Besatzungsmitglieder oder die Bewohner futurischer Städte, gegen verkrustete administrative Strukturen aufbegehrten, sich die eigene Einsicht nicht nehmen ließen, wo eine naturwüchsige Gemeinschaft – wie die freakische Crew von Szameits Drachenkreuzer – sich zur Wehr setzte. Die Sehnsucht nach einem lebenswerten Leben, frei von Bevormundung, drückte sich allenthalben aus, in *Conviva ludibundus* (1978) von G. & J. Braun wie in Wolfgang Kellners *Der Ausbruch oder Der Fall Gengelstedt* (1987) oder in Alfred Lemans *Schwarze Blumen auf Barnard Drei* (1986). Allerdings verdichtete sie sich nie zu ausgearbeiteten Gegenmodellen; es sei denn, ansatzweise, in unserem Roman *Andymon* (1982), bei dem uns eine Art Basisdemokratie vorschwebte.

Mit der Öffnung zum Westen wird sich für die SF in den östlichen Landesteilen viel ändern. Mitunter wurde ihr Provinzialismus vorgeworfen. Das trifft für einen Teil des Genres gewiß zu, denn manches wurde zum wiederholten Male erfunden und manche Themenlinie – etwa die der *alternative history* – konnte sich aus ideologischen Gründen (des herrschenden deterministischen Geschichtsbildes wegen) nie entwickeln. Doch war die DDR-SF immerhin autochthon, unter hiesigen Verhältnissen gewachsen, eigenständig, und sie hat sogar manches Problem früher und konsequenter aufgegriffen als die hiesige

Mainstream-Literatur: Mensch und Maschine, Technologiefolgen, Umweltprobleme.

Nun werden die Reste der Mauer abgebaggert und nach Kansas oder Fernost verhökert. Werden uns nun quasi als Gegenleistung Asimovbände und Heinleinwälzer überschwemmen? Wird in der Flut versinken, was bislang bei uns an SF entstand? Der Hunger der SF-Leser nach Taschenbüchern der einschlägigen Münchner oder Bergisch-Gladbacher Verlage ist verständlicherweise enorm. Und wer wird etwa noch einen schalen Aufguß von Space Opera kaufen wollen, wenn er das knallharte Original haben kann? Die DDR-Verlage beginnen sich zaghaft auf die veränderte Situation einzustellen, werfen Rettungsseile in Richtung Westen aus, überprüfen ihr Programm – und wenn sie zu lange zögern, erwartet sie der Bankrott. Betrachtet man die Misere der westdeutschen SF, dann sieht die Zukunft der DDR-SF alles andere als rosig aus.

Es ist schon eine vertrackte Situation: Zur gleichen Zeit, zu der der frische Ostwind durch die Verlagsstuben und die Arbeitszimmer der Autoren bläst, erhebt sich auch der Weststurm der Konkurrenz. Manches Pflänzchen, das unter windlosen Gewächshausbedingungen gedieh, wird im harschen Wetter vergehen. Es kann nicht anders sein. Schließlich war Konkurrenz das, was uns fehlte, im Großen wie im Kleinen. Die Verlage druckten fast alles, was sie an SF-Manuskripten auf den Tisch bekamen, solange es nur überhaupt lesbar war – und selbst diesen Minimalanspruch ließen sie bisweilen fallen. Pflichtbewußte Lektoren mühten sich redlich, das krumme Deutsch der Vielschreiber zurechtzubiegen, oder sie resignierten: gekauft wurde ohnehin alles. Meiner Vorstellung vom Literatenparadies entsprach diese Situation nie. Aber wird künftige Konkurrenz gerade das selektiv bevorzugen, was meinen subjektiven Maßstäben, handwerklichen wie inhaltlichen, entspricht? Ich bezweifle es.

Einige der Autoren vom 1. Extrem werden es vielleicht mit der Effizienz eines Perry-Rhodan-Teams aufnehmen, ihre Chancen vermag ich schlecht zu beurteilen. Und die Autoren vom

2. Extrem? Ich weigere mich, hier nur schwarz zu sehen. Denn gerade in einer Situation des Aufbruchs – eines Aufbruchs, der nicht in ein paar Monaten verpufft und dessen Wirkungen ganz Europa erfassen –, in einer solchen Situation sind sowohl scharfsichtige Kritiker als auch weitsichtige Visionäre gefragt. Wir erleben Zeiten, in denen massenhaft Zukunft, nein, Zukünfte entstehen. Wie wird das Deutschland aussehen, das in diesen Tagen implosionshaft zusammenwächst? Ein stahlblitzendes HighTech-Deutschland, das Atomstrom bis an den Ural exportiert, oder ein buntscheckig föderales Deutschland, das fast randlos in den Flickenteppich Europas eingewebt ist, ein fremdenfeindliches oder ein fremdenfreundliches Deutschland, ein Deutschland der Bürgerbewegungen oder der Unternehmerverbände, ein Vorreiterland in Gentechnologie oder in biologischem Landbau, Rep-Republik oder Chaoten-Chaos, verkabelt oder vernetzt, versorgt oder entsorgt, Reichsadler oder Taube … Es gibt so herrlich viele (und meist falsche) Alternativen, schreiben wir sie auf!

Die SF der Ex-DDR-Autoren wird eine deutliche politische Dimension erhalten; grundverschiedene politische Einstellungen der Autoren werden deutlich werden. Die SF der Ex-DDR-Autoren wird schärfer, konkreter und realitätsbezogener als bisher Mißstände der Gegenwart angehen können, beginnend bei Umweltproblemen. Und sie wird, das erhoffe ich mir, bei allem Problembewußtsein leichter, lockerer, unterhaltsamer werden – werden müssen. Schon um vor der globalen Konkurrenz bestehen zu können.

Im letzten Jahrzehnt realsozialistischer Stagnationen sind kaum SF-Autoren nachgewachsen, gab es wenige verheißungsvolle Debüts, aus welchen Gründen auch immer. Nun öffnen sich Grenzen – und Köpfe. Es könnte eine Chance sein.

Lichter. Ein Experiment

Von einem Autorenkollektiv

Walter Erdmann, PhD
derzeit c/o Atlantis-Mariposa, Villa 2, E-38640 Arona, Tenerife, Spanien

An den
Paralipomena-Verlag Berlin
zu Händen Belletristik-Lektorat
Adlergestell 787
12527 Berlin

Sehr geehrte Damen und Herren,

wie ich Ihrer jüngsten Pressemitteilung entnehme, plant Ihr Verlag in der Science-Fiction-Sparte der Belletristik-Abteilung (Leuchtturm-Reihe) künftig vermehrt historisch wertvolle Werke europäischer SF-Autoren zu publizieren, die zu Unrecht vernachlässigt worden sind.

Ich schlage Ihnen eine Anthologie der herausragenden SF-Erzählungen der DDR vor, Arbeitstitel »Lichter aus einer vergangenen Zukunft. Die besten Science-Fiction-Erzählungen der DDR«. Details zur inhaltlichen Ausrichtung, zur Motivation des Bandes sowie eine Liste der Texte entnehmen Sie bitte dem beigelegten Exposé. Für die Publikation einer derartigen Anthologie sprechen folgende Gesichtspunkte:

Breite und vielfältige Zielgruppen: Nach wie vor erfreut sich die Science Fiction der DDR einer breiten Liebhaberschaft, die sich teilweise in sehr aktiven Clubs organisiert hat. Beachtung verdient ebenso die zweite und dritte Generation der DDR-Nostalgiker in Ost wie West, die gern auf die vergangenen Zeiten zurückblicken und unter anderem die Literatur von damals – und moderne Imitate! – zu schätzen wissen. Die vielleicht spannendste Zielgruppe stellen darüber hinaus interessierte Wissenschaftler, Germanisten, Kulturwissenschaftler etc. dar. Nach wie vor wird der DDR-SF an ausländischen Universitäten eine hohe Aufmerksamkeit geschenkt, neuerdings nach Nordamerika verstärkt in Afrika (siehe beiliegende Befürwortung des Projekts seitens Prof. Dr. Dr. h. c. Kwesi Kasumba von der Universität Addis Abeba). – Publikationstechnisch könnte sich hier eine preiswerte E-Book-Ausgabe plus eine gediegene Hardcover-Ausgabe für Sammler und Bibliotheken empfehlen.

Konkurrenzlosigkeit: Es existiert kein vergleichbares Werk. Seit drei Jahrzehnten ist nicht ein einziger Sammelband mit SF-Storys aus der DDR-Zeit erschienen. Die einzige überhaupt einigermaßen vergleichbare Anthologie wurde 1991 publiziert (»Die Zeit-Insel«). Sie ist heute antiquarisch so gut wie vergriffen; zählt also trotz ihrer Mängel nicht zu den ramschmäßig kursierenden Third-hand-books aus der DDR. Dennoch habe ich Überschneidungen mit diesem Buch vermieden, was angesichts der Fülle des Materials eine leichte Übung war.

Unkomplizierte Rechtefragen / Vertragsgestaltung: Die Mehrheit der in den Band aufzunehmenden Autoren ist verstorben; häufig sind ihre Erben Rechteinhaber. Nach meinen bisherigen Sondierungen erheben sie keine großen Ansprüche, da sie den Wert der Texte danach beurteilen, daß die Verfasser in den letzten Jahrzehnten nicht mehr nachgefragt waren. Ähnliches trifft auch auf die wenigen noch lebenden Autoren zu.

Ich hoffe, mit diesem Vorschlag Ihr Interesse geweckt zu haben.

Mit vorzüglicher Hochachtung
Walter Erdmann

* * *

Prof. Dr. Dr. h. c. Kwesi Kasumba
Dekan der geisteswissenschaftlichen Fakultät der Kofi-Annan-Universität Addis Abeba
Kulturpolitischer Berater des Präsidiums der Afrikanischen Union
Chairperson der African Society for the Study of Socialist Culture

Empfehlung / Recommendation

Kollege Walter Erdmann, PhD, hat mich auf sein Projekt einer Anthologie der besten SF-Erzählungen aus dem vergangenen Staat DDR aufmerksam gemacht. Ich unterstütze dieses Projekt ausdrücklich.

(1) In der afrikanischen akademischen Community steigt seit Jahren das Interesse an den kulturellen Besonderheiten der damaligen sogenannten sozialistischen Staaten, hinzu kommt ein sich ausbreitendes Interesse für Deutsch als Fremdsprache, wenngleich es wohl übertrieben ist, die Sprache als Teil des afrikanischen kulturellen Erbes zu betrachten (wie einige Kollegen in Namibia meinen).

(2) Ich darf darauf verweisen, daß in jüngster Zeit vermehrt wissenschaftliche Arbeiten zur SF der DDR (teilweise von mir betreut) erschienen sind, beispielsweise »Linker Beruf und rechter Beruf. Affirmative Positionen zum Marxismus in der DDR-SF« (Ms. Keitu aus Nigeria), »Mangelwirtschaft mit Sauerstoff. Individuelle Coping-Strategien in literarischen Risikosituationen« (Mr. Hammami aus Tunesien). Geplant sind Untersuchungen zu Raumfahrtromanen als Eskapismus und/oder Ausdruck einer historischen Mission der Menschheit.

(3) Auf der Panafrikanischen Konferenz zu europäischen Literaturen im nächsten Jahr wird sich eine Sektion speziell mit dem Utopiegehalt der osteuropäischen Science Fiction (Schwerpunkt DDR) befassen. Eine Ko-Finanzierung der Sektion steht allerdings noch aus (Verhandlungen mit dem Goethe-Institut Addis Abeba).

Für Rückfragen stehe ich Ihnen gern zur Verfügung.

Mit freundlichen Grüßen
Prof. Dr. Dr. h. c. Kwesi Kasumba

* * *

Exposé zu einer Anthologie
»Die besten Science-Fiction-Erzählungen der DDR«

Motivation

Wer sich mit der Science Fiction in der DDR befaßt, orientiert sich zumeist an den Romanen; an ihnen wird die Geschichte der SF dargestellt, sie zeigen Visionen und Kritik. Auch die Leser erinnern sich vorwiegend an Romane, diese werden antiquarisch nachgefragt, vereinzelt sogar nachgedruckt. Abgesehen von sehr wenigen Ausnahmen sind Erzählungen längst vergessen, allenfalls führen sie im Rahmen von gesammelten Werken ein bescheidenes Nachleben. Dabei haben nicht wenige Autoren gerade in der kurzen Form Bemerkenswertes geleistet. Viele Storys sind noch heute eine faszinierende Lektüre, wenn man sie denn überhaupt in die Hand nimmt. Oft überraschen sie durch originelle Einfälle, ungewohnte Sichtweisen und frappierende Wendungen. Außerdem können sie einen spannenden Einblick vermitteln, wie und unter welchen äußeren Umständen sich die SF der DDR entwickelte. Es verlohnt sich also, den Erzählungen Aufmerksamkeit zu schenken.

Im Jahr 1991 hat Olaf R. Spittel eine Anthologie *Die Zeit-Insel. SF-Erzählungen aus einem Land, das es mal gab* herausgebracht und darin 34 aus seiner Sicht interessante und aussagekräftige Storys zusammengestellt. Seither sind über drei Jahrzehnte verstrichen. Der Abstand wächst und damit verändern sich die Perspektiven. Aus der vergrößerten Distanz läßt sich fragen: Was hat Bestand? Welcher Text hat uns heute noch etwas zu sagen?

Was wird eine junge Generation, die die DDR nicht mehr selbst erlebt hat, in den Texten finden? Was sinkt tief in die historischen Sedimente?

Kurzum: Bei einem neuen, wahrscheinlich dem endgültigen Best-of der SF-Erzählungen der DDR geht es um wiederzuentdeckende Schätze.

Auswahl

Über eintausend SF-Erzählungen sind in der DDR zwischen 1949 und 1990 erschienen. Da ist die Auswahl nicht eben einfach, selbst wenn man bedenkt, daß ein großer Teil der Publikationen zu Recht vergessen ist.

Bei der Auswahl muß Wert auf Breite und Vielfalt gelegt werden. Repräsentativ in einem statistischen Sinn kann und soll eine derartige Zusammenstellung nicht sein. Sie soll die Spannweite der individuellen Handschriften und der Problemsichten zeigen, sich nach Originalität und zugleich handwerklicher Qualität richten. Beides geht nicht immer zusammen. Gute Lesbarkeit – noch heute – soll sich mit einem Eindruck davon verbinden, wie sich das Genre im Laufe der Zeit gemausert hat. Daß Autoren, die kraftvolle, interessante oder schlicht vielgelesene Texte lieferten, berücksichtigt werden müssen, versteht sich von selbst. Um aber möglichst viele Autoren zu Wort kommen zu lassen, kann von jedem in der Regel nur eine Story aufgenommen werden. Außerdem sollte sich eine sinnvolle Balance der unterschiedlichen Stimmen und unterschiedlichen Themen ergeben.

Abwägen ist schwierig, Auswählen auch, zumal bei Autoren, die als Spezialisten der kurzen Form regelmäßig Storys publizierten. Subjektive Wertungen, Vorlieben und Abneigungen lassen sich nicht vermeiden. Um nur ein Beispiel zu nennen: Erzählungen, an deren Ende die Hauptpersonen versöhnlich lachen, lächeln oder schmunzeln, haben bei mir von vornherein schlechte Karten. Storys mit einer überraschenden Pointe am

Schluß ziehe ich vor. Gern nehme ich einerseits Erzählungen, die aus meiner Sicht zu Unrecht vergessen wurden. Aber andererseits verdienen Geschichten, die in Ost- wie in Westdeutschland nachgedruckt wurden, Aufmerksamkeit. Doch Verbreitung allein ist kein Qualitätskriterium, bestenfalls ein Hinweis darauf, daß der Autor etwas richtig gemacht hat: Daß er gut geschrieben oder sich gut vermarktet hat.

Anordnung

Vier Jahrzehnte sind eine lange Zeit. In ihr ändern sich gesellschaftliche Rahmenbedingungen, Geschmäcker und Schreibhaltungen. Bei einer Auswahl von hervorstechenden Erzählungen bietet es sich naturgemäß an, sie chronologisch anzuordnen. Im besten Fall spricht die zeitliche Abfolge für sich, der Leser erkennt Entwicklungslinien. Besondere Beachtung verdient dennoch der Einstieg, der erste Text. Unser Vorschlag ist hier ein fast programmatisch zu nennendes kurzes Prosastück von Günter und Johanna Braun. Wer im folgenden Abwechslung verlangt, wird nicht enttäuscht: Dafür sorgen schon die Autoren mit ihren je eigenen Schreibweisen, Problemsichten und vielleicht auch Schrullen. Ein Nachwort komplettiert den Band (s. u.).

Intermezzo: Ein Traum

Mir träumte, daß sich die rund eintausend Erzählungen an der Zugangstreppe zur Arche Noah der zu rettenden Texte drängten. War das ein Gerangel! War das ein Gekreische! Einige Storys brüsteten sich lauthals damit, daß sie allein das erste Anrecht auf einen guten Platz besäßen, da sie ja bereits in einer einschlägigen SF-Anthologie veröffentlicht worden wären – in *Der Mann vom Anti* (1975), *Zeitreisen* (1986) *Geschichten vom Trödelmond* (1990), oder besser noch in allgemeinen Phantastik-Anthologien wie *Die Rettung des Saragossameeres* (1976), *Die Tarnkappe* (1978), ja, daß sie sogar im Westen, bei Suhrkamp,

Luchterhand oder wenigstens in einem Heyne-Sammelband erschienen wären! Dieses elitäre Gehabe stieß der nicht anthologisierten Mehrheit sauer auf. Den Herausgebern dürfe man keinesfalls trauen! Sie nähmen doch nur das, was ihnen in den Kram paßte, was also entweder ausreichend systemkonform wäre (bei Publikation in der DDR) oder plump auffällig kritisch und satirisch, um bei einem Westpublikum Aufnahme zu finden. Nichts da mit First Class und dem schäbigen Rest!

Der Krach ebbte etwas ab, andere Stimmen wurden hörbar. Einige eher schmächtige Storys verwiesen leis doch bestimmt darauf, daß sie klein, aber fein seien, bis ins letzte Wort durchgezirkelt, selbst ihr Titel sei reduziert, bestünde bei einigen Kollegen sogar nur aus einem einzigen Buchstaben. Sie, die Shortshortstorys, würden also noch in jede Arche hineinpassen, wären sozusagen die perfekten Lückenbüßer und Inhaltsabrunder – und sie nähmen sogar die allerneueste Entwicklung vorweg, Storys im Twitter-Stil! Doch damit konnten sie nicht punkten.

Eine dritte Gruppe blies die Backen auf, machte sich dick und fett und stellte genau das Gegenteil heraus: Sie seien nun wirklich gewichtige Storys, eigentlich schon klassische Novellen, eben Texte von einer beachtlichen Länge, die Ausstaffierung und Personenzeichnung und viel Aktion ermögliche. Länger verdauliche Kost also, kein Fastfood. Unerwartet erhielten sie Unterstützung von einer etwas ruppigen Clique. Diese Storys waren alle in der Heftreihe *Das neue Abenteuer* erschienen: Dank immens hoher Auflagen hätten sie viele Leser erreicht, seien daher stark ins öffentliche Bewußtsein getreten! Keine einzige von ihnen sei je liegengeblieben – im Gegensatz zu manch pseudohumoristischen Ergüssen, die literarischen Anspruch simulierten. Sie hier wären die Macher – die dort die blassen Lieblinge der Rezensenten! Oh, das gab heftige Konter: Schnell geschrieben, schnell vergessen, tönten ihre Widersacher aus der ulktopischen Ecke, nicht Literatur, sondern Makulatur.

Einzelne Storys ragten aus der Menge. Sie trugen den Kopf etwas höher, waren stolz darauf, ihren Titel als schlagkräftigen

Buch-Titel eines Autorenbands zur Verfügung gestellt zu haben – was gerade die Geschwister aus demselben Band auf die Palme brachte: Eingängige, schicke Überschriften zögen noch lange nicht innere Gediegenheit nach sich. Und wie oft erweckten sie einen falschen Anschein, führten den Käufer in die Irre!

Allmählich wurde es ruhiger. Zum Schluß hakten sich noch diejenigen Erzählungen unter, die vor Jahren in der Anthologie *Die Zeit-Insel* bereits ihre kollektive Brauchbarkeit nachgewiesen hatten: Sie seien doch schon das letzte Wort in puncto DDR-SF-Story, ein Best-of, auf das kein weiteres folgen könne! Ihre Arche sei schon lange davongesegelt …

Im Erwachen dachte ich: Wenn man schon die Storys selbst zu Wort kommt läßt, dann doch bitte nur durch das, was in ihnen steht, nicht durch die Zufälle ihrer Publikationsgeschichte.

Ein Überblick als Nachwort

Im Nachwort sollen die Geschichte der SF-Story in der DDR umrissen und beispielhafte Erzählungen eingeordnet werden. Eine grundsätzliche Orientierung bietet dabei die Unterscheidung einer Verneschen Linie mit eher technisch orientierten Texten und einem nahen Zeithorizont und einer spekulativen Wellsschen Linie, die gesellschaftliche, philosophische, ethisch-moralische Probleme abhandelt.

Hier folgt nun der Kerninhalt des geplanten Nachworts im Telegrammstil:

In der Anfangszeit herrschte die Vernesche Linie vor. Bis in die 1960er Jahre hinein waren die Storys, typischerweise lange Erzählungen in der Heftreihe *Das neue Abenteuer*, auf die technischen Wunder der nächsten Zukunft orientiert, sie gaben sich oft prognostisch. Nach dem Sputnikstart 1957 wandten sich die wenigen SF-Autoren dieser Zeit verstärkt den Perspektiven der Raumfahrt zu. Die Hefterzählungen verloren allmählich ihre dominante Stellung.

Erzählungsbände von einzelnen Autoren ließen noch lange auf sich warten. Zwar hatte bereits 1961 Gerhard Branstner einen Band veröffentlicht (*Zu Besuch auf der Erde*), der auch zwei humoristische SF-Texte enthielt, und Carlos Rasch hatte 1968 einen Erzählungsband noch in der Verneschen Linie publiziert (*Krakentang*), den entscheidenden Entwicklungsschub erlebte die SF-Story in der DDR erst Jahre später. 1973 markierte der Band *Das Gastgeschenk der Transsolaren* von Alfred Leman und Hans Taubert einen Umbruch. Die Autoren erzählten auf neue, klischeefreie Weise psychologisch überzeugende Geschichten mit viel *sense of wonder*. Schon vorher hatten Günter und Johanna Braun erste SF-Erzählungen in Zeitschriften veröffentlicht, bald folgten neben ihren Romanen auch Erzählungsbände (*Der Fehlfaktor*, 1975; *Der Utofant*, 1981). »Die Brauns« brachten einen neuen, lockeren, bald humoristischen, bald satirischen Tonfall ein. Die meisten der nach 1973 publizierten Erzählungen lassen sich der Wellsschen Linie zuordnen.

Anthologien schufen nun für etablierte wie neue Autoren Publikationsmöglichkeiten: 1975 erschien *Der Mann vom Anti*, ein Jahr darauf die Debütanten-Anthologie *Begegnung im Licht*, in der sich eine neue Generation von SF-Autoren zu Wort meldete (Dittfeld, Fuhrmann, Krohn, Simon, Szameit ...). Parallel dazu entdeckten Autoren von Gegenwartsliteratur die Möglichkeiten der phantastischen Verfremdung. Auch hier spielten Anthologien mit teilweise erheblichem SF-Anteil – *Blitz aus heiterm Himmel* (1975), *Die Rettung des Saragossameeres* (1976) und *Die Tarnkappe* (1978) – eine Vorreiterrolle. Keiner aber nutzte die SF für so tiefschwarze, sarkastische Erzählungen wie Franz Fühmann in *SAIÄNS-FIKTSCHEN* (1981). Ab 1980 boten die *Lichtjahr*-Almanache ein einzigartiges Podium für inländische und internationale SF und für den Austausch über Zugänge zur SF, über Maßstäbe und Spielarten.

Das Angebot an Storys wuchs in den 1970er Jahren geradezu explosionsartig und differenzierte sich in unterschiedliche Strömungen aus. Ein genereller Trend führte weg von der langen

Erzählung hin zur kürzeren Formen, wobei sich einige Autoren auch an internationalen Vorbildern, etwa der amerikanischen Shortstory, orientierten. Statt wie bisher die Erzählung mit einer Art Resümee sanft ausklingen zu lassen, liefen die Storys nun häufiger auf eine überraschende Pointe hinaus, also das, was heute oft *conceptual breakthrough* genannt wird. Gert Prokop verschmolz in seinen Erzählungen überaus gekonnt Detektivgeschichten mit einem dystopischen SF-Hintergrund, beginnend mit *Wer stiehlt schon Unterschenkel* (1977).

Ein zweiter Trend war die wachsende Rolle von Humor und Satire (bei den Brauns, bei Klaus Möckel), bisweilen sogar Grotesken – interessant schon allein deshalb, weil Witz, Ironie und beißender Sarkasmus seit jeher Waffen gegen Obrigkeit und Zensur waren. Als eine Abspaltung von der Wellsschen Linie kann ein spielerischer – bis verspielter – Gebrauch von SF-Motiven wie bei Erik Simon betrachtet werden. Gerhard Branstner praktizierte eine spezifische Art von Heiterkeit in seinen »ulktopischen« Kurzgeschichten, die oft ein wenig banal oder didaktisch wirkten.

Die kurz vor dem Ende der DDR publizierten Anthologien *Der lange Weg zum Blauen Stern* (1990, Debütanten) und *Geschichten vom Trödelmond* (1990) und auch die Collections von Autoren wie Karsten Kruschel oder Andreas Melzer belegen, wie vielfältig und vital die SF-Kurzgeschichte der DDR schlußendlich war. Formulieren wir es in der Sprache des untergegangenen Staates: Nicht alles, aber einiges war wirklich Weltniveau.

Longlist der Storys, chronologisch (derzeit 45 – Ziel: 30?)

Braun, Johanna und Günter: Science-Fiction zum Selbermachen (1981)
Krupkat, Günther: Gefangene des ewigen Kreises (1956, Auszug)
Branstner, Gerhard: Kumpelfings im Weltraum (1960)
Ball, Kurt Herwarth / Weise, Lothar: Im Eis des Kometen (1968, Auszug)

Rasch, Carlos: Raumschlepper HERKULES (1970/72, Auszug)
Leman, Alfred / Taubert, Hans: Blinder Passagier (1973)
Schneider, Rolf: Notlandung (1973)
Kunert, Günter: Vom Pluto her (1975)
Heym, Stefan: Das Wachsmuth-Syndrom (1975)
Kellner, Wolfgang: Alarm aus Intimklause 87 (1975)
Ziergiebel, Herbert: Die Experimente des Professors von Pulex (1975)
Jakobs, Karl-Heinz: Quedlinburg (1975)
Fühmann, Franz: Die Ohnmacht (1976)
Töppe, Frank: Die letzten Bilder des Grafikers Schneider (1976)
Tuschel, Karl-Heinz: Wie ich meinen linken Beruf wechselte (1977)
Ulbrich, Bernd: Ein Gott hat geweint (1977)
Heinrich, Reinhard / Simon, Erik: Das Ende der dreizehnten Zeitexpedition oder Wie man Mystifikationen vermeidet (1977)
Kirsch, Rainer: Erste Niederschrift (1978)
Prokop, Gert: Die Sache mit den Alpha-No-i (1978)
Sämann, Wolfgang: Das Haus des Dr. Pondabel (1978)
Leman, Alfred: Die Revision (1980)
Möckel, Klaus: Die gläserne Stadt (1980)
Braun, Johanna und Günter: Mit letzter Energie (1981)
Rank, Heiner: Schöne Bella (1981)
Grüning, Uwe: Die Steindrachen (1981)
Frühauf, Klaus: Die Erde ist ein fremder Stern (1982)
Weitbrecht, Wolf: Am Abgrund der Zeit (1982)
Simon, Erik: Der schwarze Spiegel (1983)
Höpfner, Jürgen: Karneval in Bio-Bio (1983, Auszug)
Kober, Wolfram: Persönlichkeit (1984)
Luthardt, Ernst-Otto: Das Ende vom Anfang (1984)
Kröger, Alexander: Eine unumkehrbare Mutation (1985)
Krohn, Rolf: Die vierte Tür (1985)
Meinhold, Gottfried: Das Ungeheuer (1986)
Sjöberg, Arne: Kein Weg zurück (1986)

Steinmüller, Angela: Fernschach (1986)
Dittfeld, Hans-Jürgen: Kannibaleske (1986)
Kruschel, Karsten: Großartige Party, wirklich großartig (1989)
Steinmüller, Angela und Karlheinz: Sauerstoffmangelgeschichte (1989)
Mechtel, Hartmut: Sifrit (1989)
Geißler, Frank: Tausend Jahre bis zur Morgendämmerung (1989)
Fuhrmann, Rainer: Mondstadt oder Der Sinn für Ordnung (1990)
Szameit, Michael: Dreiäuglein, wache … (1990)
Landgraf, Wolfgang: Die Stadt (1990)
Melzer, Andreas: Vorstoß nach Andromeda (1990)

* * *

Paralipomena-Verlag Berlin
Adlergestell 787
12527 Berlin

Walter Erdmann, PhD
c/o Atlantis-Mariposa, Villa 2
E-38640 Arona
Tenerife, ESPAÑA

Sehr geehrter Herr Dr. Erdmann,

haben Sie vielen Dank für Ihren ausführlichen und durchdachten Vorschlag zur Herausgabe einer Science-Fiction-Anthologie mit »herausragenden« SF-Erzählungen der DDR. Nach reiflicher Überlegung im Lektorat, an dem sogar eine aus den neuen Bundesländern stammende Praktikantin beteiligt wurde, muß ich Ihnen jedoch leider mitteilen, daß eine solche Anthologie nicht in das Profil unseres Verlages bzw. der geplanten Reihe paßt.

Interessant ist, wie Sie darlegen, daß eine solche Veröffentlichung auf ein breites und diverses Publikum stoßen könnte, auch in der amerikanischen und afrikanischen Fachwelt. Allerdings scheint beim Blick auf Ihr Exposé selbst, in dem Sie von »Breite und Vielfalt« schreiben, wenig an Diversität erkennbar zu sein. Schon ein Blick auf die Autor*innenliste zeigt, daß unter den 45 vorgeschlagenen Autor*innen nur zwei Frauen sind, und auch diese in drei der vier Fälle nur als Ko-Autorinnen. Wie es sonst mit der Repräsentanz von Minderheiten aussieht, läßt sich leider nicht erkennen, wird von Ihnen auch bedauerlicherweise nicht thematisiert. Demgegenüber erscheint die von Ihnen postulierte inhaltliche Vielseitigkeit eher als eine Ablenkung von den Realien, die sich nach meiner Kenntnis in der DDR als eher unerfreulich homogen dargestellt haben dürften.

Auch scheint mir eine gewisse Unentschiedenheit am Werk zu sein – Sie mischen in dem Exposé Texte von Autor*innen, die stets im Innern der Science-Fiction-Welt geblieben sind, mit solchen, die als klassische Gegenwartsautoren auch über die Grenzen der damaligen DDR bekannt waren und die sich nur eben ab und zu in die Gefilde der SF »verirrt« haben, wie Fühmann, Heym, Kunert, R. Kirsch. Diese mögen das als Fingerübung oder Maskierung verstanden haben, aber nicht als ihre eigentliche Literaturströmung. Vielleicht sollen sie Ihnen als Vermarktungsargument dienen, da von den anderen Autor*innen kaum jemand jenseits der Grenzen der neuen Bundesländer gehört haben dürfte.

Wobei in Ihrer Liste, darauf machte mich übrigens die besagte Praktikantin aufmerksam, bei den im engeren Sinne literarischen Autor*innen gerade einige weibliche Stimmen fehlen, wie Anna Seghers, Christa Wolf, Sarah Kirsch.

Anmerken muß ich zudem, daß der in Ihr Exposé eingestreute Traum doch sehr als ein Fremdkörper wirkt, der die nötige Distanz zu Ihrem Gegenstand vermissen läßt und nicht gerade das Zutrauen zu Ihrem behaupteten wissenschaftlichen Anspruch untermauert.

Ungeachtet dessen stellt sich mir aber vor allem eine Frage: Geht es Ihnen um eine Blütenlese des Besten, das die damals in der DDR verbleibenden Autor*innen hervorgebracht haben? Oder um eine Zusammenstellung von eher akademischem Interesse, die an den Leseinteressen der von uns anvisierten Leser*innen der Leuchtturm-Reihe mit historisch wertvollen Werken vorbeigehen dürften? Diese würden eher weniger an abwägender Literaturgeschichte interessiert sein, zumal Erzählungen es überall schwer haben dürften. Nein, hier wollen wir Käufer*innen generieren, die sich an der, wie Sie es nannten, »Verneschen Linie« mit großen Abenteuern, kraftvollen Charakteren und (damals) fortgeschrittener Technik erfreuen. Diese Reihe soll unseren Verlag vor allem bekannter machen bei noch unerreichten Zielgruppen und Spielräume erwirtschaften für die Publikation der von unserem Hause für literarisch und gesellschaftlich besonders wertvoll gehaltenen Literatur, die auf der Höhe unserer Zeit ist. Darum bedauere ich, feststellen zu müssen, daß eine Anthologie wie von Ihnen vorgeschlagen weder in die eine noch in die andere Schiene einzufügen sein dürfte.

Mit den besten Wünschen für Ihre künftige literarische und herausgeberische Tätigkeit

Dr. Daniel Dapertutto

* * *

Verlag Rotes Haus
Pieschener Chaussee 93
01127 Dresden

Herrn Dr. Walter Erdmann
Atlantis-Mariposa, Villa 2
E-38640 Arona
Teneriffa, Spanien

Sehr geehrter, lieber Herr Dr. Erdmann,

vielen Dank für das Exposé für eine DDR-Anthologie mit Science-Fiction-Geschichten. Lassen Sie mich gestehen, wir haben lange darüber nachgedacht, ob dies etwas für unseren Verlag sein könnte. Denn die Erinnerung an das kleine Land, das es nicht mehr gibt, wird allzu oft verzerrt oder dämonisiert, aber noch öfter wird es als etwas Lächerliches voller »Männchen« rezipiert: Sandmännchen, Messemännchen, Ampelmännchen ... und nun auch noch »rote« Grüne Männchen? So stellte sich uns die Frage, ob wiederveröffentlichte Science-Fiction oder, wie es damals geheißen hatte, Utopische Literatur oder Wissenschaftliche Phantastik, zumal in einer Sammlung von Geschichten, nicht eher den falschen Eindruck des Ephemeren, durch und durch Überholten noch verstärkt hätte. Doch beim Betrachten Ihrer Aufzählung möglicher Beiträge, das muß ich ehrlich sagen, erlebte ich jede Menge positiver Déjà-vu-Momente, und die literarische Qualität etlicher davon, ebenso wie ihre gesellschaftliche oder besser zeitgeschichtliche Relevanz, stand mir wieder frisch und deutlich vor Augen. Die Zusammenstellung fügt sich zu einem Gesamtbild, von dem ich annehme, daß es auch die nicht dabei Gewesenen jenseits der DDR-Grenzen oder der jüngeren Generation von der Vielfalt künstlerischer Ausdrucksweisen im »Leseland« überzeugen könnte. Und in unterschiedlichster Weise gesellt sich dazu ein nicht zu unterschätzender Unterhaltungswert – was für die Ökonomen im Hause, die tagtäglich um den Erhalt unseres Verlages kämpfen, nicht unerheblich ist. Im Übrigen finde ich den »Traum« in Ihrem Exposé sehr charmant und meine, er würde sich viel eher als das angedeutete, eher wissenschaftlich angelegte Nachwort als ein solches eignen. Und hätte es noch weiterer Argumente zugunsten Ihres Projekts gebraucht, so wurde ich damit überschüttet, als ich das Exposé im Kollektiv des Verlages und bei einigen Freunden herumgehen ließ. Schwärmerische Erinnerungen, nicht nur an die hier genannten Erzählungen, sondern auch an andere – Sie verzeihen die Formulierung – Sternstunden der Phantastikliteratur in der DDR bekam ich zu Hauf, und das aus unterschiedlichen Generationen derer, die noch mit diesen Werken aufgewachsen sind, aber auch von Jüngeren, die dieses Gebiet als literarische Vintage-Tendenz oder positive Nostalgie gerade neu entdecken. Besonders erfreulich finde ich, daß Sie nicht nur die bekannten Namen der SF in das Werk aufnehmen wollen, sondern auch andere, die als Vertreter der DDR-Literatur auch im Westen und im weiteren Ausland einen guten Ruf haben und so für die Seriosität des Vorhabens bürgen können. Ich freue mich, in Ihnen einen Verbündeten darin zu finden, ein so wertvolles Erbe vor dem Vergessen zu bewahren. Wir sollten uns also recht bald zu konkreten Gesprächen zusammenfinden, um die Umsetzung dieses so interessanten Vorhabens zu planen.

Mit freundlichen und solidarischen Grüßen
Nicky Ostrow

* * *

From: Nicky Ostrow <nicky@rotes-haus-dd.org>
To: Walter Erdmann <erdmannphd@atlantismariposa.com>
Sent: 6.10.2024
Subject: Lichter-Anthologie

Lieber Walter Erdmann,

schade, daß aus unserem Treffen nichts geworden ist, obwohl Sie uns ein gutes Stück entgegengekommen sind – aber auch ein Flug nach Nizza ist im Budget unseres Verlages einfach nicht drin. Die gute Nachricht ist, daß sich die beiden in meiner letzten Mail erwähnten Probleme voraussichtlich erledigt haben: Unser Projekt wird – wohl nicht zuletzt dank dem Empfehlungsschreiben – die beantragte Förderung erhalten, und zwar aus PMO-Mitteln. Man hat also wohl wieder einmal auf einem Schweizer Konto Geld entdeckt, von dem nun wenigstens ein Teil an seinen Ursprung zurückkehrt. So sparsam, wie wir zu wirtschaften gewohnt sind, wird das alles dem Buch zugute kommen. Wir können also einen richtig dicken, edlen Hardcoverband in unserer neuen Reihe »Ex oriente Luxus« machen und brauchen, wenn wir einen Punkt kleiner setzen, auf keinen der von Ihnen vorgeschlagenen Texte zu verzichten. Nach einer Beratung im Lektorat haben wir beschlossen, daß unter diesen Umständen auch die Erzählung von Landgraf geeignet ist, das breite Spektrum der DDR-SF zu dokumentieren.

Mit zukunftsfrohen Grüßen
Nicky Ostrow

* * *

Walter Erdmann (Hrsg.):
Lichter aus einer vergangenen Zukunft.
Die besten Science-Fiction-Erzählungen der DDR

Dresden: Roter Baum 2025, 612 S., 32,– €

Gelesen von Walter Hes

Zuerst fallen an diesem Buch der Umfang und die Ausstattung auf – ein dickleibiger Halbleinenband mit Illustrationen verschiedener Grafiker, größtenteils aus den betreffenden DDR-Ausgaben übernommen. Auch der Apparat, der die 45 Erzählungen umrahmt, ist gewichtig: ein Geleitwort, ein Vorwort und ein Nachwort (die beiden letzteren vom Herausgeber) sowie eine Literaturliste, nicht gerechnet die erste Erzählung, eine von den Brauns verfaßte ironische Anleitung für »Science-Fiction zum Selbermachen«, die als eine Art weiteres Vorwort avisiert wird. Das Geleitwort von Kwesi Kasumba ist kurz und freundlich, und der Professor Dr. Dr. h. c. (so viel Zeit muß sein) gibt dankenswerterweise auch nicht vor, ein profunder Kenner der DDR-SF zu sein. Nach Lektüre von »Vorwort: Ein Traum« kann man den Herausgeber, der seinerzeit weder als Verfasser noch als Kritiker von SF hervorgetreten ist, mit ziemlich großer Sicherheit im SF-Fandom der DDR verorten; andererseits lassen Besonderheiten seiner Auswahl vermuten, daß Walter Erdmann, PhD (den akademischer Grad erfährt man nur aus dem Geleitwort) kein besonders typischer Fan gewesen sein kann. Kenntnisreich ist er auf jeden Fall, wie sein etwas trockener wirkendes Nachwort zeigt.

Ich will es mir versagen, die 45 Erzählungen einzeln und ausführlich zu besprechen – wo diese Rezension erscheint, kann ich bei vielen Lesern die Kenntnis der meisten Texte annehmen, und die anderen wissen ja, wie und wo man sich mit den Geschichten bekannt machen kann. Mich interessiert die Auswahl und was sie einerseits über die DDR-SF, andererseits über deren Rezeption erkennen läßt – und wo sich vielleicht schon Lesarten zur Tradition verfestigt haben.

Alsdann: Sind das wirklich die besten Science-Fiction-Erzählungen der DDR? Können sie es überhaupt sein? Immerhin würdigt der Herausgeber im Nachwort die erste und vor den *Lichtern* einzige Chrestomatie der DDR-SF *Die Zeit-Insel*, 1991 von Olaf R. Spittel herausgegeben, beansprucht aber (was sich als Raison d'être des Bandes ohnehin von selbst versteht), sie zu übertreffen. Dabei könnte ihm – wenn wir ihm nicht a priori einen besseren Geschmack als seinem Vorgänger zubilligen wollen – vor allem zweierlei hilfreich sein: der größere Umfang seiner Auswahl und der spätere Zeitpunkt. Der größere Umfang ermöglicht es, mehr Autoren aufzunehmen oder aber besonders gute Erzählungen, die sonst allein wegen ihrer Länge wegfallen müßten. Der spätere Zeitpunkt erlaubt natürlich, Texte zu berücksichtigen, die für *Die Zeit-Insel* mit ihrer für DDR-Verlage typischen langen Vorlaufzeit einfach zu spät kamen, vor allem aber eine vielleicht genauere, umfassendere Bewertung aus dem Abstand von über dreißig Jahren. So sind bei Erdmann alle drei Autoren der letzten Generation in der DDR-SF vertreten, deren erste Erzählungsbände Ende der achtziger Jahre erschienen sind – Frank Geißler mit der Erzählung »Tausend Jahre bis zur Morgendämmerung«, Karsten Kruschel mit »Großartige Party, wirklich großartig« und Andreas Melzer mit »Vorstoß nach Andromeda« –, dazu Hartmut Mechtel (»Sifrit«) und Wolfgang Landgraf (»Die Stadt«), die es nicht zu einem eigenen SF-Band gebracht haben und nach 1990 wie Geißler und Melzer der SF bald den Rücken kehrten, während Kruschel sich behaupten konnte.

Die Chance, auch etwas längere Erzählungen zu präsentieren, hat der Herausgeber genutzt, zum Beispiel mit »Die Revision«, Alfred Lemans bester Erzählung (Spittel hat die vermutlich zweitbeste und kürzere). Die Ausweitung der Auswahl auf mehr Autoren und mehr Texte ist in vielen, aber nicht in allen Fällen gelungen. Wolfram Kober, Arne Sjöberg und Frank Töppe, die bei Spittel fehlen, sind mit »Persönlichkeit«, »Kein Weg zurück« bzw. »Die letzten Bilder des Grafikers Schneider«

Bereicherungen für den Band, zumal Töppe (wie mitunter auch Bernd Ulbrich) einen psychologisierenden Ton repräsentiert, der in der DDR-Literatur der Siebziger, Achtziger durchaus angesagt war, in der SF aber von anderen weniger erfolgreich versucht wurde. Erdmann nutzt auch die Gelegenheit, manche Autoren sowohl einzeln als auch gemeinsam mit einem Ko-Autor zu Wort kommen zu lassen, wozu Spittel vermutlich einfach der Platz fehlte: Alfred Leman und das Team Leman/Taubert (»Blinder Passagier«), Erik Simon allein (»Der schwarze Spiegel«) und im Verein mit Reinhard Heinrich (»Das Ende der dreizehnten Zeitexpedition«), Angela Steinmüller einzeln (»Fernschach«) und zusammen mit Karlheinz Steinmüller (»Sauerstoffmangelgeschichte«). Letzterer allerdings, der als alleiniger Verfasser des ersten Steinmüller-Bandes viel Anerkennung fand, bekommt keinen Soloauftritt. Abgesehen von ihm als Solist fehlt niemand aus der Stammbesatzung der DDR-SF, der wirklich erstklassige Erzählungen verfaßt hat, und dann in aller Regel mehr als eine; aber Hans Bach und Heiner Hüfner (beide bei Spittel vertreten) wären wohl doch eher in Frage gekommen als manche von den Randfiguren, die in den *Lichtern* irrlichtern.

Davon nämlich gibt es allerhand, und zwar aus mindestens drei Gruppen: Autoren, die (erstens) gute oder (zweitens) für das Bild der DDR-SF charakteristische Romane, aber keine erstklassigen Erzählungen geschrieben haben, und (drittens) Schriftsteller, die nur einige wenige Erzählungen zur SF beigetragen haben. Die dritte Gruppe ist in sich heterogen und muß weiter unten eingehender betrachtet werden, zumal sich bei ihr neben überflüssigen auch hervorragende Geschichten finden.

Der Kern des Problems sind aber die ersten beiden Gruppen und die Idee, sowohl die besten Erzählungen zu präsentieren (was natürlich immer nur eine *Auswahl* aus den besten meinen kann) und gleichzeitig ein Bild der DDR-SF in ihren charakteristischen Ausprägungen zu bieten. Dieser – auch von Spittel verfolgte – Ansatz funktioniert nicht: Man kann die DDR-SF nicht anhand ihrer Erzählungen repräsentativ darstellen, nicht einmal wenn man sich auf die *zur jeweiligen Zeit* besten verständigt. Die Geschichte der SF-Erzählung in der DDR beginnt um 1973, das ist das Jahr, in dem nach einigen wenigen vereinzelten brauchbaren oder zumindest kuriosen Erzählungen mit *Das Gastgeschenk der Transsolaren* von Leman & Taubert der erste wirklich erstklassige SF-Erzählungsband von DDR-Autoren erschien, aus dem man übrigens ohne Überschneidungen noch ein paar Best-of-Anthologien mit sehr guten Texten beliefern könnte. Vor und erst recht nach diesem Datum findet man Romane, die rundum gelungen oder aus anderen Gründen, etwa wegen ihres Themas oder eines besonders originellen Ansatzes, beachtenswert sind, deren Autoren aber keine best-of-reifen Erzählungen verfaßt haben, und von Anfang bis Ende der DDR-SF haben Autoren sowohl Romane als auch Erzählungen produziert, die sehr charakteristische Strömungen im Genre repräsentieren, nur eben keine literarisch irgend anspruchsvollen.

Wirklich zu einem philologischen Literaturverständnis neigende Anthologien (darunter regelmäßig auch Schulbücher) drucken in solchen Fällen massenhaft und bedenkenlos Auszüge – Lesen halten sie ja für eine Art heilige Pflichtübung, die als solche keinen Spaß zu machen braucht. Vor allem bei älteren Erzählungen weichen auch die beiden Chrestomatien auf Auszüge aus – sowohl Spittel als auch Erdmann bei Ball/Weise und bei Carlos Rasch (Erdmann hat von Kurt Herwarth Ball und Lothar Weise ein Fragment von »Im Eis des Kometen«, 1968, von Carlos Rasch eins von »Raumschlepper HERKULES«, 1970/72), in den *Lichtern* blinken auszugweise außerdem noch »Gefangene des ewigen Kreises« (1956) von Günther Krupkat und – wesentlich neuer – »Karneval in Bio-Bio« (1983) von Jürgen Höpfner. Abgesehen von dem Raumfahrtabenteuer Krupkats sieht man deutlich die Tendenz, auch die ältere DDR-SF mit Texten vom Ende der sechziger Jahre vorzustellen, also aus dem Vorfeld des Aufschwungs zu Beginn der Siebziger, so übrigens auch bei Spittel: Von Krupkat bringt er »Insel der Angst« aus dem Jahre 1969 (also eine deutlich spätere

Erzählung, die weder für die SF Krupkats noch für die DDR-SF irgendeiner Epoche besonders charakteristisch, aber wenigstens vollständig und lesbar ist), von Rasch einen Auszug aus »Das unirdische Raumschiff« (1967), Raschs einziger heute noch halbwegs lesbarer Erzählung (die Erdmann folglich nicht mehr zur Verfügung stand).

Dabei gab es auch vorher durchaus akzeptable SF-Erzählungen in der DDR, nicht ganz auf der Höhe der später entstandenen best-of-affinen, vor allem aber so zufällig verstreut, daß sie nicht den Eindruck eines Kontinuums, von Richtungen oder Trends erwecken. Eine davon hat Erdmann immerhin ausgewählt: Statt Branstner mit einer seiner zahlreichen in den siebziger und achtziger Jahren veröffentlichten, überall sonst reichlich anthologisierten Anekdoten und Erzählungen vorzustellen, die durchaus sehr eigenartig und charakteristisch sind, aber eben nur für Branstner, riskiert er mit »Kumpelfings im Weltraum« eine der drei SF-Geschichten aus Branstners 1961 erschienenem Band *Vom Himmel hoch* – also den zweitältesten (und ersten vollständigen) Beitrag in den *Lichtern*. Davon hätte er mehr haben können, beispielsweise von Günter Kunert. Er hat Kunerts »Vom Pluto her« (1967) gewählt, einen von diesen skizzenhaften Prosatexten, die keine Geschichte erzählen, sondern in der Manier eines Prosagedichts über ein Thema (hier: ein SF-Motiv) rhapsodieren und in keiner einschlägigen Anthologie fehlen, weil Kunert weitab von der SF so berühmt war und die Texte so schön kurz sind. Das ist dann typisch Kunert und für die SF eine sehr marginale Marginalie, aber Kunerts »Der Mann vom Mars« (1954!) wäre immerhin eine richtige Geschichte gewesen.

Also zurück zum Kerngeschäft. Heiner Rank, Herbert Ziergiebel und Gottfried Meinhold gehörten, obwohl der Schwerpunkt ihres Schaffens woanders lag, zweifellos zum Kanon der DDR-SF. Sie haben bemerkenswerte und im Kontext der DDR-SF wichtige Romane geschrieben, aber unter ihren Erzählungen ist keine wirklich gute. Heiner Rank hat vor allem Kriminalromane verfaßt, daneben *einen* SF-Roman und genau zwei SF-Erzählungen; Spittel hat die eine, Erdmann die andere (»Schöne Bella«, 1981), beide kann man getrost vergessen, ebenso Ziergiebels unfreiwillig zur Groteske neigende, in der Machart der fünfziger Jahre plakativ antifaschistische »Die Experimente des Professors von Pulex« (1975) – Spittel verzichtet ganz auf Ziergiebel, Erdmann bringt den »Pulex«, denn das ist die einzige SF-Geschichte, die Ziergiebel jemals geschrieben hat. Anders als bei Meinhold, dessen Erzählungen (wie hier »Das Ungeheuer«, 1986) ebenso in Epizykeln verwirbelt und verrätselt wirken wie seine Romane, sind bei Rank und Ziergiebel die Erzählungen nicht einmal charakteristisch für die Romane dieser Autoren, bei Ziergiebel immerhin für die Propaganda-SF einiger anderer Autoren.

Nun die eher wichtigen als guten Autoren. In seinem Nachwort operiert der Herausgeber mit der Unterscheidung in eine Vernesche und eine Wellssche Linie in der SF, von denen die eine mehr Abenteuer und Naturwissenschaft/Technik, die andere mehr das auf philosophische, moralische, soziale und psychologische Fragestellungen abzielende Gedankenexperiment betont. Dieses Begriffspaar stammt wohl aus der sowjetischen SF-Theorie und ist in der DDR mehrfach aufgegriffen worden, aber in der DDR war es vor allem ein Notbehelf, um die Romane von Kröger-Tuschel-Frühauf und einigen anderen einordnen zu können, ohne direkt zu sagen, daß der Erzählstil bieder, das Abenteuer in der Regel langatmig bis langweilig und die Wissenschaft mitunter (etwa in Krögers *Energie für Centaur*) schwachsinnig war, es sich also bei der »Richtung« (nicht unbedingt bei jedem einzelnen Buch der Verfasser) einfach um Trivialliteratur handelte, die es offiziell in der DDR nicht geben durfte. Die Autoren dieser Richtung haben das Bild der DDR-SF maßgeblich mitbestimmt, allein schon wegen ihrer überdurchschnittlichen Produktivität und der meist auch überdurchschnittlich hohen Auflagen (überdurchschnittlich hoch im Vergleich zur gesamten SF, die sich über kleine Auflagen generell nicht beklagen konnte).

Auch sie verdanken also ihre Anwesenheit in der Auswahl Erdmanns wie auch Spittels nicht der Qualität ihrer Erzählungen, sondern in ersten Linie ihrer Position in der DDR-SF. Immerhin brauchbare Erzählungen finden sich bei Frühauf und bei Tuschel, von letzterem bringt Spittel mit »Angriff aus hundert Jahren Distanz« die für Tuschels biographiebedingte Neigung zum Militärischen charakteristischere, Erdmann mit »Wie ich meinen linken Beruf wechselte« (1977) die wohl bessere, ein Beispiel für die utopischen Elemente, mit denen Tuschels SF auch in den Romanen gelegentlich über Abenteuer, Klassenkampf und die Propagierung militärischer Strukturen zur Lösung ziviler Aufgaben hinauswuchs. Krögers Erzählungen indes sind im Schnitt besser als seine Romane und nicht geeignet, die Machart der Romane zu repräsentieren, aber gut sind sie darum noch nicht.

Anders als allerlei noch schwächere Autoren und anders als durchaus bessere, die entweder sehr wenig SF oder abseits der üblichen SF-Editionen publiziert haben, sind Kröger & Co. aus der DDR-SF nicht wegzudenken – auch sie gehören zum Kanon. Darüber, welches die wichtigen, welches die guten und welches die besonders originellen Autoren in der DDR-SF waren, bestanden schon seinerzeit Ende der achtziger Jahre nur punktuelle Meinungsverschiedenheiten. Für eine Kanonbildung nun ist charakteristisch, daß manche Werke mehr oder weniger zufällig (etwa statt ebenso guter, wenn nicht besserer vom selben Autor) in den Kanon geraten und seither diese Stellung festigen, weil sie nun mal eben drin sind. Die beiden Anthologien von Spittel und Erdmann können das nicht exemplifizieren, weil letzterer ja die Wahl des ersteren strikt vermeidet; deutlich wird es aber, wenn man in den Vergleich die in den achtziger Jahren in der BRD von Heitmann, Nagula und Rottensteiner herausgegebenen Anthologien von DDR-SF einbezieht, dazu die sechs tschechisch, polnisch, bulgarisch und russisch erschienenen, die allesamt nicht als zeitloses Best-of firmieren, aber naturgemäß eine Auswahl aus zuvor veröffentlichten Texten bringen.

Leicht eingängige und kürzere Geschichten mit einer originellen und robusten Idee kommen leichter in den Kanon als andere; bei den Brauns dominiert kein einzelner Text, aber fast alle Herausgeber bedienen sich aus dem Kurzprosa-Band *Der Utofant* – bei Erdmann ist es »Mit letzter Energie« – und kaum einer aus dem Erzählungsband *Der Fehlfaktor*. Aus einem relativ schmalen Œuvre schält sich eher ein Favorit heraus als aus einem breiten und vielgestaltigen: Töppes »Die letzten Bilder des Grafikers Schneider« erscheinen in vier Anthologien, sonst meines Wissens nichts von ihm. In anderen Fällen scheint die Eigendynamik zu wirken: Von Prokop steht in drei Auswahlanthologien von DDR-SF »Die Sache mit dem Alpha-No-i«, in drei anderen »Der Heiligenschein«; Spittel hat letztere, Erdmann die erstere und schwächere, eine hübsche, aber belanglose Gadget-Geschichte um eine Tarnkappe. Bekannt – und beim SF-Publikum der DDR berühmt – geworden ist Prokop jedoch mit seinen SF-Kriminalgeschichten, und seine beiden letzten Bände enthalten mehrere chrestomatiewürdigere Erzählungen.

Die wenigen Fälle, wo Erdmann recht offensichtlich keine der geeignetsten Erzählungen eines Autors in seine Sammlung aufgenommen hat, lassen sich zum Teil aus seiner Neigung erklären, vor allem Originalanthologien als Quellen heranzuziehen. Aus der Anthologie *Die Tarnkappe* nimmt er außer Prokops Erzählung auch von Rainer Kirsch »Erste Niederschrift«, aber Unsichtbarkeit war in der DDR-Realität wohl doch wichtiger als in der DDR-SF. Die beste Erzählung von Heinrich & Simon stand schon bei Spittel, Erdmann greift daher auf *Die ersten Zeitreisen* der beiden Autoren zurück und bringt daraus eine Humoreske, die ohne die ihr im Band vorangehende nicht recht zu verstehen ist, während jede der beiden ihr im Band folgenden Erzählungen (Satiren über Spekulationen zur Terrasse von Baalbek bzw. Atlantis) wohl besser geeignet wäre.

Franz Fühmann taucht regelmäßig in Anthologien von DDR-SF auf, und zwar meistens (wie auch bei Erdmann) mit »Die Ohnmacht« – das ist eine gute Erzählung, aber ich frage mich, ob sie derart unweigerlich in der SF kanonisiert worden wäre, hieße der sie enthaltende Band nicht demonstrativ *SAIÄNS-FIKTSCHEN.*

Mit Rainer Kirsch und Fühmann sind wir bei einer Eigenheit der *Lichter*, die wir bei Kunert schon gestreift haben – der Anteil an Autoren, die wenig, einige sogar sehr wenig SF publiziert haben, ist mit rund einem Viertel bei Erdmann derart hoch, daß er geradezu als Alleinstellungsmerkmal dieser Auswahl gelten darf. Mit teils berühmten, teils immerhin etablierten DDR-Schriftstellern, die ihr Prestige innerhalb und außerhalb der DDR Werken weitab von der SF verdankten, hat schon Spittel seine Anthologie geschmückt; beide Herausgeber präsentieren Texte (natürlich verschiedene) von Günter Kunert, Franz Fühmann, Rainer Kirsch und Uwe Grüning. Erdmann bietet dazu noch »Notlandung« von Rolf Schneider, »Das Wachsmuth-Syndrom« von Stefan Heym, »Quedlinburg« von Karl-Heinz Jakobs, »Das Haus des Dr. Pondabel« von Wolfgang Sämann und einen Auszug aus Jürgen Höpfners »Karneval in Bio-Bio«, wobei die beiden letzteren keine Zelebritäten vom Range der vorgenannten waren, sondern nur einen seinerzeit gerade angesagten Ton trafen, etwa Höpfner mit einer wohlfeilen, zeittypische Mißstimmungen transportierenden Dystopie, wie sie damals ganz ähnlich auch in bundesdeutscher SF en vogue (und natürlich in beiden Fällen irgendwo im Westen angesiedelt) war. (Spittel hat von den gemeinliterarischen lokalen Berühmtheiten zweiten Ranges noch Rainer Klis und mit einer sogar über die SF hinaus chrestomatiewürdigen Geschichte Peter Gosse.)

Die Neigung zu allgemein – also außerhalb der SF – anerkannten Namen wird wohl darauf hindeuten, daß der Herausgeber halt mittlerweile kein SF-Fan mehr ist, sondern ein – siehe oben – *philosophiae doctor*. Dem Vorhaben, die besten SF-Geschichten zu versammeln, ist das einerseits günstig, denn die meisten von den solcherart in den Band kommenden Texte sind in der Tat von einer Qualität deutlich über dem Durchschnitt der SF. Andererseits driftet man dabei vom Kern der Science

Fiction weg, ohne Wesentliches an Vielfalt zu gewinnen, denn man treibt in Bereiche der Phantastik ab, wo SF-*Motive* weniger metaphorisch als vielmehr allegorisch verwendet werden. Trotz fehlendem SF-Instrumentarium ganz SF-typische Gedankenexperimente sind freilich auch darunter, etwa Jakobs' »Quedlinburg«, wo eine feministische Utopie abgebildet wird.

Mit Hartmut Mechtel (»Sifrit«) und Wolfgang Landgraf, oben schon bei den spät zur SF Gestoßenen erwähnt, sind auch zwei Autoren in den *Lichtern* zugegen, die weder die Aufmerksamkeit der Feuilletons gepachtet noch nennenswert viel SF publiziert hatten. Mechtel, ein Krimi-Autor, hat als scharfsinniger Kritiker von SF Meriten erworben, er gehörte also zur Familie, aber seine vier in der DDR publizierten SF-Erzählungen stechen nicht hervor. Landgraf wiederum hat überhaupt nur eine einzige SF-Geschichte geschrieben, Spittel hat sie in eine Anthologie aufgenommen – aber nicht in seine Chrestomatie, sondern in die ein Jahr früher erschienenen *Geschichten vom Trödelmond.* So konnte Erdmann diese Erzählung von einer allmählich entartenden, schließlich scheiternden Utopie in seinen Band aufnehmen, und dieser Beitrag des als SF-Autor völlig unwichtigen Wolfgang Landgraf ist einer der Höhepunkte der Anthologie.

Walter Erdmanns Vorhaben, ein repräsentatives Bild der DDR zu zeichnen, ist mit einem Erzählungsband nicht zu bewältigen; das damit ohnehin unvereinbare Ziel, die besten Science-Fiction-Erzählungen der DDR in einem Band zu versammeln, war in ausschließender Konkurrenz zu Spittels Anthologie von vornherein nicht zu erreichen, und näher gekommen wäre ihm der Herausgeber nicht mit mehr, sondern eher mit weniger Erzählungen. Sehr wohl aber hat er vermocht, etliche bei Spittel klaffende Lücken zu füllen und ihn in einzelnen Punkten zu übertreffen. Die nächste Anthologie der besten DDR-SF-Erzählungen wird, wenn es denn eine gibt, noch ein paar Glanzlichter zutage fördern.

Ein Dankeschön, verbunden mit einem Ausblick

Werkausgaben bleiben oft unvollendet, selbst bei vergleichsweise schmalen Œuvres. Es geschieht nicht selten, daß etwa nach der Hälfte der Bände ein Verlag das Interesse verliert – die Umsatzerwartungen wurden eben nicht erfüllt – oder daß der Verlag schlicht vom Markt verschwindet. Bisweilen zieht sich auch ein ursprünglich hochengagierter Herausgeber frustriert zurück, oder die Rechteinhaber, manchmal nur mäßig an Literatur interessierte Erben, untersagen aus diesen oder jenen Gründen jede weitere Publikation.

Blicken wir auf unsere nunmehr fünfzehn Bänden zurück – zehn mit Erzählungen und Romanen, vier Essaybände und ein Band mit Eskapaden aller Art, darunter drei Kollaborationen mit Erik Simon –, dann haben wir großes Glück mit Verlag und Herausgeber gehabt.

Doch die Geschichte war wechselvoll. Vor einem Jahrzehnt schien es sogar, als würden unsere Texte nur zur Hälfte gesammelt werden. Damals stellte der Shayol-Verlag quasi über Nacht alle Publikationstätigkeit ein; wir waren gerade bei dem gemeinsam mit Erik verfaßten Band 7 *Die Wurmloch-Odyssee. Eine Weltraum-Operette* angekommen. Der Band wurde noch gedruckt, aber, so unglaublich es klingt, dann nicht auf den Markt gebracht. Ja, ja, das verflixte siebte Buch – man könnte glatt abergläubisch werden ...

Hardy Kettlitz, der von Anfang an die Werkausgabe betreut hatte, blieb uns treu. Er brachte mit seinem Memoranda Verlag (zuerst Imprint Memoranda im Golkonda Verlag) nicht nur die nächsten Bände in einer neuen, aus unserer Sicht wirklich gediegenen Aufmachung heraus, er verlegte darüber hinaus die bereits erschienenen neu, und wir nutzten mehrmals die Chance für Ergänzungen. Daß Memoranda nun auch unsere Essays publiziert, ist alles andere als eine Selbstverständlichkeit. Es versteht sich von selbst, daß wir Hardy ungeheuer dankbar sind – gewiß länger als bis ans Ende unserer Werke.

Von Erik Simon zu sagen, er sei unser Herausgeber, wäre eine skandalöse Untertreibung. Er hat wesentlich zur Konzeption der Bände beigetragen. Daß dieses Buch, der vierte Essayband, kein Sammelsurium von Artikeln zu den verschiedensten Themen darstellt, sondern noch einmal Beiträge versammelt, die unterschiedliche Ecken der DDR-Phantastik ausleuchten, ist sein Verdienst. Als Lektor und Kritiker, als ein Feind jeglicher Ungenauigkeit und aller saloppen Behauptungen, als ein Kämpfer für treffenden Ausdruck und korrekte Zeichensetzung sitzt uns Erik sozusagen permanent im Nacken. Von ihm stammt aber auch die Idee, mit einer fiktiven Anthologie (»Lichter«) zu experimentieren; von den zahlreichen Anregungen zu den Essays ganz zu schweigen. Bei den »Lichtern« ist er wie bei früheren Bänden unser Ko-Autor.

Wir haben uns auch gefreut, daß Gundula Sell die beiden trefflichen Verlagsbriefe beigetragen hat, so wie sie früher Ideen zu einer Episode der *Wurmloch-Odyssee* vorgeschlagen, an einer Zwystein-Erzählung mitgearbeitet und auch die *Eskapaden* bereichert hat.

Im Experiment »Lichter« berichten wir von einen Traum: Wie sich die Storys danach drängen, an Bord einer literarischen Arche Noah gelassen zu werden. Um im Bild zu bleiben: Unsere gesamte Text-Bagage, entstanden in fünf Jahrzehnten, ist auf vierzehn Schiffen bereits fast vollständig unterwegs; die letzten Essays haben das fünfzehnte betreten, die Zugangstreppe kann eingeholt werden. Das könnte der Schlußpunkt der Werkausgabe sein. Am Ufer warten allerdings einige wenige Erzählungen, die erst kürzlich publiziert wurden, unveröffentlichte Texte aus der Welt der relativistischen Flotte und zwei, drei versprengte Essays. Außerdem lümmeln fern am Horizont nebelhafte Ideen herum, die erst noch Form annehmen müssen. – Irgendwann werden wir wohl wieder ein Boot losschicken …

Angela und Karlheinz Steinmüller

Publikationsgeschichte

Diese Aufstellung ist keine komplette Bibliographie, sondern verzeichnet nur die Erstpublikationen. Einige Texte sind für den vorliegenden Band aktualisiert und/oder erweitert worden, auf Art und Umfang der Überarbeitung wird hingewiesen. Bei dem von Angela und Karlheinz Steinmüller gemeinsam verfaßten Essay zur Zensur der DDR-SF und bei dem fiktiven Projekt **Lichter. Ein Experiment** sind die Autoren vermerkt, die übrigen sechs Essays und die sieben Rezensionen stammen von Karlheinz Steinmüller. Die Texte sind hier alphabetisch nach den Titeln geordnet, die Rezensionen am Ende nach Autoren/Herausgebern der besprochenen Werke. Die **Vorbemerkung** von Karlheinz Steinmüller sowie Angela Steinmüllers Erinnerungen **Anstelle eines Vorworts: War da nur Dominik?** sind Originalveröffentlichungen. Alle Literaturverzeichnisse wurden für den vorliegenden Band erstellt bzw. im Falle des Essays zur Zensur der DDR-SF ergänzt.

Die befohlene Zukunft: DDR-Science-Fiction und Zensur *von Angela und Karlheinz Steinmüller:* stark überarbeitete und erweiterte Fassung von »Die befohlene Zukunft. DDR-Science Fiction zwischen Wunschtraum und (Selbst-) Zensur«, in: Brockmeier, Peter / Kaiser, Gerhard R. (Hrsg.): *Hier Zensur – wer dort? Zensur und Selbstzensur in der Literatur.* Würzburg: Königshausen und Neumann 1996, S. 275–288.

Die biologische Zukunft des Menschen im Spiegel der Phantastik: Erstveröffentlichung in der Zeitschrift *Temperamente,* Nr. 1/1980, S. 150–158. Der Nachsatz »Hintergrund: Ein Treffen des AUL« wurde für den vorliegenden Band verfaßt.

Lichter. Ein Experiment *von Gundula Sell, Erik Simon und Angela & Karlheinz Steinmüller:* Erscheint etwa gleichzeitig in *Quarber Merkur. Franz Rottensteiners Literaturzeitschrift für Science Fiction und Phantastik,* Nr. 125, und im vorliegenden Band.

Mit den Digedags in den Weltraum: Originalveröffentlichung.

Phantastische Literatur in der DDR: stark überarbeitete, erweiterte und mit einem Nachsatz »Anmerkungen« versehene Fassung des Skripts von Karlheinz Steinmüllers Vortrag »Phantastische Literatur in der DDR« in: Gaisbauer, R. Gustav (Hrsg.): *Der Zweite Kongreß der Phantasie.* Passau: Erster Deutscher Fantasy Club e. V. 1989, S. 227–236.

Die Positionsbestimmung der Seesternwesen: Erstveröffentlichung in: Günther, Eberhard / Einhorn, Hinnerk (Hrsg.): *Positionen 3. Wortmeldungen zur DDR-Literatur.* Halle Leipzig: Mitteldeutscher Verlag 1987, S. 147–167. Hier leicht stilistisch bearbeitet und mit aktuellen Anmerkungen als Fußnoten und als Nachsatz versehen.

Von Birnen, falschen Männern im Mond und transsolaren Geschenken: Erstveröffentlichung in der Anthologie Erik Simon (Hrsg.): *Zeitkristalle. Erzählungen aus dem Stanisław-Lem-Klub Dresden* (*Andromeda Science Fiction Magazin* 150). Duisburg: SFCD 2009, S. 5–6.

Wenn Grenzen und Köpfe sich öffnen: Erstveröffentlichung in: *SZ am Wochenende – Wochenendbeilage der Süddeutschen Zeitung,* 10./11. März 1990, Seite XV (leicht bearbeitet als »Ostwind – Westwind« auch in der Zeitschrift *Alien Contact,* Nr. 2, September/Oktober 1990, S. 31–35).

Rezensionen zu:

Rolf Krohn: *Begegnung im Nebel.* Erstveröffentlichung in der Zeitschrift *Quarber Merkur* Nr. 67, Juli 1987, S. 68–71.

Waldtraut Lewin / Miriam Margraf: *Die Zaubermenagerie. Ein Novellenkranz.* Erstveröffentlichung in der Zeitschrift *Quarber Merkur* Nr. 71, Juli 1989, S. 68–69.

Gottfried Meinhold: *Weltbesteigung. Eine Fünftagefahrt.* Erstveröffentlichung in der Zeitschrift *Quarber Merkur* Nr. 65, Juni 1986, S. 64–66.

Andreas Melzer: *Killerbaby.* Erstveröffentlichung in der Zeitschrift *Science Fiction Media* Nr. 114/115, 1994, S. 23–24.

Arne Sjöberg: *Die stummen Götter / Andromeda.* Originalveröffentlichung unter Nutzung von Ideen aus dem Eintrag zu Arne Sjöberg in: Lorenz, Christoph F. (Hrsg.): *Lexikon der Science Fiction Literatur seit 1900. Mit einem Blick auf Osteuropa.* Frankfurt am Main: Peter Lang 2017, S. 537–541.

Olaf R. Spittel (Hrsg.): *Die Zeit-Insel. SF-Erzählungen aus einem Land, das es mal gab.* Originalveröffentlichung.

Karl-Heinz Tuschel: *Der Mann von IDEA. Berlin: 33 Jahre nach der Klimakatastrophe.* Erstveröffentlichung in der Zeitschrift *Science Fiction Media* Nr. 129, 1996, S. 43 f.

Abbildungsverzeichnis

Titelbild: Erik Simon (Hrsg.): *Lichtjahr 3. Ein Phantastik-Almanach.* Berlin: Das Neue Berlin 1984, S. 155. Grafik: Kersti Arnold

S. 12: Wolfheinrich von der Mülbe: *Die Zauberlaterne.* Berlin: Verlag der Nation 1953. Umschlaggestaltung: Irmgard Günzel.

S. 15: *Zeitkristalle. Erzählungen aus dem Stanisław-Lem-Klub Dresden* (Andromeda Science Fiction Magazin 150). Duisburg: SFCD 2009. Titelgrafik von Helmar Krahl.

S. 17: Gerhard Branstner: *Besuch auf der Erde. Unwahre Begebenheiten.* Halle: Mitteldeutscher Verlag 1961. Illustration auf S. 95 von Peter Meyer.

S. 20: Alfred Leman und Hans Taubert: *Das Gastgeschenk der Transsolaren.* Wissenschaftlich-phantastische Erzählungen. Berlin: Neues Leben 1983. Illustration auf S. 87 von Peter Nagengast.

S. 24: Peter Lorenz: *Homunkuli.* Wissenschaftlich-phantastischer Roman. Berlin: Neues Leben 1978. Illustration auf S. 111 von Thomas Franke.

S. 31: Günter und Johanna Braun: *Unheimliche Erscheinungsformen auf Omega XI.* Utopischer Roman. Berlin: Das Neue Berlin 1974. Illustration auf S. 101 von Klaus Ensikat.

S. 55: Reinhard Heinrich und Erik Simon: *Die ersten Zeitreisen. Beilage [...].* Berlin: Neues Leben 1977. Illustration auf S. 75 von Peter Muzeniek.

S. 58: Frank Töppe: *Regen auf Tyche. All-Geschichten [...].* Berlin: Das Neue Berlin 1978. Binnentitel von Frank Töppe.

S. 59: Klaus Frühauf: *Genion.* Wissenschaftlich-phantastischer Roman. Berlin: Neues Leben 1981. Illustration auf S. 341 von Thomas Franke.

S. 74: Michael Szameit: *Alarm im Tunnel Transterra.* Wissenschaftlich-phantastischer Roman. Berlin: Neues Leben 1982. Illustration auf S. 145 von Karl Fischer.

S. 76: Herbert W. Franke: *Ypsilon minus.* Roman. Berlin: Neues Leben 1979. Illustration auf S. 115 von Thomas Franke.

S. 79: Wolfgang Kellner: *Der Rückfall. Leo Lex berichtet [...].* Utopische Erzählung. Berlin: Das Neue Berlin 1974. Illustration auf S. 127 von Hans Ticha.

S. 81: Karlheinz Steinmüller: *Der letzte Tag auf der Venus.* Wissenschaftlich-phantastische Erzählungen. Berlin: Neues Leben 1979. Umschlaggestaltung von Burckhard Labowski.

S. 85: Peter Lorenz: *Blinde Passagiere im Raum 100.* Science-fiction. Roman. Halle Leipzig: Mitteldeutscher Verlag 1988. Umschlaggestaltung: Stefan Duda.

S. 106: Sonja Schnitzler und Manfred Wolter (Hrsg.): *Die Tarnkappe.* 35 Geschichten. Berlin: Eulenspiegel Verlag 1978. Illustration auf S. 307 von Manfred Bofinger.

S. 108: Erich Köhler: *Der Krott oder Das Ding unterm Hut.* Rostock: Hinstorff Verlag 1976. Einbandgestaltung: Klaus Ensikat.

S. 116: Stefan Heym: *Der kleine König, der ein Kind kriegen mußte und andere neue Märchen für kluge Kinder.* Berlin: Buchverlag Der Morgen 1985. Illustration auf S. 7 von Horst Hussel.

S. 121: Waldtraut Lewin und Miriam Margraf: *Die Zaubermenagerie.* Ein Novellenkranz. Berlin: Neues Leben 1987. Illustration auf S. 145 von Regine Schulz und Burckhard Labowski.

S. 137: *Mosaik von Hannes Hegen* Nr. 25, Dezember 1958, Umschlag.

S. 140: Karl Böhm und Rolf Dörge: *Auf dem Weg zu fernen Welten. Ein Buch von der Weltraumfahrt.* Berlin: Neues Leben 1958. Umschlaggestaltung: Kollektiv unter Leitung von Hannes Hegen.

S. 140: *Mosaik von Hannes Hegen* Nr. 26, Januar1959, S. 3.

S. 144: *Mosaik von Hannes Hegen* Nr. 29, April 1959, S. 17.

S. 152: *Mosaik von Hannes Hegen* Nr. 37, Dezember 1959, Beilage S. 1.

S. 153: *Mosaik von Hannes Hegen* Nr. 73, Dezember 1962, S. 21.

S. 171: Rolf Krohn: *Begegnung im Nebel.* Phantastische Erzählungen. Berlin: Das Neue Berlin 1985. Umschlaggestaltung: Michael de Maizière.

S. 179: Waldtraut Lewin und Miriam Margraf: *Die Zaubermenagerie.* Ein Novellenkranz. Berlin: Neues Leben 1987. Illustration auf S. 41 von Regine Schulz und Burckhard Labowski.

Inhalt

Vorbemerkung *5*
Anstelle eines Vorworts: War da nur Dominik? *9*

Von Birnen, falschen Männern im Mond und transsolaren Geschenken.
Ein Rückblick auf die DDR-SF in den Apollo-Jahren *14*
Die biologische Zukunft des Menschen im Spiegel der Phantastik.
Der Mensch aus der literarischen Retorte *22*
Die Positionsbestimmung der Seesternwesen.
Zu Problemen des Realismus in der Science-Fiction-Literatur *38*
Die befohlene Zukunft: DDR-Science-Fiction und Zensur *65*
Phantastische Literatur in der DDR.
Vortrag auf dem Zweiten Kongreß der Phantasie 1988 in Passau *100*
Mit den Digedags in den Weltraum. Zukunftsbild und Realität im *Mosaik von Hannes Hegen* *133*
Rezensionen *160*
Arne Sjöberg: Die stummen Götter / Andromeda
Gottfried Meinhold: Weltbesteigung
Rolf Krohn: Begegnung im Nebel
Waldtraut Lewin / Miriam Margraf: Die Zaubermenagerie
Andreas Melzer: Killerbaby
Karl-Heinz Tuschel: Der Mann von IDEA
Olaf R. Spittel (Hrsg.): Die Zeit-Insel
Wenn Grenzen und Köpfe sich öffnen *191*
Lichter. Ein Experiment *198*

Ein Dankeschön, verbunden mit einem Ausblick *225*
Publikationsgeschichte *228*
Abbildungsverzeichnis *231*

Erik Simon

SIMON'S FICTION

Herausgegeben von Hannes Riffel

Band 1: *Sternbilder*
Erzählungen, Balladen und Gedichte

Band 2: *Mondmysterien*
Erzählungen und andere Fiktionen

Band 3: *Reisen von Zeit zu Zeit*
Erzählungen und ein Opernlibretto
(zusammen mit Reinhard Heinrich)

Band 4: *Zeitmaschinen, Spiegelwelten*
Erzählungen, Gedichte und Alternativhistorien

Simon & Steinmüller

GEMEINSAME BÄNDE

Simon's Fiction Band 5 /
Steinmüller Werke Bd. 7:
Die Wurmloch-Odyssee
Eine Weltraum-Operette

Simon's Fiction Band 6 /
Steinmüller Werke Bd. 8:
Leichter als Vakuum
Phantastische Geschichten

Extraband 1 in beiden Werkausgaben:
Eskapaden
Skizzen, Etüden, Hommagen und kleine Prosa

Weitere Informationen unter www.memoranda.eu

Angela und Karlheinz Steinmüller

WERKE IN EINZELAUSGABEN

Herausgegeben von Erik Simon

Band 1: *Warmzeit*
Geschichten aus dem 21. Jahrhundert

Band 2: *Andymon*
Eine Weltraum-Utopie

Band 3: *Spera*
Ein phantastischer Roman in Erzählungen

Band 4: *Der Traummeister*
Ein Spera-Roman

Band 5: *Pulaster*
Roman eines Planeten

Band 6: *Computerdämmerung*
Phantastische Erzählungen

Band 9: *Sphärenklänge*
Geschichten von der Relativistischen Flotte

Band 10: *Marslandschaften*
Phantastische Erzählungen und ein Hörspiel

Essays

Band 1: *Streifzüge*
Essays zu zweihundert Jahren Science Fiction

Band 2: *Erkundungen*
Essays zu Welten der Science Fiction

Band 3: *Vorgriff auf das Lichte Morgen*
Essays zur DDR-Science-Fiction

Band 4: *Rückblick auf das Lichte Morgen*
Essays zu SF und Phantastik in der DDR

Weitere Informationen unter www.memoranda.eu